إتقان الحكمة ــ طريقك إلى حياة مُرضية

إتقان الحكمة

طريقك إلى حياة مُرضية

أنا جي ناياك

الهند

2023

محتويات

مقدمة الفصل الأول: عصرنا

الفصل الثاني: الكلمات: شعر المخلوقات

الفصل الثالث: نعمة الجسد

الفصل الرابع: دروس الحب المستفادة

الفصل الخامس ـ تاريخ الإيمان وتطوره

الفصل السادس ـ إعادة تصور الأمل

مقدمة الفصل الأول: عصرنا

أنا مستمع من أجل العيش. أبحث عن الحكمة، والجمال، وكذلك عن الأصوات التي لا تصرخ لكي تسمع. يروي الكتاب جوانب معينة من ما

لقد تعلمت مما تحول إلى محادثة تمتد عبر الأجيال والأزمنة والتخصصات والطوائف الدينية.

بدأت المغامرة عندما تغير القرن وكبر وتغير كما هو. تركيزي في هذه الصفحات ينصب على الجوانب المتأصلة في الحياة والتي فاجأتني ومزقت معتقداتي. لقد حاولت، في الفقرات التالية، أن أوضح كيف جاءت أفكاري عن طريق المحادثة، ذهابًا وإيابًا بين العقل الجميل والحياة. لقد وجدت الترابط في كتاباتي كشكل من أشكال خريطة الحكمة فيما يتعلق بعالمنا المتغير. إنها خريطة طريق مكتوبة بالكلمات إلى المنطقة الشاسعة التي نتواجد فيها جميعًا معًا. إنها مجموعة من المؤشرات التي تأخذ الحواف على محمل الجد مثل المركز المزدحم. لأن التغيير كان دائمًا على هامش تاريخ البشرية، وهو يحدث اليوم. التغيرات في البيئة الزلزالية للحياة اليومية، وتحدث في عالم العلوم الجيوفيزيائية، تبدأ في الشقوق والفراغات.

يكشف هذا القرن الرائع والمبهر عن أسئلة جوهرية اعتقد القرن العشرين أنه قد عالجها. الأسئلة التي نطرحها عميقة وحضارية في نفس الوقت، تحدد تعريفات الوقت الذي تبدأ فيه الحياة والوقت الذي تبدأ فيه.

ويحدث الموت لأهمية الأسرة والزواج وكذلك لمعنى الهوية؛ علاقتنا بالطبيعة؛ لارتباطنا بالتكنولوجيا وكذلك اتصالاتنا عبر التكنولوجيا. لقد غيرت الإنترنت في أيامها الأولى الطريقة التي نفكر بها في الإبداع والقيادة، فضلاً عن كوننا جزءًا منها. إنه يقودنا إلى عصر الإصلاح ولكن هذه المرة، يتعلق الأمر بجميع مؤسساتنا في وقت واحد، بما في ذلك المؤسسات التعليمية والسياسية والاقتصادية والدينية وما إلى ذلك. الشيء الأكثر إثارة للاهتمام والصعوبة في هذه اللحظة هو أننا ندرك أن الهياكل القديمة لا تعمل. نحن لسنا قادرين بعد على تحديد كيف ستبدو الأشكال المستقبلية. نحن نصنعها باستخدام "الوقت الحقيقي"؛ نحن حتى نعيد تصور مفهوم الوقت.

بدأت البشرية لأول مرة في النظر إلى داخل نفسها بنظرة عالمية فيما يشار إليه أحيانًا بالعصر المحوري، والذي كان قبل بضعة قرون من حلول منتصف الألفية التي أصبحت العصر المشترك. في ثقافات منفصلة تماما عن عالم بديل من التغيير، ولد كونفوشيوس في الصين وبحث بوذا عن التنوير. نظر أفلاطون وأرسطو إلى النفس والعقل بينما بدأ الأنبياء العبرانيون في كتابة فكرة ميلاد شعب الله. بدأ السعي لتحقيق السلام الداخلي في سياق فكرة مروعة مفادها أن رفاهية من هم خارج القبيلة وأقاربهم ـ اليتيم والغريب وكذلك المحرومين ـ كانت مرتبطة برفاهية الفرد. لقد أعطت الإنسانية صوتًا للأسئلة التي شكلت عالم الدين والفلسفة منذ ذلك الحين ماذا يعني أن تكون إنسانًا؟ ما هو الشيء الأكثر أهمية في الحياة؟ ما هي أهم الأشياء التي يجب مراعاتها في حالة الوفاة؟ ماذا يمكننا أن نفعل لخدمة إخواننا من البشر والعالم؟

يتم إعادة إحياء الأسئلة وإعادة صياغتها في زمن الترابط المتزايد باستمرار مع الغرباء البعيدين. إنها مسألة ما يجب أن يكون عليه الإنسان ليصبح مرتبطًا ارتباطًا وثيقًا بمسألة كيفية تعريف أنفسنا لكل من إخواننا من البشر. لدينا ثروة من الفهم والحكمة فيما يتعلق بالأدوات المادية والروحية لمواجهة هذا التحدي. نحن نلاحظ

أن التكنولوجيا لدينا أصبحت أكثر تقدمًا، ونفكر برهبة في قدرتهم على أن يكونوا واعيين. في كل وقت نحن نمتلك الإمكانية في عقولنا لننمو أذكياء. الحكمة تثري ذكائنا وتعزز وعينا وتسرع عملية التطور نفسها.

لقد جلبت التقاليد الروحية والدينية الحكمة عبر الزمن، حتى في البيئات المتوترة، وقد يتم تشويهها إلى محاكاة ساخرة. عندما أتحدث عن هذه الأشياء، فأنا أتحدث عن الأماكن التي تمنح إنسانيتنا أقصى قدر من الاهتمام الذي لا مثيل له في التخصصات الأخرى: قدرتنا على أن نكون محبوبين ونشعر بالمتعة، وقدرتنا على التخريب وخداع أعدائنا، وثبات الفشل والفشل والرغبة في الخدمة. إنني مندهش من الدهاء العميق فيما يتعلق بالأمل الذي يولده الدين، وعشقه لقيمة الجمال التي لا تقدر قيمتها بأقل من قيمتها، وجديته فيما يتعلق بالتجربة الإنسانية العالمية للغموض.

الحياة الروحية لنا هي الأماكن التي نواجه فيها سرنا وغموض إخواننا من البشر.

لقد ناضلنا لإنهاء اللغز من الغرب في بضع مئات من السنين الماضية، لكننا أكدنا من جديد حواف الواقع الحادة ـ الحلول والأفكار والخطط وكذلك الفاشية والشيوعية والإمبريالية الرأسمالية، المتغيرة بين الثلاثة. في عصرنا الكئيب والمر، نعود إلى الواقع الذي كان موجودًا منذ فترة طويلة وهو أن الحالة الإنسانية بكل فوضى وروعة، هي الأساس الذي يمكن أن تتحقق عليه آمالنا وطموحاتنا أو تفشل. إن القول المأثور القديم "من لا يعرف التاريخ محكوم عليه بإعادته" ليس بعيداً بما فيه الكفاية. إن دورة التاريخ تكرر نفسها حتى ندرك حقًا وعمقًا تاريخنا. واليوم، يشير الاقتصاد العالمي الفوضوي إلى أن التدخل البشري أصبح له دوره. وهذا هو الحال أيضًا مع فوضى الطقس. إن الإرهاب، "المذهب" الوحيد المتبقي في عالم ما بعد الحرب الباردة، هو نتيجة لليأس البشري في كل مكان.

أنا مقتنع بالمعادلة الأخلاقية التي ابتكرها أينشتاين والتي لا تقل جذرية عن معادلاته الرياضية رغم أنها أقل شهرة بكثير. بدأ أينشتاين حياته باقتناع عميق بالمنفعة الاجتماعية للعلم ـ وهو مجموعة من المساعي الكونية التي ينبغي أن تتجاوز الصراعات القبلية والحدود الوطنية. ثم شهد استسلام العلم الألماني للفاشية. لقد رأى الفيزيائيين والمهندسين الكيميائيين يصنعون أجهزة ذات دمار شامل. وزعم العلماء في عصره أنه أصبح شفرة حادة كانت في يد طفل رضيع يبلغ سن العمر ثلاث سنوات. بدأ يتعرف على أشخاص مثل غاندي أو موسى ويسوع وبوذا والقديس. فرنسيس الأسيزي، باعتبارهم "عباقرة في فن الحياة". وقال إن مواهبهم التي كانت نتيجة "العبقرية الروحية" كانت أكثر أهمية لضمان كرامة الإنسان وأمنه وسعادته من المعرفة الموضوعية.

لقد علمني عملي أن العباقرة الروحيين في الحياة اليومية موجودون في كل مكان حولنا. إنهم على الهامش وليس لديهم دعاية. إنهم ليسوا على الرادار، وهم مكسورون. الطريقة التي نتحدث بها عن حياتنا اليومية أصبحت محبطة بشكل متزايد. في مهنتي الصحفية، حيث نحاول إنشاء نسختنا الأولى من التاريخ، نستخدم أكثر قدراتنا التحليلية للتحقيق في القصور والفساد والكارثية والفشل. في مجال الصحافة، يتم تعريف "الأخبار" على أنها أكثر الأحداث غير العادية التي تحدث في اليوم، ولكن في أغلب الأحيان، يتم تفسيرها على أنها الأشياء الفظيعة التي تحدث في العالم. في دورة المعلومات المستمرة على مدار الساعة طوال أيام الأسبوع، من السهل استيعاب موجة المعلومات السيئة باعتبارها الواقع الطبيعي لما أصبحنا عليه والتحديات التي نكافح ضدها كجنس بشري.

ومع ذلك، فإن عالمنا مليء بالجمال والشجاعة والنعمة. إنني أدرك أن هناك رغبة متزايدة في المساهمة، باستخدام كل الأدوات المتاحة لنا، في إحداث تحول في البشر يمكن أن يؤدي إلى التغيير الاجتماعي. إن العصر الرقمي، رغم كونه غربًا متوحشًا حديثًا تمامًا من نواح عديدة، إلا أنه على المستوى الأساسي مجرد شاشة نعرض عليها الكماليات وإمكانيات العيش في الجسد والألم. تتطور الروحانيات وأصبح الوصول إلى مصادر التغذية متاحًا على نطاق أوسع. يكشف العلم عن المعرفة المتعلقة بأدمغتنا وأجسادنا، وهو شكل يومي من أشكال القوة التي يمكنها سد الفجوة بين ما نحن عليه وما نرغب في أن نصبح، كأفراد وبشر. ومن خلال التخصصات الطبية والاجتماعية، نقوم بتطوير فهم جديد تمامًا لحالة الإنسان. الحيوية والاكتمال.

يمكننا خلق حقائق جديدة ودائمة تحويلية من خلال أن نصبح أشخاصًا قادرين على الصمود ومتحولين. يتعلق الأمر بالحبيب والمحبوب والمواطن والسياسي ورجل الأعمال الاجتماعي والشخص المحتاج. إنه أنا، ويعني أنت أيضًا.

* * *

أن تكون حاضرًا يعني الاستماع، ولا يعني أن تكون ساكنًا. أتفاعل مع الآخرين الذين يشاركونني تجاربي وليس فقط مع استفساراتي. لقد تعلمت أن أكون ممتنًا لعدم القدرة على التنبؤ بالمسار الذي سلكته حياتي والمنظور الذي مُنح لي. لقد أعطتني معرفة عميقة بالمساحات الهامشية التي هي في الواقع أساس المجتمع وأعطتني إمكانية الوصول إلى المناطق التي تمارس القوة ـ إمكانات الأفكار وقوة الفعل. لقد فهمت أقواس الماضي الطويلة التي كانت مصدر إلهام لما نعتبره الأزمات التي نمر بها اليوم. لقد تعلمت من أين أتينا وكيف وصلنا إلى حيث نحن من هناك.

كان مسقط رأسي في الساعات الأولى من الليل عندما وصلت نتائج انتخابات عام 1960، وهو العام الذي تم فيه انتخاب جون كينيدي رئيسًا. لقد نشأت في شاوني بولاية أوكلاهوما، وهي بلدة صغيرة تقع في وسط ولاية شابة تقع بين أمريكا وحيث يميل الناس إلى نسيان تاريخهم في ماضيهم وترك ويلات أجدادهم للماضي. كان أجدادي من جهة أمي يقودون عرباتهم في الأراضي الهندية القديمة ليعيشوا حياتهم من الصفر في غبار أوكلاهوما الوحشي. تم تبني والدي من قبل العائلة التي أشرت إليها باسم أجدادي عندما كنت في الثالثة من عمري. لقد كانت مجرد طبقة رقيقة وهشة بالنسبة له ولنا.

لقد نشأت مع الكثير من الرغبة، لكنني لم أكن متأكدة من الغرض منها ولم تكن لدي أي فكرة عن الكون خارج أوكلاهوما أو تكساس. كان المصدر الرئيسي للتفاعل الاجتماعي هو الكنيسة المعمدانية الجنوبية، التي كان جدي قسًا فيها. كان الكتاب الوحيد الذي طُلب مني أن أدرسه هو الكتاب المقدس، ولهذا السبب كنت أجد نفسي في كثير من الأحيان في وقت متأخر من المساء وأنا أصارع الأسئلة الضخمة التي يطرحها بالإضافة إلى تلك التي لا يبدو أنها تسويها. بعد ذلك، قضيت موسم الصيف بأكمله في سنتي الأخيرة في المدرسة الثانوية في معسكرات مناظرة في شيكاغو والتقيت بأشخاص ساعدوني في فهم إمكانيات العلماني. كان أحدهم مستعدًا لفعل أي شيء للالتحاق بجامعة براون، التي لم أسمع عنها من قبل، ولهذا السبب تمكنت من التقديم أيضًا. كان الذهاب إلى براون بالنسبة لي مشابهًا للذهاب إلى المريخ. وصلت ووجدت أحد والدي، الرئيس المتوفى منذ فترة طويلة، يعيش في غرفتي في السكن الجامعي. عالم الأكوان الموازية، والكواكب الأخرى، وأنواع القصص التي أعشقها في الخيال العلمي، والتي يعتبرها العلماء الآن جادة ـ بدا لي أن الكثير من القفزة من شاوني وبروفيدنس كانت متطابقة تمامًا.

القفزات المبهجة، رغم أنها مثيرة، تكون في معظمها صعبة على المخلوقات. أستطيع الآن أن أرى قاع الحفرة، ففي المرة الأولى التي عانيت فيها من الاكتئاب خلال سنتي الثانية في الجامعة، شعرت بالإرهاق من كل الكتب التي لم أقرأها من قبل، والوجهات التي لم أذهب إليها من قبل. اعتقدت أنني لن أتمكن من اللحاق بزملائي في هذا العالم المنعزل. ومع ذلك، قررت أن ألقي بنفسي في الاحتمالات التي أصبحت الآن في اتجاهي. أخذت دورة في اللغة الألمانية وسافرت عبر أوروبا ثم ذهبت إلى المريخ للمرة الثانية. تمكنت من قضاء مدة فصل دراسي مشاركًا في برنامج مبادلة غير حقيقي داخل روستوك، مدينة روستوك الشيوعية في ألمانيا الشرقية الواقعة على بحر البلطيق.

في روستوك، أسرني فكريًا وعاطفيًا تقسيم ألمانيا بشكل خاص والعالم بشكل عام إلى الشيوعية والرأسمالية، والخير الجيوسياسي والشر الجيوسياسي. لقد أذهلتني رسالة منتصف القرن العشرين التي مفادها أن الساحة السياسية هي المكان الذي توجد فيه جميع الأسئلة الحاسمة وأن كل الحلول المشروعة متاحة أيضًا. لقد وضعت أفكاري عن الله جانبًا وبدأت في حماية العالم باحترام من خلال وسائل الإعلام والنظام السياسي.

بعد التخرج من الجامعة، درست في بون، عاصمة ألمانيا الغربية الهادئة، ثم انتقلت بعد ذلك إلى برلين المقسمة كمراسل لصحيفة نيويورك تايمز. لم أضمن دخلاً مستدامًا أو أي نوع من الخط الثانوي. ولكنه كان وقتًا مزدحمًا في جميع أنحاء أوروبا الوسطى، وقمت بتسجيل القصص المبرقة الكاتبة في ألمانيا الشرقية ومن خلال تكنولوجيا المودم الجديدة المبتكرة التي جاءت من الغرب. وبعد 18 شهرًا حصلت على منصب في وزارة الخارجية، التي كانت في الأساس ذراعًا حكوميًا في ترتيب القوى الأربع الذي تم تطبيقه بعد الحرب العالمية الثانية.

تم إسقاط الجدار. لقد كنت أعمل على تطوير العلاقات عبر جدار برلين، وتم تكليفي بمواصلة ذلك. كان هناك انتشار للروابط الإنسانية في جميع أنحاء أولئك الذين ضلوا طريقهم عبر "الحدود الألمانية الداخلية" طوال الثمانينيات، مع صحوة دعاة حماية البيئة في أعقاب التفاعلات البشرية والبيئة التي تقاسموها مع كنيستهم، واصطدام الفن والسياسة في تخريب مذهل. طرق؛ الشباب الذين يبلغون سن الرشد عالم الدعاية الشيوعية في النهار، والتلفزيون الغربي في الليل. أن يكون مصابًا بالفصام، ومرتبكًا ثقافيًا، ومضطربًا إلى درجة لا يمكن استيعابها.

لقد كنت محظوظاً لأنني حصلت على وظائف مثيرة في الغرب، وأصبحت في نهاية المطاف رئيساً لمكتب السفير الأميركي المعين حديثاً، والذي كان خبيراً في الأسلحة النووية. المهنة التي كنت أقوم بإنشائها كانت بطاقة هويتي. لقد تعلمت الكثير في برلين والذي يُترجم إلى المسار الوظيفي المختلف تمامًا الذي أمارسه حاليًا. ولم يكن هناك نقاش في تلك الأيام حول الدين أو الروح أو أي معنى آخر غير سياسي. لكن الدراما الجيوسياسية، في تلك اللحظة وفي ذلك المكان، كانت قضية وجودية. عندما كنت طفلاً، كنت مفتونًا بهذه الحماسة. كان التاريخ الألماني متاهة من الطبقات ومكثفًا جدًا للأشخاص من جميع الأعمار، بوزن عظيم لا يتزعزع. كانت شياطينها موجودة في كل غرفة، ويتم التعرف عليها ومحاربتها بلا انقطاع.

ما كان أكثر إقناعًا بالنسبة لي في الختام من السياسة التي هيمنت على برلين هو التجربة الاجتماعية الهائلة التي تحولت إليها. المدينة، التي كانت شعبًا واحدًا ولغة مشتركة، والتاريخ والثقافة، انقسمت إلى وجهتي نظر ووجهات نظر عالمية متعارضة تمامًا، والتي كانت متجذرة بقوة عندما أتيت إلى برلين لأول مرة. لقد أذهلني الناس من كل جانب من جوانب الجدار الذين كانوا يمرون بوسط هذه المدينة وروحها. ومع ذلك، فقد انجذبت في محاولة يائسة للحفاظ على سلامة عقلي تجاه الشرق والشرق حيث يمكن أن أكون في خطر وكانت حياتي

وعقلي أكثر حيوية ونشاطًا. لقد هز هذا الإدراك تصوري لتطوري الشخصي وتعليمي وجعلني أدرك أنه من الممكن الاستمتاع بالحرية والكثير داخل الغرب والعيش حياة منعزلة. وكان من الممكن أيضًا لي أن "لا أملك شيئًا" في الشرق وأن أعيش في بيئة من الحميمية والجمال والكرامة.

عندما بدأ الجدار في الانفتاح في 9 تشرين الثاني (نوفمبر) 1989، وهو عيد ميلادي التاسع والعشرين، لم يكن أحد يتخيل إمكانية سقوطه أو سقوط الستار الحديدي. إننا نقتصر في سردنا لهذه الأحداث على عالم الصواريخ والدبلوماسية والكاريزما الساحرة التي كان يتمتع بها ريغان وغورباتشوف. وقد لعب كل منهم دورًا مهمًا في الدراما، بالتأكيد، وكذلك فعل الاستراتيجيون والدبلوماسيون الذين كانوا حولهم. ومع ذلك، فقد وصلوا بالوضع إلى نقطة معينة فقط. وأخيراً تحطم الجدار في همس، وليس بقوة، وتم رفع الرعب على الفور عن البلاد بأكملها. لقد مشيت أو قدت سيارتي عبر نقطة تفتيش تشارلي

عدة مرات مع الاعتراف بسخافته كمصدر للسلطة. في المساء، تم إسقاط الجدار، في أعقاب خطأ البيروقراطي خلال مؤتمر صحفي، وكانت المدينة بأكملها في حالة فرح من خلال الجدار. وانضم إليهم حرس الحدود. لقد كان الأمر بهذه السهولة حقًا. هناك مجالات في حياتنا لا يمكننا التفكير فيها أو حتى معالجتها وتوفير إمكانات للتغيير أكبر مما يمكن أن نتخيله.

بدأت تجربتي في برلين تقودني إلى أنواع الأسئلة التي طرحتها منذ ذلك الحين. كيف نتحدث إلى الأماكن الخام والحيوية والمفجعة بداخلنا، حتى نتمكن من فهمها بشكل أفضل، وممارسة الدروس التي تنقلها إلينا، واستخدام حكمتها في حياتنا معًا؟

لقد كان علم اللاهوت هو ما بدأت التفكير فيه في الثلاثينيات من عمري، حيث قدم مجموعة متنوعة من المفردات والأدوات اللاهوتية لطرح أنواع الأسئلة. في حين أن الظهور العام للاهوت ارتبط عبر الزمن بالمفاهيم المجردة عن الله والمعارك حول الله، إلا أنني ممتن لتقاليده الغنية في التعامل مع الطبيعة المعقدة الساحقة للبشر وأفعالهم والكائن البشري. لقد شددت على تطوير السمات التي كان من الممكن أن تبدو مشبوهة وتقية، ولكنها أيضًا مثالية لنفسي الصغيرة التي كانت تبهر اللاهوت: الكمال الذي يتجاوز التقدم؛ الأمل الذي يتجاوز الواقعية؛ الحب خارج حدود السياسة الواقعية.

في الصفحات التي يتابعها الأشخاص والأصوات القادرة على رؤية هذا الاحتمال في ظل التحول الحالي الذي نعيشه الآن. هناك الكثير من الشعر في هذا الكتاب لأنه جميل وأساسي، وأيضًا بسبب الدوافع الأعمق التي سأستكشفها. هناك الكثير من العلوم أيضًا. تمتلئ حياتي التحادثية بحكمة علماء الأعصاب وعلماء الفيزياء وعلماء الأحياء وعلماء الأعصاب الذين يطرحون الأسئلة ويتوصلون إلى اكتشافات تلقي الضوء على قضايا الأخلاق التي كانت في السابق حكراً على الفلاسفة واللاهوت.

الدعامة الأساسية في هذه الصفحات هي اللغة المستخدمة لوصف الفضيلة، وهو مصطلح قديم الطراز، ربما، لكنه وجدت أنه يجذب الشباب الذين يدركون على الفور ضرورة الضوابط الملموسة التي تحول الرغبة إلى أفعال. لقد جسدت تقاليدنا الدينية الفضائل عبر العصور. إنها ليست من عمل القديسين أو الأبطال، ولكنها أدوات لعيش حياة محترفة. إنها حكمة عن السلوك البشري يدرسها علم الأعصاب بصور وكلمات جديدة يمكننا ممارستها. ما نفعله ونتعلمه، نتحول إليه. ما ينطبق على العزف على البيانو، أو ركل كرة القدم، ينطبق على قدرتنا على استكشاف العالم بطريقة مدمرة وطائشة أو برشاقة وسخاء. لقد تمكنت من رؤية الصفات الإيجابية و

الطقوس هي تقنيات روحية لمساعدتنا على أن نكون أفضل ما لدينا في الدم واللحم في المكان والزمان.

هناك فضائل معينة تتبادر إلى ذهنك على الفور ويمكن أن تكون نتيجة ليوم واحد أو مدى الحياة ـ مثل المحبة والغفران والرحمة. إن التغييرات الطفيفة في الفكر والسلوك هي التي تسمح بذلك عن طريق التخلي عن المواد الخام التي تشكل حياتنا.

لقد نظمت أفكاري في خمس فئات من العناصر الأساسية، الجوانب الأساسية للحياة اليومية التي أصبحت أعتقد أنها أساس الحكمة. لقد تغير فهمي وتجربتي لهذه الأمور بالكامل.

الأول هو الكلمات. لقد فقدنا الإيمان بحقيقة الحقائق لتزويدنا بالقصة الكاملة، أو حتى الكشف لقرائنا عن الحقيقة الكاملة عن أنفسنا وعن العالم. غالبًا ما نشعر بالتهميش والدهشة مما نعتبره خطابًا في حياتنا اليومية. إن الكلمات التي نحملها للفضيلة يتم تخريبها أيضًا من خلال الاستخدام المفرط والمبتذلة. أقوم بالتحقيق في الأهمية الواقعية التي تكمن في "الكلمات المتلألئة" في كلمات شعر الكاتبة إليزابيث ألكساندر. أنا مقتنع بأنه من الممكن التعبير عن أعمق قناعاتنا وعواطفنا بطريقة توسع الخيال بدلاً من إغلاقه. أنا أشارك تجاربي حول أهمية طرح المزيد من الأسئلة. يحتاج عالم اليوم إلى اللغة الأكثر حيوية وتحويلًا التي يمكننا أن نبتكرها أنا وأنت. يمكننا أن نبدأ على الفور في إجراء المحادثات التي نود سماعها وسرد قصة عصرنا بطريقة جديدة.

والثالث يشير إلى المادية. الجسد هو المكان الذي توجد فيه كل فضيلة أو تموت، لكن هذا له أهمية مختلفة في حياتي مقارنة بعالم الدين في شبابي. تكشف أحدث الأبحاث العلمية عن صورة ممكنة للشفاء والتجديد كما كانت من قبل. أجسادنا المادية بينما نتعلم هي أكثر من مجرد أجساد جسدية. إنها تحمل الألم والفرح والذكريات، بالإضافة إلى قدرتنا على فتح وإغلاق العالم وبعضنا البعض. هناك روابط عميقة بين الجمال والفرح والحكمة. ونحن نتعلم هذه الأمور مرة أخرى بطريقة عملية، بدءاً باختيارات الطعام. لقد توصلت إلى الاعتقاد بأن قدرتنا على الوصول إلى ما هو أبعد من أنفسنا ـ تجربة الغموض أو التواجد للآخرين ـ تعتمد على مدى غرسنا في أجسادنا بكل عيوبها ونعمتها.

والثالث هو الحب. إنه الهدف الوحيد الذي هو كبير بما يكفي للتعامل مع اتساع التفاعل البشري والتحديات في القرن الحادي والعشرين. "الحب" هي كلمة مختلفة تم تدميرها قليلاً (أو أكثر). كثيرا ما ننسى أنه موجود.

نحن نشير إليه كشيء يمكن أن نكون جزءًا منه وخارجًا عنه. كقليل من الحكمة حول حالة الإنسان وما نحن قادرون عليه، فهي سمة وأسلوب حياة بالكاد بدأنا في اكتشافها. لقد حث الأشخاص الذين حولوا العالم حول محوره عبر التاريخ البشرية على اعتناق الحب. وعلينا الآن أن نواجه هذا التحدي بحماسة أكبر في حياتنا الخاصة، وأن نتعلم ما يعنيه أن نحب عملاً عمليًا ومبدعًا ومستمرًا كمنفعة اجتماعية، وليس فقط كمنفعة خاصة. ولم يعد الأمر يتعلق بالسياسة فقط كما يقال، بل أصبح لكل شيء تقريبًا قيمة مدنية. أسمع مصطلح الحب يُذكر كحاجة لحياتنا المشتركة في كل مكان أذهب إليه. أنا أشارك ما أسمعه حول ما يمكن أن يكون عليه الحب عندما نتصارع مع قضايا العرق والرفاهية الاقتصادية. إن فهمنا المتزايد للدماغ هو جزء من هذه القصة أيضًا. صديق جديد رائع في الابتعاد عن الخوف والاهتمام وفهم انتمائنا المتأصل لبعضنا البعض.

العنصر الرابع هو الإيمان. بدأت حياتي بالنقاش حول موضوع الإيمان. لقد تطورت أسئلتي مع تغير إيماني في بداية القرن الحادي والعشرين. إن حكمة الماضي الروحي متاحة لنا الآن كما كانت من قبل، ويمكننا الآن أن نختار تصميم حياتنا الروحية الشخصية. ويؤدي هذا، بطريقة ما، إلى إعادة اكتشاف أعمق جوانب التقاليد لصالح الكوكب بأكمله. يتم إثراء أفكاري واهتماماتي من خلال المحادثات مع علماء الفيزياء وكذلك ظهور غير المتدينين. إن الطبيعة المتناقضة للروابط التي أهتم بها هي كيف تفتح التكنولوجيا لدينا الوعي بأن العالم الحرفي ليس كل ما هو موجود، وأن علماء الرياضيات والعلماء يمتلكون مفردات غنية بالجمال والغموض. أعتقد أن تجربة الغموض هي تجربة إنسانية عادية تتضمن الولادة وتجربة الحب والموت. إن زيادة الوعي بلغة الغموض والفضيلة المتأصلة في طرح الأسئلة عبر حدود عدم الإيمان والمعتقد أو العلم أو الإيمان يمكن أن يساعدنا على عيش حقائقنا ومواهبنا الشخصية بفرح مع الاعتراف بوجود الآخرين. لا أعرف كيف سيكون شكل الدين بعد قرن من الآن، لكن تطور الإيمان سيغير حياتنا نحو الأفضل.

والخامس هو الأمل. تقودني المحادثات في حياتي إلى إعادة تعريف أهمية الأمل. إنني أعرّف الأمل بأنه مختلف عن المثالية أو التفاؤل. ولا يرتبط بالتمني. إنه يعكس العالم الحقيقي في كل منعطف ويعشق الحقيقة. إنها منفتحة ومذهولة من الظلام الذي ينسج بشكل لا مفر منه في وهج العالم ويبدو في بعض الأحيان أنه ينتصر عليه. الأمل، كما هو الحال مع كل الفضائل، هو خيار يصبح في النهاية عادة ويتحول إلى ذاكرة عضلية روحية. إنه مورد متجدد لمساعدتك على عيش الحياة كما هي.

وليس كما نريد أن نراها. سأصف بعض الوجوه الجميلة، والقصص التي رأيتها كجزء من رواية عصرنا، وأشير إلى ما نحن قادرون عليه، تمامًا مثل أي قصة أخرى من الانحلال والخطر.

عالم الحفريات اليسوعي بيير تيلار دو شاردان هو مصدر الإلهام في هذا العمل، خاصة عندما أفكر في أمل البشرية. اعتنق في حياته الثورة العلمية والصرامة الفكرية بالإضافة إلى رؤية آسرة وواسعة للروح الإنسانية. وكتب يقول: «إن تفسير الكون يظل غير مرض ما لم يشمل باطن الأشياء كما ظاهرها؛ العقل والمادة على حد سواء.» عند التنقيب عن أحفورة "رجل بِكين" القديمة في الصين وتخيل مستقبل البشرية وهو ينقب عن روحنا ونفسيتنا الحديثة ـ فقط لكي يُنظر إلينا على أننا بدائيون. وتنبأ بأننا سوف نغطي المحيط الحيوي والغلاف النووي ـ وهي المنطقة التي يغطيها الفكر البشري والمعرفة والقدرة على التصرف. وتوقع أنه سيكون مشابهًا للإنترنت. وكان اعتقاده أن الإنترنت سيكون المحفز للمرحلة التالية من التطور، أي تطور الوعي والروح. هذه رؤية هائلة ومثيرة لتخيل المخاطر المستقبلية التي يمكن أن نختبرها في الوقت الحاضر.

ومع ذلك، كان تيلار يؤمن بالزمن الجيولوجي البطيء والعميق، وينبغي لنا أن نفعل ذلك أيضًا. إن النظرة طويلة المدى للزمن ستساعدنا على استعادة فهمنا لوجودنا ووجود العالم من حولنا. نحن لا نزال في مرحلة المراهقة من جنسنا البشري، ولسنا نمتلك قدراتنا بالكامل على الإطلاق. إن عالم القرن الحادي والعشرين يشبه ما لدينا الآن من أدمغة المراهقين المتفاوتة للغاية، والمبتكرة والمبدعة تارة، والخطرة والمدمرة تارة أخرى.

في أمريكا هناك جوانب كثيرة من حياتنا العامة تناسب مرحلة المراهقة أكثر منها لمرحلة البلوغ. نحن لا ننخرط في الأنشطة التي يمكن للبالغين أن يتعلموا القيام بها، مثل تهدئة أنفسنا والتقليل من الأنانية. تأخذنا غالبية وسائل الإعلام والسياسة في اتجاه سلبي ونرجسي. نحن نختصر الأسئلة الأخلاقية الكبيرة إلى "قضايا" ونبسطها إلى جانبين، ونسمح لوسائل الإعلام والسياسيين بتقديمها على أنها متطرفة ومتضاربة. ومع ذلك، فإن الأغلبية منا لا ينظرون إلى العالم بهذه الطريقة، وهذه ليست الطريقة التي يعمل بها العالم. لست متأكدًا

من وجود شيء يسمى "مركز" الثقافة أو أنه أمر رائع إذا كان موجودًا. ولكن، إذا تركنا المركز وكذلك اليمين في المنتصف الشاسع وفي مركز حياتنا، لدينا جميعًا أسئلة ليست إجاباتنا، وقليلًا من الانبهار بقناعاتنا. هذا الكتاب مخصص لأولئك الذين يرغبون في الإجابة على الأسئلة الكبيرة.

من حياتنا القادرة على التفكير والتصرف بشجاعة، لخلق حقائق جديدة في العالم الذي نعيش فيه في الحاضر، والقيام بذلك بشغف وفرح.

لم أقابل بعد شخصًا غير قادر على إيجاد شعور بالبهجة عندما لا يكون الأمر سهلاً، ويكون قادرًا على الابتسام والضحك بحرية وحتى على نفسه. الفكاهة هي على رأس قائمة فضائلي عندما تقترن بالتواضع والرحمة والقدرة على التكيف عندما يكون ذلك هو الخيار الأفضل. إنها فضيلة تجعلنا نشعر براحة أكبر تجاه جميع الفضائل الأخرى. ديزموند توتو، الذي اعتقدت أنه لا جدال فيه، يعتقد أن الله لديه قدرة فطرية على الضحك. العلم هو الذي يساعدنا على رؤية روح الدعابة في الدماغ كمظهر من مظاهر الإبداع، وتشكيل روابط غير متوقعة واحتضان هذه الروابط بشعور من الحماس. لذلك، أعتقد وآمل أن يتم سماع الابتسامة على الصوت أحيانًا خارج هذه الصفحات. أيضًا، أحمل عدة أصوات هنا، مقتطفات صغيرة من المحادثة تملأ أفكاري وتشكلها، تمامًا كما هي الحال دائمًا في عملي وحياتي.

أنا لست مصدومة من فكرة حدوث أشياء مرعبة وغير منطقية في عالم معقد مثل عالمنا، حيث تدير العرض كائنات ذكية مثلنا. ومع ذلك، فإن ما يشجعني هو حقيقة أن ما هو غير متوقع هو الشيء الوحيد الذي يظل ثابتًا.

نحن لسنا مسؤولين أبدًا، ولسنا مسيطرين حقًا. لن يكون شيء كما تصورناه. إن أعظم أهدافنا لن تتحقق، كما أن أسوأ التوقعات سوف تتحقق أيضاً. أنا متحمس لهذه الحقيقة الآسرة، التي تعد كل محادثة من محادثاتي بمثابة تذكير دقيق بأننا خلقنا من خلال الأشياء التي تجعلنا ننكسر. الولادة في حد ذاتها هي انتصار من خلال عملية دموية وخطيرة. لا يتم تعلم المشي إلا عند النقطة التي نكون فيها معرضين لخطر السقوط، وهذا صحيح ـ مع الديناميكيات الأكثر تعقيدًا، طوال حياتنا. لقد سمعت العديد من الاختلافات حول هذا الموضوع ـ الصراع مع المرض الذي يؤدي إلى ترك الشخص وراءه وألم الطفولة الذي يؤدي إلى المهنة والإعاقة الجسدية التي تسمح بالاكتمال والوعي بكلية العالم. هناك قصصك الشخصية عن اللحظات الدرامية واليومية التي فشل فيها في تحقيق فهم أعمق لك وجزء من الهدية التي تقدمها تجاه الكون. هذا هو المكان الذي تبدأ فيه بتطوير الحكمة.

وما ينطبق على الأفراد ينطبق أيضًا على الجميع. إن التحديات التي نواجهها ليست أكثر إيلاما من الحروب المدمرة والكساد الذي شهدناه في القرن الماضي. إن مشاكلنا الديموغرافية والاقتصادية والبيئية حيوية في الواقع. أعتقد أننا نشعر بذلك داخل أجسادنا على الرغم من أن هذه ليست قصة مبنية على إجماع على الخطوط. الأزمة العالمية وحجم المخاطر التي نلعبها يمكن أن تكون بداية النهاية لحضارتنا.

لقد رأينا ذلك. وقد يكون هذا هو السبب الذي يجعل البشر مضطرين إلى القيام بالمهمة الفعلية التي بين أيديهم، وهي معالجة الحالة الإنسانية بفعالية وذكاء، ومن ثم البدء في تطويرها.

الفصل الثاني: الكلمات: شعر المخلوقات

أعتقد أن حقيقة أساسية في حياتنا هي أن الكلمات مهمة. ومن الواضح أننا قادرون على التغاضي عنه عدة مرات في اليوم الواحد. الكلمات التي نتحدث بها تحدد الطريقة التي نتكلم بها

معرفة تصوراتنا الخاصة، وكيف ندرك العالم من حولنا، وماذا نفعل مع الآخرين. منذ سفر التكوين ومن خلال أغاني السكان الأصليين في أستراليا، أدرك البشر دائمًا أن التسمية هي المفتاح لفهم كل شيء في الحياة. كان حاخامات الماضي يفهمون النصوص والكتب وحروف كلمات محددة على أنها كيانات حية. الكلمات هي أساس العوالم.

لقد اتخذنا خيارًا صغيرًا جدًا في العقد الذي ولدت فيه ـ كلمة ـ التسامح ـ لإنشاء المجتمع الذي نود أن نعيش فيه اليوم. لقد انفتحنا على الاختلافات العرقية التي كانت موجودة لفترة طويلة، وهي متميزة ولكنها متساوية، وعلى الاندماج الجديد بين الأعراق والأديان والمعتقدات المختلفة. ومع ذلك، فإن التسامح ليس موضع ترحيب دائمًا. إنه يتسامح ويسمح ويتغاضى. في المعجم الطبي يتعلق الأمر بقيود العيش في بيئة سلبية. لقد كان التسامح مجرد خطوة أولى جعلت التعددية ممكنة، والتعددية، مثلها مثل كل المفاهيم الأخرى، هي مصدر لوهم السيطرة. لا يتطلب منا أن نشعر بالقلق تجاه الغرباء. لا يطلب منا أن نلتقي وأن نشعر بالفضول تجاه بعضنا البعض وأن نتلامس أو نندهش من بعضنا البعض.

إليكم بعض الكلمات التي أحبها، الكلمات التي تعبر عن الحضور، بدلاً من أن تكون وسيلة لتحقيق هدف المرء: مغذية، ومفيدة، وشجاعة، وسخية، وساحرة، فضلاً عن كونها فضولية، وناعمة ومغامرة. لقد بدأت مسيرتي المهنية

إن حياة الصحفيين تشبه إلى حد كبير التعامل مع كلمات القرن العشرين، حيث كان زمن الأزمات والاحتواء والسياسة الواقعية. خلال تلك الحقبة وما بعدها، كنا نحتفظ ببعض الكلمات التي كنا في أمس الحاجة إليها في بعض الأشرطة الجانبية للأخبار. تم التخلص منها وأصبحت كليشيهات. السلام هو قضية منقسمة بشكل غريب. العدالة سياسية بعض الشيء. لا أدهشني فكرة أن الأمر يتعلق بـ "الاحتفاء بالتنوع" من خلال وضعه على قاعدة عالية، ولكن مع تجاهل فوضويته وأعمقها. أقوم بمزج كلمات الحياة اليومية جنبًا إلى جنب مع الحياة الاجتماعية لأننا في الأجيال القليلة الماضية شوهنا تصورنا للحياة العامة، والذي يركز بشكل ضيق للغاية على الحياة السياسية. أنا دائمًا أسارع إلى إضافة المؤهلات عندما أستخدم كلمات مثل "الكياسة" ـ كلمات مثل المذهلة، على سبيل المثال، كلمات مثل أو عضلية أو مثيرة ـ لأنه من الممكن أن تكون ودودًا ومهذبًا ومهذبًا للغاية.

الكلمات هي مجرد حاويات على المستوى، ولكن هذه هي النقطة الرئيسية. إن الارتباط بين المعاني والكلمات يشبه التآزر بين الروحانية والدين. الكلمات يصنعها البشر ويتلاعب بها البشر. إنها تعكس كل عيوبنا وعيوبنا. إنهم يخنقون أو يضخمون الحقائق التي خلقوا لنقلها. نحن نكسرها ونسقطها في كثير من الأحيان. يتم تجديدها مرارا وتكرارا.

شاهد هذا الحوار مع الكاتبة وإليزابيث ألكساندر

نريد ماذا. نحن نبحث عن رواة الحقيقة. نحن نبحث عن الحقيقة. هناك الكثير من الهراء باستمرار. أداء الخطب السياسية، الخطب التي تراها في الأخبار لا يبدو لك في كثير من الأحيان كما لو كان يجب أن تكون هناك فقاعة من التفكير حولها تقول "ما يجب أن أقوله حقًا لو أتيحت لي الفرصة هو..."

كانت إليزابيث ألكسندر هي الشاعرة التي كتبت القصيدة في وقت تنصيب أوباما الأولي، وهي من بين أفضل كتابي الذين تحدثوا عن الافتقار إلى "اللغة والخطاب الرسميين". كانت القصيدة التي ألفتها وقرأتها في واشنطن مول في يناير/كانون الثاني 2009 تدور حول التفاعل الغامض المذهل بين الكلمات والواقع. لقد تواصلت معها لإجراء محادثة بعد عامين، خلال فترة سياسية شهدت تحول اللغة إلى جامحة. ثم أصيبت النائبة غابرييل جيفوردز بالرصاص، كما قُتل عدد آخر وقت وفاتها.

التجمعات العامة أمام متجر المواد الغذائية في أريزونا. لقد كنت قلقًا من أن الأداء مع شاعر خلال عصر الدمار الوطني يمكن أن يكون ساذجًا بعض الشيء في أحسن الأحوال، أو ساذجًا في أسوأ الأحوال. وبدلاً من ذلك، كان فيضًا من نفس الامتنان البهيج الذي أشعر به في نفسي عندما يدخل الشعر إلى حياتي ويطلب مني أن أسمح له بالتطفل داخل ذهني.

نحن جائعون وننتظر أن نتعلم لغة جديدة يمكننا استخدامها للتواصل مع بعضنا البعض؛ هذا هو الشيء الذي تسميه إليزابيث ألكسندر.

استمع إلى هذه المحادثة بين المبدع وإليزابيث ألكساندر

أكسب الكثير كل يوم كأم. يبلغ عمر أطفالي الآن 11 و12 عامًا، ويمكنك ملاحظة الطريقة التي يشعر بها الأطفال عندما يتم أخذهم على حين غرة. كما أنهم ينجذبون أيضًا إلى اللغة المتألقة أو الكلمات الفردية التي لها قوة. سوف يتوسلون إليك لتكرار كلمة متلألئة، إذا كانوا يسمعون ذلك للمرة الأولى. وهذا واضح في أعينهم.

لدينا ابن صغير كذلك. هل يمكنك التفكير في أي من هذه المصطلحات؟

في الواقع، لو كانوا هنا اليوم لكانوا يحبون أن يتم خداعهم وخداعهم. يسألني الناس أحيانًا عندما يقرأون القصائد التي تحتوي على "أنا" والتي تبدو وكأنها سيرة ذاتية ـ الناس مهتمون بالتفاصيل. ما الذي حدث لك بالضبط؟ هل تسببت في ذلك؟ ما أحاول إيصاله هو أنه حتى لو استلهمت من التجارب الشخصية، فإن واقع القصيدة يذهب إلى ما هو أبعد بكثير مما إذا كانت قد حدثت بالفعل أم لا. المهم هو أن الحقيقة الكامنة في اعتقادي هي قوة الشعر.

عندما تتحدث أفكر في القصيدة التي كتبتها "Ars Poetica #100:" وخاصة هذه العبارات "أنا أؤمن"،:

الشعر هو ما يمكنك العثور عليه.

في التراب قاب قوسين أو أدنى

اسمع سائق الحافلة يا الله

في التفاصيل الدقيقة، الطريقة الوحيدة للذهاب هي من خلال التفاصيل.

للوصول من هنا إلى الجانب الآخر.

(الشعر (والآن، صوتي يرتفع

الحب ليس كل ما يبدو. هل هو كل الحب والغرام

أنا آسف لموت الكلب. قد توفى.

(الشعر (هنا أستطيع أن أسمع صوتي بأعلى صوت

الأصوات البشرية هي صوت الإنسان.

هل نحن لسنا مهتمين ببعضنا البعض؟

لذلك، أعتقد أن جوهر هذه القصيدة ليس في الأحداث أو الوقائع الحقيقية التي حدثت، بل في السؤال، هل نحن حقًا مهتمون ببعضنا البعض؟ هذا بالنسبة لي لا يعني الحذاء الذي ترتديه أو أنني أحب حذائك أو وظيفتها المثيرة للاهتمام. إنه أكثر من هذا بكثير. هل نحن بشر نعيش في مجتمع؟ هل نتواصل مع بعضنا البعض؟ هل ننتبه لبعضنا البعض؟ هل نرغب في أن نصبح أصدقاء؟ الوصول عبر ما يمكن أن يكون فجوة واسعة بين البشر. عندما أنظر إلى أطفالي وأفكر، على الرغم من أنني أعرفكم، لا أعرف ما الذي يدور في عقولكم. ومع ذلك، أريد أن أعرف أطفالي بهذا العمق. هذا هو السبب في أن الأمر عاطفي جدًا مع أحبائك، ولكن أعتقد أنها طريقة فعالة للتواجد في جميع أنحاء العالم. إذا لم نفعل ذلك باستخدام لغة دقيقة للغاية ودقيقة للغاية ـ ليست سلسة جدًا، ولكنها دقيقة ـ فهل نتواصل حقًا مع بعضنا البعض؟

* * *

بدأت بدراسة فن الدردشة حول الحقائق الأساسية من الرهبان البينديكتين من دير سانت جون في كوليدجفيل بعد أن انتقلت إلى مينيسوتا عبر أحد مسارات الحياة الغربية وغير المخطط لها في منتصف التسعينيات. وكانت الحدة الدينية التي كانت سائدة في الحياة الأمريكية في ذروتها

السمية، التي تغذيها شهوة وسائل الإعلام للأصوات التي توفر الترفيه. كنت لا أزال حديث التخرج من دراستي في اللاهوت وأدرك تمامًا حقيقة أن معرفتنا ومفرداتنا محدودة للغاية للحديث عن القضايا المهمة في الأماكن العامة. أنشأ البينديكتين معهدًا منعزلًا ولكن ضخمًا لإجراء "الأبحاث المسكونية والثقافية" في الستينيات. كانت فكرة وجود علاقة بين الكاثوليك والبروتستانت خطوة جريئة لا يمكن تصورها. لقد كانت بمثابة مهد للتخصيب الديني في الفترة الأخيرة من القرن العشرين.

تم تشخيص إصابة مؤسسي المؤسسة المسكونية بمرض الزهايمر. كان البعض يتقدمون في السن ببساطة. طلبوا مني أن أسجل رواية شفهية لما حدث وما حدث في هذا المكان بالذات. لقد تواصلت هنا العديد من الأرواح من أماكن بعيدة، ومن ثم أثرت على كيفية قدرة دينهم على إقامة علاقة مع النقيض الديني. وشملت هذه الكاثوليكية الرومانية والأرثوذكسية الشرقية، وقداسة المشيخية والناصرية والعنصرة. كان أحدهم رئيسًا بارزًا للمدرسة اللاهوتية الإنجيلية بالإضافة إلى القس بولسي المرسوم، توم سترانسكي، الذي كان جهة اتصال البابا مع المراقبين الكاثوليك غير الكاثوليك خلال المجمع الفاتيكاني الثاني وكان الآن يدير معهد تانتور المسكوني الخاص به، وهو الموقع الذي كان مكانًا. من التفاعل المسيحي واليهودي والمسلم في منتصف الطريق الذي يمتد بين القدس وبيت لحم.

كانت العلاقة بين هؤلاء الغرباء عن الدين غير عادية. لقد كانت نتيجة مباشرة لتجربتي في برلين أنه سيكون هناك المزيد من التغييرات خلال حياتنا أكثر مما يمكننا أن نتخيله. لقد ظلوا جميعًا على نفس المنوال وحماسًا في معتقداتهم كما كانوا لفترة طويلة. ومع ذلك، فإن متعة الفضول والاحترام والإعجاب التي اكتسبوها في أذهان بعضهم البعض ورحلاتهم غيرت العالم بشكل عميق. لقد جعل العقيدة أكثر إنسانية. لقد أعادت إحياء تقديرهم لتقاليدهم الخاصة وزودت الناس أيضًا بشعور بالعجب بالتقاليد المختلفة التي يجلبونها إلى العالم. لقد تبنوا طرق التفكير الجديدة هذه والاندماج في منازلهم ومجتمعاتهم. قال مؤرخ الدين العظيم مارتن مارتي إن تحول أمريكا من أغلبية بروتستانتية إلى أغلبية كاثوليكية كان من بين أسهل عمليات التسليم في تاريخ البشرية. هناك العديد من فصول الحكاية، والفصل الذي حدث في كوليدجفيل هو مجرد واحد منها.

كان الأب كيليان ماكدونيل، راهبًا من دير سانت جون الذي أسس المؤسسة المسكونية، سفيرًا لاهوتيًا يجوب العالم بعد طفولته في الغابة في ولاية ساوث داكوتا. "لم تكن نهاية العالم" هكذا كان يقول الراهب عن البلدة التي كان موطنه فيها.

"ولكن يمكنك رؤيته من هناك." لقد حدث ذلك بعد عقد من الزمان، عندما التقيت به وعندما كان في في السبعينيات من عمره، أصبح الشاعر شاعرًا ناجحًا جدًا. مفضلتي الشخصية من أعماله هي:

الكمال، الكمال

لقد كان الأمر مثاليًا.

لقد وضعت حقائبي في السيارة

أنا خارج من هنا.

ذهب.

على يقين مثل المطر

سوف تجعلك مبللا.

الكمال سيكون لك

في.

انها ليست مثل الندى

على عشب الصيف

لتوفير الحرية والأخضر

مرح.

الكمال هو الانتفاخ

فضيلة الرحمة

ابتهج الكاهل في ذلك

ولادة.

عندما تكون الحرب قد بدأت نصفها،

الاستقامة الباردة هي فكرة

ليس من الممكن الفوز، هذه حقيقة، مما يجعلها ليست لعبة، كما يعترف

حرب.

لقد قدمت إشعاري

وأرجعت مفاتيحي،

لقد وقعت على دفع مكافأة نهاية الخدمة، أنا

يترك.

بعض الاقتراحات التي كان بإمكاني تقديمها:

الشكل المنحوت المثالي

ديفيد مايكل أنجلو المذهل

حول,

فينوس دي ميلو

،ليس لديه أسلحة

جرس الحرية هو

.متصدع

لقد علمني الأب كيليان وعائلته فن دفن الكلمات ذات المعنى في الألوان والتعقيد، المادة الغامضة في حياتنا. فحقيقة العمق، كما هو الحال مع لغة الفضيلة، تفلت من قبضة الصيغ. إنها عملية سريعة لتصبح جامدة ويمكن تحويلها إلى تجريد أو كليشيهات. ومع ذلك، إذا قمت بتطبيق منظور روحي على حدث أو تجربة، فإن الصورة؛ اكتب المكان الذي ترتكز عليه في أساس كيانك وسوف يغير الطريقة التي تخبر ها بها والأشخاص الآخرين الذين يستمعون إليها.

في كوليدجفيل، بدأت المناقشة حول قضية لاهوتية هائلة وضخمة من خلال تأطير ها كسؤال ثم دعوة الجميع على الطاولة للإجابة على هذا السؤال باستخدام سرد حياتهم ما هو الله؟ دعاء؟ ما هي أفضل طريقة لمعالجة مشكلة الشر؟ ما هو جوهر الرجاء المسيحي؟ قد أختلف معك لأنه اتضح أن هذا ليس رأيي، لكنني أتفق مع ما مررت به. عندما أفهم ما مررت به من أنني مررت في علاقة، ندرك مدى تعقيد موقف بعضنا البعض، ونستمع بشكل أكثر انفتاحًا. من المرجح أن تظل الاختلافات في وجهات نظرنا قائمة، لكنها لا تحدد الحدود بيننا.

في سانت جون، أتيحت لنا الفرصة لمشاركة قصصنا وسماع قصص أخرى، وأيام لاستكشاف ما تعلمناه حول الأسئلة "لماذا" و"ماذا بعد" و"ماذا في ذلك" التي تم طرحها، ومن ثم مناقشتها معًا. لقد تمكنت من الحفاظ على الحكمة الأساسية لهذا النموذج وتقطيرها في أماكن وأزمنة مختلفة. أرافق الأشخاص الذين يسيرون ذهابًا وإيابًا إلى نقاطع الأشياء التي يعرفونها، ومن هم، ومعتقداتهم، والطريقة التي يعيشون بها، وما يمكن أن يعلمنا إياه ذلك. سؤالي الافتتاحي الأكثر تكرارًا ـ سواء كنت ملحدًا أو عالمًا، أو أحد الوالدين، أو شاعرًا، أو ملحدًا أو ذا عقلية دينية ـ هو: هل كانت هناك أي خلفية روحية أو دينية لطفولتك، بغض النظر عن كيفية تعريفها الآن؟ من المهم أن نلاحظ أن هذا يختلف تمامًا عن السؤال الأقل وضوحًا والمخيف الذي لن أقوله أبدًا: أخبرني عن حياتك الروحية اليوم. هذا الجانب الذي نحن شخصيون مثله مثل كل شيء نحاول شرحه ولكنه عكس هذه الأسئلة تمامًا. يقارن كاتب الكويكرز والمعلم باركر بالمر، صديقي ومعلمي الحبيب، أرواحنا بالحيوانات البرية التي تعيش في غابات النفس الخلفية والتي من المحتمل أن تهرب عند مواجهتها.

مصطلح "الروح" هو من بين العديد من الكلمات المستخدمة بطريقة تثير قلق الكثير منا. غالبية الأشخاص الذين وجدتهم لديهم قصة يشاركونها حول الجذور الروحية لطفولتهم. هذا السؤال المباشر يدعو إلى إجابة مفتوحة ومباشرة ذكرى صادقة، تكرم كل الفروق الدقيقة والإبداع والوضوح الذي جمعناه حول مفهوم كلمة الروح أو ما تعنيه الروح، وهي تثير فينا جزءًا يتأثر بفروق اليقين، من خلال التجارب، والأحلام والمخاوف إنه المكان الذي نتذكر فيه الاستفسارات بوضوح مثل الإجابات التي ربما كنا نتبعها طوال حياتنا، وذلك، مع التشجيع المناسب، قد نكون قادرين على مشاركتها مع أشخاص آخرين. وبنفس القدر من الأهمية، فهو يتيح

الأساس للمحادثات المستقبلية مع وضعية أكثر تأملية وأقل رسمية من تلك التي تظهرها البالغين في أعين الآخرين، كما أنها تقود بشكل طبيعي في مسارات مستقيمة أو متعرجة إلى مصدر الفضول الذي يتطور إلى شغف البلوغ والدعوة.

لقد سمعت ردودًا ملخصة في كلمة واحدة ثم تابعت قائلة ـ "الحب" و"الوحدة". كثير مما يقوله الناس عن دين شبابهم مبني على الغياب والحضور. على سبيل المثال، كانت الأم هي التي تأخذ الأسرة إلى الكنيسة، بينما بقي الأب في المنزل لقراءة الجريدة. إن اسم الأب الذي يقرأ الصحف جزء لا يتجزأ من نسيج التأملات الدينية المستقبلية تمامًا مثل أي طقوس أخرى داخل أسوار الدين. لقد تحدثت مع العلماء الذين تحدثوا عن النتائج التي توصلوا إليها والتي تفيد بأن الرياضيات يمكن أن تفسر أنماط الألوان في سطح البقعة الزيتية وكذلك حركات النجوم وكيف كان هذا الاكتشاف مذهلاً وملأهم بإحساس بالغرض الأساسي الذي كان من المهم أن نكتشف كيف يعمل الكون وكيف ننسجم معه. لقد أجريت محادثة مع عالم النفس العصبي الذي، كمتطوع ناشئ في الأولمبياد الخاص، بدأ في الحيرة حول مفهوم ما يجعل العقل فريدًا وجميلًا. لقد كان من دواعي سروري مقابلة الراهب البوذي التبتي المولود في فرنسا والمصور الشغوف الذي بدأ حياته المهنية ملحدًا وعالم أحياء جزيئية، وقد تغيرت حياته من خلال الصور التي رآها لوجوه الرهبان، الصور التي كشفت عن نموذج مدهش لصورة جميلة وحياة متناغمة ومشرقة.

هناك العديد من الدوافع الممتعة والأساسية الواهبة للحياة لاكتشاف قوة الروايات الشخصية في كل جانب من جوانب وسائل الإعلام وفي ثقافتنا. يرتبط فن المحادثة الذي أتحدث عنه هنا بفن المحادثة، ولكنه دقيق وفي اتجاه مختلف ـ مشاركة قصصنا بغرض فهم من نحن ومن نود أن نصبح. أعتقد أن كل قصة عظيمة تبدأ بتبادل محفز يمكننا المشاركة فيه مع بعضنا البعض: ما هو السؤال؟ كيف

كيف يؤثر هذا على الطريقة التي تنظر بها وتعيش بها؟ ما هي آثار ذلك على طريقة تفكيري وحياتي؟ أعتقد أننا قادرون على دفع أنفسنا إلى أبعد من ذلك والاستفادة من الكلمات بقوة أكبر وسرد تاريخ عصرنا بشكل جديد.

إحدى الأمثلة المفضلة لدي هي محادثة سابقة شاركتها مع امرأة حكيمة وطبيبة، راشيل نعومي ريمن. لقد غيرت كلماتها طريقتي في التحرك عبر العالم، ولم أنظر إلى الوراء منذ ذلك الحين. بدأت تتساءل عن عملية علاج السرطان، ومن ثم موضوع التعليم الطبي، بعد أن أدركت أن كل مرض هو قصة. يتم تشخيص إصابة المرء بالسرطان أو مرض السكري أو حالة القلب، ولكن تفاصيل حياة الشخص تجعل كل حالة من حالات السرطان وأمراض القلب أو مرض السكري فريدة من نوعها وكل علاج مختلف. عندما كنت أفكر في التداعيات الروحية لوجودها، شاركت معها قصة جدها الحسيدي، وهو حاخام، وكذلك عيد ميلاد العالم ـ خلفية التعليمات اليهودية القوية والمتطلبة المتمثلة في "إصلاح العالم". "

شاهد هذا الحوار بين المؤلفة وراشيل نعومي ريمن.

لقد كانت هدية عيد ميلادي لنفسي، هذه القصة. في البداية، كل ما كان هناك هو عين سوف، مصدر الحياة كلها. على مدار التاريخ وفي نقطة معينة من الزمن، ظهر العالم الذي هو كون من آلاف الأشياء من أعماق الظلام المقدس مثل شعاع هائل من الضوء. ثم، ربما لأن هذه قصة حكاية يهودية، وقع حادث وانهارت الأوعية التي كانت تحمل كل أضواء هذا العالم والكون بأكمله. إن العالم كله وكذلك ذلك الضوء الساطع في

الكون مشتت إلى مليون قطعة من الضوء. لقد وقعوا في أنواع من الأشخاص والأحداث، ولهذا السبب ظلوا غامضين حتى اليوم.

وفقا لوالدي، فإن الجنس البشري بأكمله لديه رد فعل على هذه الكارثة. نحن هنا لأن لدينا القدرة على رؤية الضوء الخفي داخل كل شيء وكل شخص وإعلائه وكشفه بمرور الوقت، وبذلك نستعيد الكمال الأصلي للكون. إنه

حكاية مهمة في عصرنا الحالي. تُعرف هذه المهمة باسم "تيكون أولام" وهي عبرية. إنها عملية استعادة العالم.

وهذا بالطبع عمل جماعي. إنه جهد جماعي يشمل كل من ولد وجميع الأشخاص الأحياء وجميع الذين سيولدون بعد. نحن جميعا المعالجين في العالم. هذه القصة تعطينا شعورا بالاحتمالات. لا يتعلق الأمر بإعادة تأهيل العالم من خلال إحداث تأثير كبير. يتعلق الأمر بإصلاح العالم من حولك، وهو في كل مكان حولك.

العالم الذي أنت قريب منه.

وهنا تكمن قوتنا. نعم. يشعر الكثيرون بالعجز في هذه الأوقات

يمين. ومع ذلك، عندما تستخدم عبارة "أشفي العالم" فجأة، "أشفي العالم"، فإن ذلك يشبه الحلم أو الحلم الذي لا يمكن تحقيقه على الإطلاق.

إنها حكاية قديمة يعود تاريخها إلى القرن الرابع عشر وهي منظور جديد لقوتنا. أعتقد أنه من الممكن أن يكون عاملا حاسما في ظروفنا الحالية، وهو عامل حاسم. أنا لست شخصًا ذو تفكير سياسي بالمعنى التقليدي للكلمة، ومع ذلك، أعتقد أننا جميعًا نشعر كما لو أننا غير كافيين لنكون قادرين على إحداث تغيير في العالم، ومطلوب منا أن نكون أكثر ثراءً أو أكثر قوة أو أكثر تعليماً أو مختلفين عن الأشخاص الذين نحن عليه. وفقا لهذه الحكاية، هذا هو بالضبط ما هو مطلوب. من المثير للاهتمام أن نفكر في هذا الأمر قليلًا: ماذا لو كنا بالضبط الشيء المطلوب؟ ماذا قد يحدث؟ ماذا سأفعل إذا كنت على وجه التحديد ما هو مطلوب لشفاء العالم؟

أخبرت ابني البالغ من العمر سبع سنوات هذه القصة عن خلق الكون وعن الشرر والهواء المقدس الذي تطاير. لقد استمع تمامًا، ثم أعلن: "يعجبني ذلك".

لقد قيلت لي هذه الحكاية لقد قيلت لي هذه القصة، فلننظر إليها، منذ حوالي 63 عامًا. وكان رد فعلي عليه هو نفسه. إنه الشيء المتعلق بالقصص وهو أمر مهم للغاية. إنهم يلمسون شيئًا بشريًا داخل أجسادنا وقد يظلون دون تغيير. ربما هذا هو السبب وراء مشاركة أهم المعلومات من خلال القصص. وهذا ما يربط الثقافة ببعضها البعض. كل ثقافة لديها قصة لترويها وكل من ينتمي إليها يشارك في القصة. العالم يتكون من القصص، وليس من الحقائق.

في حين أننا قد نختلق حقائقنا الخاصة، إلا أننا لا نزال بحاجة إلى مساعدتنا في تجميع الحقيقة معًا.

في الواقع، الحقائق تحكي الجزء الأكبر من الحكاية، إذا كنت ترغب في رؤيتها بهذه الطريقة. تتضمن الحقائق، على سبيل المثال، أنني مصاب بمرض كرون منذ 52 عامًا. لقد عانيت من ثماني عمليات كبرى. ومع ذلك، هذا لا يخبرك بأي شيء عن قصتي والأشياء التي حدثت لي نتيجة لذلك. كيف يبدو الأمر عندما تكون لديك حالة كهذه وتكتشف قوة كونك إنسانًا. عندما تكون هناك أزمة مثل أحداث 11 سبتمبر، هل ترى أن الولايات المتحدة بأكملها اتجهت نحو القصص؟ في المنطقة كنت ماذا حدث، ماذا حدث داخل تلك المباني، ما هو مصير أولئك الذين كانوا جزءا من سكان المباني. هذه هي الطريقة الوحيدة التي يمكننا من خلالها فهم العالم من خلال إعادة سرد القصص. هناك احتمال كبير أن يكون بعض الأشخاص قد قتلوا في المنطقة. تتحدث القصص عن روعة كونك إنسانًا وهشاشة كونك إنسانًا.

أعتقد أنك تخلق تباينًا مثيرًا للاهتمام من خلال الإشارة إلى أن لدينا جميع أنواع القصص التي نواجهها في مجتمعنا وأشكال الترفيه بالإضافة إلى المعلومات، ومع ذلك، سيكون لهذه القصص دائمًا بداية ونهاية. أنت تقول أيضًا أن القصص في حياتنا، القصص التي تخبرنا عن كيفية استخدامها في حياتنا، تحتاج إلى وقت. القصص الحقيقية تحتاج إلى وقت.

هناك مقولة مدوية مفادها أننا في بعض الأحيان نحتاج إلى ما هو أكثر من الطعام لنعيش. يخبروننا عن الشخص الذي نحن عليه.

هي، ما في البطاقات بالنسبة لنا، وما يمكن أن نسأل. كما أنهم يذكروننا بأننا لسنا الوحيدين الذين يواجهوننا. إذا قلت أن القصة لم تنتهي، على سبيل المثال، جزء من القصة هو إخبار طفلك بقصة الميلاد للعالم أجمع. إنها أيضًا جزء من قصة جدي، أليس كذلك؟ لم يكن ابنك سعيدًا بمقابلة الرجل الذي كان والدي، ولكن ربما سيتخلل جدي حياته بطريقة ما. يمكن أن يكون ذلك بكمية صغيرة أو لا يحدث، لست متأكدًا، ومع ذلك، بهذه الطريقة لا توجد طريقة للقول إن القصة يمكن أن تكتمل على الإطلاق.

الشيء المتعلق بالمواد الخام للروح هو أنها تتغير باستمرار. تعتمد الطريقة التي تنظر بها إلى الماضي على الأشياء التي يمكنك رؤيتها اليوم. لقد كتبت الكثير من الكتابات قبل ذلك حيث كان بإمكاني أن أبدأ إجابتي على السؤال حول الجذور الروحية لحياتي من خلال سرد قصة حياة جدي الواعظ المعمداني الجنوبي وتأثيره علي. سيكون هناك الكثير من المعلومات عن الرجل في هذه الصفحات. في هذه المرحلة من حياتي، أدرك تمامًا كيف كان فقدان والدي للإحساس بتاريخ عائلته هو الأساس الروحي لسنواته الأولى وكان بمثابة ثقب أسود ضخم جلس في وسطي. إنه تشبيه رائع أن نقول إن الزمان والمكان قد انهارا على بعضهما البعض. لم يكن هناك ضوء ليتمكن من الدخول أو الخروج. لقد تم نقله للتبني دون إشعار مسبق، وكذلك أخته الكبرى وكذلك أخيه الصغير. لست متأكدًا من أن السنوات القليلة الأولى من حياته كانت كما كانت قبل ذلك، لكنني أعتقد أنها كانت الأكثر صعوبة. قال والدي إنه لم يكن لديه أي اهتمام على الإطلاق بإخوته أو إخوته أو والدته، على الرغم من أنني أعتقد أنه يتذكر أسمائهم. وعندما أصبح أكثر نضجا، حاولت والدته إعادته. لقد روى القصة بطريقة غير متحيزة. كان أحيانًا تراوده كوابيس مرعبة يصرخ فيها مما أضاف إحساسًا خطيرًا إلى ليلتي وجعلني أعتقد أن والدته كانت في الطريق لأخذه بعيدًا.

عندما كنت طفلاً في عائلتي لم يكن هناك أي نقاش حول هذه الأمور. في منزلنا، كانت الأسئلة كثيرة ولكن لم يتم طرحها أبدًا. بالطبع، أثر الواقع غير المسمى والأسئلة التي لم تتم الإجابة عليها جميعًا من الداخل بطرق قد يستغرق مني وقتًا طويلاً لفهمها. من خلال عملية كتابة هذا الكتاب، بدأت في تتبع حماسة رغبتي

في التحدث عن الأشياء المهمة ـ الآن في جميع أنحاء العالم ـ إلى بدايات قصتي الشخصية. وهذا أمر مثير للسخرية وجميل بطريقته الخاصة. محادثة تلو الأخرى كل عام، لقد شجعت الآخرين على اكتشاف التقاطع بين أعظم ما لديهم

أهداف وخير الحكمة من العالم الحقيقي والأمكنة والأزمنة، من بين الماضي والحاضر، من الجرح إلى الحاضر. في الوقت الحاضر، وأنا بصدد تقديم ما تعلمته للآخرين حتى أتمكن من تلقي هذه المعرفة لأول مرة بشكل كامل، وبالنسبة لي.

* * *

في حال قمت بتمديد الاستعارة إلى أبعد من ذلك، فإنني انجذب إلى الثقوب السوداء في حياتنا ـ وهي قضايا مؤلمة ومعقدة ومحرجة لا نستطيع مناقشتها على الإطلاق بالإضافة إلى الحجج التي نتدرب عليها مرارًا وتكرارًا بنفس الطريقة، مع تحديد الجانبين بالضبط لمصطلحات "الفوز" أو الخسارة، اعتمادًا على الجانب الذي تقف فيه. إنها نتائج مسدودة يمكن التنبؤ بها. إن فن إطلاق محادثات جديدة وإنشاء نقاط بداية جديدة والنتائج الناتجة في جدالنا اليومي ليس علم الصواريخ. ومع ذلك، فمن الضروري تغيير أو إزالة بعض السلوكيات التي أصبحت راسخة بحيث أنها الطريقة الوحيدة لتحقيقها. لقد تم تدريبنا لنصبح مناصرين لما نحن متحمسون له. إنه أمر جيد وقيمة في عالم المجتمع المدني، إلا أنه قد يعيق عملية صنع القرار أن نشعر بالقلق تجاه بعضنا البعض.

يعد الاستماع فنًا اجتماعيًا شائعًا، إلا أنه مهارة نسيناها ونحتاج إلى تعلمها. يتضمن الاستماع أكثر من مجرد الاستماع إلى الشخص الآخر وهو يتحدث حتى تتمكن من التحدث بما تحتاج إلى قوله. أنا معجب بما تستخدمه راشيل ناعومي ريمن مع الأطباء الشباب لشرح ما يتعين عليهم القيام به: "الاستماع السخي". الاستماع السخي مدفوع بالفضول، وهو فضيلة يمكننا تشجيعها وتنميتها داخل أنفسنا لجعلها فطرية. إنه يتطلب قدرًا معينًا من الضعف، والقدرة على الاندهاش والتخلي عن الأفكار المسبقة والانخراط في حالة عدم اليقين. يسعى الشخص المستمع إلى فهم المعنى الكامن وراء كلمات الآخر ويسعى إلى استدعاء أفضل نسخة من نفسه وأفضل الأفكار والأسئلة الشخصية

في الواقع، الاستماع السخي يؤدي إلى أسئلة أفضل. ليس هناك حقيقة لما تعلمناه في الفصول الدراسية؛ هناك فن لطرح سؤال سيء. عندما يتعلق الأمر بالمجتمع الأمريكي، فإننا نستثمر الكثير من الإجابات والمسابقات، وكذلك الأسئلة التي تثير الغضب أو الاستفزاز أو الإغراء. الصحافة مهووسة بالأسئلة "الصعبة" (السؤال "الصعب")، والذي عادة ما يكون افتراضًا متنكرًا في شكل تحقيق ويسعى للقتال. لقد قمت بحذف أسئلة مثل سؤال "الخلفية الروحية لحياتك" من برنامجنا المنتج لفترة طويلة خوفًا من أن يبدو الأمر ناعمًا، لكنني كنت أعرف تأثيره على كل الأسئلة الأخرى التي تلت ذلك. الطريقة الوحيدة التي يمكنني من خلالها قياس جودة السؤال هي الصراحة والبلاغة التي يولدها.

إذا كنت قد تعلمت أي شيء آخر غير هذا، فقد تعلمت قوة السؤال: يمكن أن يكون أداة قوية واستخدامًا قويًا للغة. إنهم يطالبون بإجابات متشابهة. تعكس الإجابات الأسئلة التي يثيرونها أو يقعون في معالجتها. لذلك، على الرغم من أن السؤال المباشر قد يكون بالضبط هو الشيء المطلوب للوصول إلى جوهر المشكلة، إلا أنه من الصعب معالجة استعلام أساسي بأي شيء أكثر من مجرد إجابة سهلة. من الصعب التغلب على الطبيعة

المتوترة للسؤال. من الصعب أيضًا رفض سؤال كريم. كل واحد منا لديه القدرة في ذهنه على طرح الأسئلة التي تتطلب النزاهة والصدق والانفتاح. هناك شيء مقدس ومبهج في طرح الأسئلة الصحيحة.

ومن المزايا الأخرى للأسئلة المفتوحة، وهي أدوات الفن المدني والاجتماعي أنها قد لا تحتاج إلى إجابات فورية، أو حتى. ويمكن طرحها للنظر فيها والتفكير فيها، لكن لا. من غير المرجح أن يتم حل المشكلات العميقة والمجتمعية التي نواجهها اليوم من خلال إجابات يمكن أن نكتفي بها في أي وقت قريب جدًا.

شعر راينر ماريا ريلكه الذي كان صديقي في الزمان والمكان منذ زمن طويل عندما كنت في برلين كان من دعاة طرح الأسئلة، الأسئلة التي تعيش:

خذ الأسئلة بأكملها كما لو كانت مغلقة في غرف أو مكتوبة بلغة مختلفة. لا تبحث عن الحلول التي قد لا تكون متاحة لك اليوم لأنك لن تستطيع أن تعيش الأسئلة. النقطة المهمة هي أن تعيش حياتك. خذ الوقت الكافي للإجابة على الأسئلة اليوم. ربما، بعد قليل في المستقبل القريب، ستشق طريقك ببطء، ودون أن تدرك ذلك، نحو الإجابة.

أود أن أطرح سؤال إليزابيث ألكساندر في شكل شعر "ألسنا مهتمين ببعضنا البعض؟" في الاجتماعات العامة أو في قاعات الكونجرس واتركها تطفو قليلاً.

إن ثقافتنا المتمثلة في الجدل حول القضايا من خلال الآراء المتضاربة مصحوبة بالرغبة في إيجاد حل. نريد أن يدرك الآخرون أننا على حق. يمكننا الدعوة لإجراء مناقشة، أو التأكد من أننا في نفس المكان أو الإدلاء بصوتنا والمضي قدمًا. هناك خيار آخر يتمثل في اتباع نهج بديل تجاه غرض المحادثة على الإطلاق وهو تشجيع البحث، ليس على الجانب الصحيح ومن هو المخطئ، ولكن على الحجج الموجودة على كلا الجانبين وليس حول ما إذا كنا متفقين أم لا، ولكن حول ما يجب أن يكون على المحك فيما يتعلق بالبشر بالنسبة لنا جميعًا. هناك شيء يمكن الاستفادة منه

أن نكون قادرين على التحدث بصدق والتحدث مع بعضنا البعض بطريقة محترمة ومحترمة، دون محاولة التوصل إلى اتفاق يترك كل الأسئلة الصعبة معلقة.

لقد اكتسبت خبرة المشاركة عندما يتعلق الأمر بأصعب المناقشات التي مزقت عائلاتنا ومؤسساتنا، وإعادة تحديد الأسئلة التي تدفعنا إلى الأمام يمكن أن تؤدي إلى محادثات جديدة. ونحن قادرون على تجنب الخطابة المعتادة وتجنب الركود الحتمي. اشتهرت فرانسيس كيسلينج بأنها ناشطة مؤيدة لحق الاختيار باعتبارها رئيسة منظمة الكاثوليك من أجل الاختيار منذ فترة طويلة. ليس من المعروف جيدًا أنها بعد أن تركت منظمة الكاثوليك من أجل الاختيار منذ حوالي عقد من الزمن، اتخذت قرارًا بتسليم وقتها لدراسة ما يعنيه أن تكون على علاقات حقيقية مع خصومها السياسيين. جلست معها ذات مرة مع الفيلسوف الأخلاقي الإنجيلي ديفيد جوشي في محادثة حول الإجهاض. كان هدفنا هو تحديد ما يجب مراعاته فيما يتعلق بحقوق الإنسان فيما يتعلق بجميع القضايا التي نناقشها عندما يتعلق الأمر بالإجهاض ولماذا هو موضوع مثير للجدل والصراع العميق. لقد كنا على وشك الابتعاد تمامًا عن مصطلحي "مؤيد للاختيار" و"مؤيد للحياة". كانت المناقشة كبيرة وفوضوية بطريقة جديدة. لقد كان الأمر غير مريح ولكنه مثير أيضًا لأنه فتح منطقة مجهولة لم نستكشفها أبدًا قبل بدء المناقشة: ما إذا كانت الثورة الجنسية مفيدة لمجتمعنا أم لا، بالإضافة إلى ما يمكننا القيام

به لإضفاء الطابع الإنساني على تواصلنا وتعميقه. الجنسية في الأماكن العامة والخاصة. لقد وصل الإدراك إلى غرفة الأشخاص بأننا نرغب في التفكير في هذه القضايا ولكن تم تغطيتها بالحجج المعتادة والمبتذلة.

في بعض الأحيان، صوت واحد من الحكمة كان موجودًا منذ فترة وتغير وعاش قصصًا إنسانية مماثلة من عدة زوايا مختلفة، قد يوفر عمقًا أكبر من أي نقاش ذي جانبين. فرانسيس كيسلينج هي واحدة من هذه الأصوات بالنسبة لي. إنها غارقة في مجال حقوق الإنجاب المحدد، ومع ذلك، فإن ما تعلمته يمكن تطبيقه على كل جانب من جوانب الحياة. كما أنها تخلصت من بعض الكلمات التي نقفز إليها غريزياً كأساس للحوار مثل إيجاد أرضية مشتركة وسط الخلافات العميقة. تقول:

استمع لهذه المحادثة مع الكاتبة وفرانسيس كيسلينج

أعتقد أن هناك أرضية مشتركة بين الأشخاص الذين ليس لديهم خلافات عميقة وعميقة. في السياسة، يمكنك التوصل إلى حل وسط. فن السياسة هو الممكن. ومع ذلك، فإن الاعتقاد بأنك ستعتبر أمرًا مفروغًا منه المؤتمر الوطني للأساقفة الكاثوليك والمنظمة الوطنية للنساء، وأنهما سيتوصلان إلى تفاهم مشترك فيما يتعلق بالإجهاض، ليس أمرًا ممكنًا، ولن يحدث. من الممكن تمديد هذا. لكنني أعتقد أن أولئك الذين لا يتفقون مع بعضهم البعض يجتمعون للحصول على مزيد من الفهم لسبب اعتقادهم بهذه الطريقة، مما يؤدي إلى نتائج عظيمة. ومع ذلك، فإن الضغط من أجل التوصل إلى توافق في الآراء لا يفضي إلى التعرف على بعضنا البعض حقًا. ونحن غير قادرين على فهم بعضنا البعض.

من المؤكد أن الاستقطاب الشديد فيما يتعلق بالإجهاض، حيث كان الناس يوبخون بعضهم البعض وينتقدون بعضهم البعض لعقود من الزمن، لا يعكس بالتأكيد مستوى من الثقة يسمح للناس بإيجاد تفاهم متبادل. لذلك، يجب أن تبدأ بهذه الفكرة، أن هناك عددًا قليلًا من الأشخاص، ولكن ليس الجميع ـ الذين يمكنهم الاستفادة من فهم سبب تفكير الآخرين بالطريقة التي يفكرون بها. عدد قليل منها هو المفهوم الأساسي للأنسنة: أن الفرد هو شخص حقيقي، وليس طاغية، وليس بدوافع ضارة، وأنه ربما بالنسبة للبعض، يمكنك التغلب على الافتراءات التي اتهمنا بها. هذا شيء أنا من أشد المعجبين به.

لقد تعلمت الكثير وغيرت آرائي حول جوانب معينة من الإجهاض في السنوات العشر الماضية، وذلك بسبب التقدير الأفضل لمعتقدات وآراء أولئك الذين لا يتفقون مع آرائي. في النهاية، أنا مهتم بإيجاد طرق للحفاظ على بعض قيمهم ولكن دون التضحية بقيمتي. وهذا هو الوضع الذي حدث بالنسبة لي.

وهذا بالطبع مختلف تمامًا عن هذا الضغط المحموم الذي أعتقد أنه لدينا في مجتمعنا والإشارة إلى إيجاد أرضية مشتركة، أو أن نكون على نفس الصفحة، كما تعتقد؟ لا يتعلق الأمر بالتواجد في نفس الصفحة.

لا لا. ولكن كما كنت قد خمنت، فإن سيدني كالاهان، المؤيد للحياة عمومًا كقاعدة عامة، ذكر منذ فترة طويلة أن علامة المناقشة المتحضرة هي القدرة على الاعتراف بما هو صحيح بالنسبة للشخص الذي تختلف معه.

أود أن أقرأ مقالاً كتبته. لقد كنت تصف عددًا من السمات التي تعتقد أنها ضرورية لطرح مناهج التفكير التقدمي البناء لمشكلة مثيرة للجدل. إحدى الصفات التي أذهلتني كانت "الاستعداد للتعرض للخطر عندما تواجه أولئك الذين تعارضهم بشدة".

أعتقد أن هذه هي أصعب مهمة يجب إكمالها. من الصعب جدًا علينا جميعًا، نحن الذين نعيش في هذه الظروف، أن نعترف، على سبيل المثال، بأنه ليس لدينا كل الحلول لهذه المشكلة. لست متأكدًا من أننا حصلنا على كل الإجابات لمسألة الإجهاض في المجتمع الذي نعيش فيه، بغض النظر عما إذا كان الأمر يتعلق بمسألة الإجهاض في حد ذاته أو مسألة كيفية حل خلافاتنا حول الإجهاض. والرغبة في الاعتراف بأن هذا أمر صعب للغاية.

ما هو الشيء الذي يسبب لك المشاكل في وضعك الخاص؟ ما هو موقف شخص آخر تجده جذابًا؟ ما هي المجالات التي تشك فيها؟ لقد تحدثت إلى شخص ما مؤخرًا: لست متأكدًا من كيفية العمل على شيء بهذه الصعوبة لأكثر من 35 عامًا، وعدم تغيير رأيك بشأن أي مشكلة. ما قمنا به لم يكن فعالًا. أعتقد أنك أكثر عرضة للتعرض للخطر بمجرد أن تدرك أن ما فعلته لم يوصلك إلى المكان الذي تريد أن تكون فيه. لذلك، جزء من كونك عرضة للخطر هو القليل من العجز. إذا كنت لا تعتقد أنك بحاجة إلى المساعدة، وتعتقد أن كل شيء على ما يرام، فأنت لست عرضة للخطر. ليس هناك سبب لك لتكون خطرا.

ماذا تعلمت عن كيفية حدوث التغيير الاجتماعي؟ كيف تعتقد أن التقدم سيبدو في السنوات القادمة؟

هذا أمر صعب الإجابة عليه. ما هي الدروس التي تعلمتها؟ إن أهمية التعامل مع الآخرين بموقف إيجابي وحماس للتغيير أمر ضروري لأي تحول. من المستحيل تغيير أي شخص آخر. أنا واحد من أقوى المقاتلين. لكن محددين. سمعتي بكوني من البزاقات في المناظرات معروفة جيدًا، وأنا أعشق إثارة القتال وأحب الفوز. ومع ذلك، ما تعلمته هو أنك سمعت ذلك من قبل، والطريقة البسيطة لتوضيح الأمر هي أنه من الممكن اصطياد المزيد من الذباب باستخدام الخل بدلاً من العسل. إنها عبارة عظيمة.

لقد كانت تجربتي أن الأشخاص الذين هم في المنتصف لن يكونوا صانعي التغيير الرئيسيين. يجب أن تكون على استعداد لوضع نفسك في المنتصف وأن تكون على استعداد لتحمل المخاطر من أجل إحداث التغييرات. بالإضافة إلى ذلك، عليك أن تنظر إلى الاختلافات مع فكرة أن هناك خيرًا في كليهما. هذا كل شيء. إذا لم نتمكن من إيجاد طريقة للقيام بذلك، وإذا لم تكن هناك طريقة لإيجاد الفجوة التي يوجد فيها البعض من الجانبين الذين يعارضون رؤية أحد الطرفين كتهديد، فإن الصراع سيستمر لبعض الوقت. هناك الكثير من الضغوط ومن الأسهل التحدث إلى الجوقة بدلاً من الاستماع إلى أولئك الذين لا يتفقون مع آرائك. الجوقة موجودة بالفعل ولا تتطلب منا أن نكون هناك.

* * *

الفجوة التي لا يرى الناس من كلا الجانبين أن كل طرف فيها شرير هي المكان الذي أود أن أكون فيه وما أود توسيعه.

لا يوجد مكان تكون فيه الكلمات أكثر إثارة للخلاف وأكثر ليونة كأداة للشفاء بينما نواجه بيئتنا الطبيعية. هناك عدد أقل فأقل من الأفراد في كل قارة لا يعانون بشكل مباشر من عدم الاستقرار البيئي. الشيء الوحيد الذي يتعين علينا أن نتحدث عنه في النقاش العام هو النقاش المتوتر حول "التغير المناخي" ـ وهو النقاش الذي له عواقب حقيقية، ولكنه في النهاية يشتت الانتباه. إنه يفرض الفزع والغضب من السيل الهائل من الأخبار البيئية السلبية. إنه يغفل الجوانب الروحية للتعامل مع مستقبلنا البيئي على هذا الكوكب. هذه، بالإضافة إلى أي قضية أخرى، هي القضية الأساسية المتمثلة في ما إذا كان بإمكان البشر أن يتعلموا رؤية رفاهيتهم الشخصية فيما يتعلق برفاهية الآخرين بمصطلحات أكبر وأكثر شمولاً؟

دوائر أكبر تتجاوز العائلات والقبائل؟ الطبيعة هي الأساس والخلفية لحياتنا اليومية، وقد تم إغفالها. إن عملية استعادته ورعايته تشير إلى تجارب عالمية تمنح الحياة مثل الأكل وإنجاب الأطفال واحتضان المكان الذي ينتمي إليه المرء والتعرف على الجمال في وسط الجمال. هذا هو نوع اللغة المنطوقة التي أسمعها من الأشخاص الذين يقومون بالعمل الذي يجب القيام به في العالم والذي يمكنهم لمسه والشعور به. اللغة هي التي تغير معنى السلوك، وتأخذ الحاجة إلى التصرف بعيدًا عن عالم الذنب، إلى عالم أكثر إيجابية.

والكثير منهم متدينون. في الأوساط المسيحية المحافظة هناك قصة مثيرة للاهتمام تتكشف في تناقض صارخ مع الأصوات الصاخبة في الأخبار. إنها قصة تغيرات في اللغة تسرع وتؤدي إلى تحولات في الأفكار والقلوب. لقد كانت هناك توبة عن الكلمات التي تسببت في الضرر، والتخلي عن الكلمات الكتابية الكلاسيكية التي تم استيعابها بطريقة خطية، حرفيًا، والتي شكلت علاقة الحضارة الغربية بالعالم الطبيعي القريب والبعيد. تم تفسير نسخة الملك جيمس لبركة الله للبشرية في سفر التكوين على أنه صرخة تقية من قبل الصناعيين والمستعمرين المسيحيين وكذلك المستكشفين: "أثمروا وأكثروا واملأوا الأرض وأخضعوها وتسلطوا على سمك الأرض". البحر وعلى طيور السماء وعلى كل حيوان يدب على الأرض

واليوم، يتم تفسير هذه السطور المتطابقة وإعادة تمثيلها. عندما كنت في مدرسة اللاهوت بجامعة ييل في التسعينيات، كنت أدرس الكتاب المقدس العبري مع أستاذة تدعى إلين ديفيس، التي أشارت إلى اللغة التي تتحدث عن احترام الأرض في كل كتاب. وبعد عقد من الزمن، أخبرتني أنها لم تكن مستعدة بشكل جيد للتجربة وكيف غيرت حياتها ومنحتها الدراسية لسنوات بعد ذلك.

شاهد هذا الحوار مع الكاتب وإلين ديفيس

كنت أحاضر في طريقي عبر الكتاب المقدس العبري، العهد القديم لأول مرة. في نهاية الفصل الدراسي الأول، قال أحد مساعدي طلاب الدكتوراه المساعدين في الفصل، بينما كنا نكتب الامتحان النهائي، "أنت بحاجة إلى طرح سؤال حول الأرض". ثم سألت

لماذا؟" فأجاب: "لأنك تتحدث عنه طوال الوقت". لم أكن على علم بهذا، كنت فقط واعيًا بالتحدث عن" طريقي عبر كل سفر من أسفار الكتاب المقدس. أود أن أقول الآن أنه من الواضح أنني سأتحدث عن الأرض كل يوم لأنه من المستحيل أن أذهب أكثر من فصلين دون الإشارة إلى المياه، أو الأرض وصحتها، أو سوء الحالة الصحية، أو نقص التربة الخصبة. والماء. ومع ذلك، في ذلك الوقت، كان هذا مفاجأة بالنسبة لي

في نفس اللحظة التي قمت فيها برحلة في كاليفورنيا في جزء من كاليفورنيا قريب من المكان الذي نشأت فيه، ومع ذلك، كان بعيدًا بما فيه الكفاية لدرجة أنني لم أزره لفترة طويلة. لقد اندهشت من التحولات التي حدثت في ذاكرتي. ثم أدركت الفرق الكبير بين الاهتمام الاستثنائي الذي يوليه كتبة الكتاب المقدس للمناظر الطبيعية الهشة التي يقيمون عليها، وكذلك الغفلة التي لدينا في ثقافتنا أو في ذلك الوقت، فيما يتعلق باستخدامنا للأرض. كاليفورنيا وإسرائيل متشابهتان جدًا في مناظرهما الطبيعية. كلاهما هش وشبه قاحل. ولهذا السبب شعرت أن الزمن ينهار بطريقة معينة. كان هناك تشبيه مثير للغضب بين العناية المقدمة للأرض التي تعتبر نموذجًا في الكتاب المقدس والافتقار إليها الذي رأيته على مستواي الشخصي.

وفي هذه الأثناء، أكتشف أنني أقرأ فصولاً أو فقرات كتبت عنها سابقاً أو ألقيت محاضرات فيها مرات عديدة، وأنا أنظر إليها في سياق ما تخبرنا به عن الأرض التي نعيش عليها وصحة الإنسان. أرى أشياء تخرج مني كنت قد فاتها من قبل. هناك الكثير من الأشياء الواضحة بالنسبة لي والتي لم أحاول أبدًا فهمها.

كيف يمكنك الابتعاد عن لغة التكوين القمعية وخاصة "السيادة" ـ ما الذي تجده غير واضح في الطريقة التي ترجمنا بها النص واستخدمناه؟

الكلمة العبرية "معركة" هي كلمة قوية جدًا أفسرها على أنها "ممارسة المهارة الماهرة بين المخلوقات." إن فكرة الإتقان الماهر تنطوي على شيء يشبه الحرفة أو ممارسة البشر. مع عدم إنكار وجود البشر، من وجهة نظر جميع كتبة الكتاب المقدس تقريبًا، ليس كل فرد، ولكن الجميع تقريبًا ـ يشغلون مكانًا فريدًا من القوة والالتزام داخل الكون. ومع ذلك، فإن الشرط الأساسي لممارسة إتقاننا الماهر تحدده البركة السابقة في الآيات السابقة، لمخلوقات البحر والسماء. وعليهم أيضًا أن يكونوا منتجين ومتكاثرين. لذلك، مهما كان معنى ممارسة الإتقان الماهر بالنسبة لنا، فإنه لا يمكنه عكس البركة السابقة. أجد ذلك مقنعًا للغاية بالنسبة لنا ونحن ندخل العصر السادس العظيم لانقراض الأنواع.

من المهم أن نلاحظ، في كلماتك، أن تكوين 1 هو قصيدة طقسية. ماذا يعني ذلك بالنسبة للطريقة التي نقرأ بها ما يحاول نقله وما يقوله لنا؟

الشعر هو اللغة التي تتحدث في قلوبنا. في هذه الحالة، أنا أستخدم المصطلح الكتابي "القلب". إن أقرب شيء إلى الكلمة في لغة العصر الحديث هو الملكات التخيلية. القلب، كما هو موصوف في علم الأحياء الكتابي، هو مركز العواطف وأيضًا مركز عقولنا. ولا يمكن فصل هذين الجانبين. اللغة الشعرية دقيقة. إنه مفصل، وواقعي، لكنه ليس خطابًا مجرد حقيقة. لذلك من المهم أن نلاحظ أنه بطرق مختلفة، يخبرنا كل من بداية الكتاب المقدس والإصحاح الثاني منه عن موقعنا في العالم، ويخبراننا عن شبكة العلاقات المعقدة التي ولدنا فيها كأنواع. نحن مخلوقات تم وضعها في مكان معين. نحن في ترتيب معين. وهذا أسلوب مختلف للتفكير في أنفسنا مقارنة بما نعتبره عادةً قراءة حرفية للكتاب المقدس. إنها، في رأيي، طريقة غير ملهمة لدراسة الكتاب المقدس.

لقد كتبت عن شعر .Wendell Berry على مر السنين، أثناء بحثك في هذا الموضوع، كتبت وتعاونت مع "الهم والخسارة ووصفته بأنه "شعر الخلائق.

النقطة المرجعية الأولية بالنسبة لي في التفكير في أنفسنا ككائنات هي ملاحظة روان ويليامز، رئيس أساقفة كانتربري وكانتربري السابق، الذي ذكر أن "فن أن نكون مخلوقات الآن يكاد يكون فنًا مفقودًا". الفكرة التي علينا أن ندرسها هي أننا يجب أن نكون أكفاء، وأننا بحاجة إلى أن نتعلم لكي نصبح مخلوقات. في الواقع، نحن في الواقع مخلوقات. نحن نرى المخلوقات كأي شخص ليس إنسانًا.

هذه هي القوة التي نتمتع بها على إخواننا من المخلوقات.

ولهذا السبب أفضّل معنى "ممارسة المهارة الماهرة" بدلاً من "السيادة" لأنها توحي بفن الإنسان. من الشائع البحث عن دليل تعليمي أو كتاب مدرسي أو أي شيء آخر تريد قراءته دون التركيز كثيرًا. ما عليك سوى تصفحها سريعًا حتى تكتشف جوهر المشكلة. لكنك لا تستطيع أن تكتب الشعر بهذه الطريقة. الشعر يبطئ معدل ضربات القلب. في عالمنا المعاصر، يجب الاعتزاز بأي شيء يجعلنا بطيئين حاليًا، وربما كهدية، أو حتى دعوة من الله.

كانت إلين أول من عرفني على عالم الدين البيئي الذي لم أكن أعلم بوجوده. أحد أشهر شخصياتها، كال ديويت، هو عالم أحياء وعالم يقوم ببناء مجتمع صحي في الأراضي الرطبة المحيطة بريف دان بولاية ويسكونسن، ويعيش فيه، لأكثر من ثلاث سنوات. وهو أيضًا مسيحي إنجيلي.

استمع إلى هذه المحادثة بين المبدع وكالفن ديويت

عندما بدأت في القيام بذلك لأول مرة في الحي الذي تسكن فيه، ربما كانت المدينة التي تعيش فيها في ولاية ويسكونسن منذ أكثر من 30 عامًا تعتبر شيئًا متطرفًا.

بالتأكيد. لقد كان يُنظر إلينا على أننا غريبون لأنه لم تكن هناك مشكلة حقيقية، على الرغم من أنني أعتقد أنه يمكنك اكتشافها إذا حاولت تحديد موقعها. ومع ذلك، ما فعلناه هو أننا نظرنا إلى مدينتنا. قمنا بجرد كل ما كان هناك، من المزارع والمستنقعات والينابيع والمستنقعات والأماكن القديمة والممرات الهندية والمباني ومزارع التبغ الخاصة بنا. ماذا حدث بعد أن قمنا بهذا الجرد الدقيق والواسع للغاية الذي يجعلنا نحب المنطقة. لم نكن نعرف حتى أين كنا. لقد انتقلنا للتو إلى الداخل والخارج جاهلين بجمال العالم من حولنا.

يعجبني تعريف كال ديويت للدين بأنه "الشغف للعيش بشكل صحيح على الأرض ونشر الحياة الصحيحة." هناك سبعون نوعًا من النباتات في حديقته الخاصة، ويصفها بسعادة على شكل "بيئة متعددة الأنسجة لحياة نباتية وحيوانية نابضة بالحياة". ويروي كيف أنه في إحدى المرات خلال موسم الهجرة، نزل ثلاثة آلاف من طيور أبو الحناء إلى حديقته لتتغذى على ديدان الأرض "لأنني أنتج الكثير منها، ليس من خلال المحاولة، ولكن لأن هذا ما يحدث". لعب كال ديويت دورًا فعالًا في حشد المؤيدين الإنجيليين الناقدين لتشريعات مثل للدراسات البيئية التابع له واستمر Au Sable قانون الأنواع المهددة بالانقراض لعام 1996. وقد أسس معهد لمدة 25 عامًا، وقام بتطوير مناهج ومناهج للجامعات والكليات المسيحية. إنه يفتح ذهني على النظم البيئية البشرية المخفية من وهج التوتر العنصري، المزروعة في الحياة، مثل زيارات أبو الحناء في فناء منزله. وهو يشرح الأهمية الأساسية التي تأتي من التحول باعتباره فضيلة لاهوتية تمتلكها المسيحية الإنجيلية تجاه التغيير الاجتماعي الذكي في العالم الحقيقي.

استمع لهذه المحادثة مع الكاتب وكالفن ديويت

هناك شك عميق في العالم الإنجيلي حول سلطان البشر، وحكمة الكتاب المقدس هي مصدر حياتنا وعملنا وممارستنا اليومية. لذلك، إذا كشفت قراءة الكتاب المقدس أن الاهتمام بالخليقة هو جانب أساسي من المسؤولية الإنسانية، وقد كنا نؤخر ذلك، فقد حان الوقت لإعادة التحول. لقد اعتاد الإنجيليون على فكرة

تغيير رأيهم باسم عملية التحويل هو كل شيء. لقد لاحظت ذلك خلال أوائل ومنتصف السبعينيات فيما يتعلق بقضايا الجوع في العالم. أسس المسيحيون منظمة "الخبز من أجل العالم" جنبًا إلى جنب مع منظمات أخرى ساعدت في تخفيف حدة الجوع. لقد كان الأمر رائعًا، ويشبه إلى حد كبير الوضع الحالي في أماكن مثل في أيداهو. إنها العنصرة. لدى قس فينيارد بويز تري روبنسون Vineyard حاليًا وكنيسة Vineyard Boise ابنة كانت تأخذ دورات بيئية وكانت تحث والدها على التحدث علنًا عن القضايا البيئية. تري روبنسون هو مربي مزرعة جمهوري محافظ. ما فعله هو أن ابنتها أدركت أنه بحاجة إلى اتخاذ إجراء حيال ذلك. لقد استغرق الأمر عامًا واحدًا من دراسة الكتاب المقدس ليكتشف كيف يمكنه التعبير عن ذلك بطريقة كتابية. مع القليل من الخوف والكثير من الصلوات، ألقى خطابًا حول أهمية أن تكون وكيلًا جيدًا للخليقة. بشكل لا يصدق، في اللحظة الأولى من حياته، جاء الحشد وأعطوا الواعظ تصفيقًا حارًا

لديهم برامج على أساس منتظم للقضاء على الأنواع الغازية، وإعادة تدوير المواد، وحتى أخذ المتنزهين في الجبال لعمل مسارات. لديهم أيضًا مخزنًا للطعام لا يعمل كمطبخهم الشخصي فحسب، بل يوفر 23 مخزنًا إضافيًا للطعام. المنطقة حية وحيوية. ومن الواضح أيضًا أن عدد الأعضاء في الكنيسة يتزايد بشكل كبير لأن هناك جميع أنواع دعاة حماية البيئة المحرومين وينتظرون أن تتحرك الكنيسة وها هو الأمر. انه يحدث. ترقب.

يكشف كال ديويت عن "الوكالة" و"الخدمة" في جذور كلمة "الكتاب المقدس للملك جيمس" التي تم تقديمها على أنها "السيادة". مثل إلين ديفيس وعالم التحول بأكمله الذي هو جزء لا يتجزأ منه، فإن الكلمات التي اختار استخدامها تغير حياته. لقد أمضى أيضًا بعض الوقت في البحث بفضول عن المعنى الكامن وراء كلمة "البيئة". أخبرني أن الكلمة جاءت إلى الوجود نتيجة لابتكار تشوسر لمصطلح محيط. لقد كانت الكلمة تأثيرًا إبداعيًا لإنشاء حدود بيننا وبين العالم الطبيعي. بيننا وبين العالم الطبيعي وأيضًا بين بعضنا البعض، وهو ما لم يكن من الممكن إقامته في عالم "الخليقة". ومن الناحية اللغوية، فقد بنينا من خلال تشوسر لغة تشوسر، وهي طريقة لخلق حاجز بيننا وبين بعضنا البعض. "إذن ما هو الشيء الأكثر أهمية في النهضة

من كلمات مثل كلمات مثل كلمات مثل خلق الألفاظ مثل الخلق والعناية بالخلق" قال: هو أنه يجمع بين هاتين الكلمتين.

في عام 2002، قام ديويت، بالتعاون مع عالم فيزياء بريطاني يدعى السير جون هوتون، بتنظيم حدث كان بمثابة نقطة تحول في نطاقه لتعريف القيادة الإنجيلية المحافظة بالعلم الصعب وراء تغير المناخ. قال الممثل الرئيسي السابق للرابطة الوطنية للإنجيليين في واشنطن العاصمة، ريتشارد سيزيك، إن المجموعة "تحولت" مع آخرين تعزيز الوعي بهذه المخاوف في الكنائس في Cizik إلى علم تغير المناخ بعد الاجتماع. واصل جميع أنحاء البلاد. وكان ذلك بالتزامن مع ظهور جيل جديد من المؤمنين الذين آمنوا بأن الاهتمام بالبيئة

واجب واضح. يستمر الحديث المستمر عن طبيعة الله في هذه المجتمعات، وما حدث في كنيسة فينيارد بويز قد حدث في مكان آخر. لقد تحدى الأطفال قساوستهم وكذلك آباءهم وتم إخراج الأناجيل وفحصها. هناك تفكير وعمل بشأن الالتزامات التوليدية للإيمان بالخليقة. إن عبارة "العناية المتعلقة بالخليقة" أصبحت الآن تعبيرًا كلاميًا منشطًا، ومصدر ضرورة عملية، حتى بالنسبة لأولئك الذين لا يقبلون التفسيرات العلمية للقضايا المطروحة. يقول كال ديويت عن مستنقعه: "تعاليم يسوع: "انظروا إلى زنابق الحقل، انظروا إلى طيور السماء"، تم أخذها بشكل جيد هنا، والمشاهدة تختلف كثيرًا عن مجرد التحقق من الأنواع في قائمة الحياة ".

من السهل الخلط بين مصطلح "العناية بالخليقة" كشكل من أشكال الخلق الذي هو عكس ما هو عليه. في الواقع، يتم انتقاد هذه اللغة من أحد طرفي الحرب الثقافية، ويتم انتقاد تغير المناخ من الطرف الآخر. في الفراغ الموجود في الوسط، عندما لا يرى الناس من الجانبين بعضهم البعض كتهديد، نعيد اكتشاف قدرة الكلمات على تقريبنا من بعضنا البعض والابتعاد. وفي الوقت نفسه، نعود إلى ضرورة الأخلاق للتأكد من أننا نتخذ نبرة صوت مطيعة، وهو الهدف الذي نضعه في ما نقوله؛ الثقة واللطف الذي نجلبه إلى الأماكن التي نعيش فيها حياتنا. الغرض من تعلم التحدث بشكل مختلف هو أن تعيش الحياة بشكل مختلف. إنها الرقص والفنون الحية.

نهاية الملاحظات

ماري هاو

الشعر هو عمل طريقة ماريا هاو المبهجة وغير المتحفظة في النظر إلى الكلمات المنطوقة وفترات الصمت التي نلتزم بها. إنها شاعرة وممثلة تعاني من قسوة الطفولة الكاثوليكية والدراما العائلية العالمية، والروتين اليومي الذي يغذينا. ولعل أشهر أعمالها هو مجموعتها الشعرية "ما تفعله من أجل الأحياء، افعله، عن وفاة شقيقها جون عن عمر يناهز 28 عامًا بسبب الإيدز.

استمع إلى هذه المحادثة بين المؤلف وكذلك ماري هاو

لم يكن لدي أي فكرة أن أحدهم كان شاعراً ولا يزال على قيد الحياة. عندما كنت شاباً، كنت أقرأ كلاسيكيات هارفارد الكلاسيكية. كانوا في غرفة المعيشة. سأقرأ هذه الكتب التي تم تهريبها وأحاول اكتشاف لغة كافية للتجربة أو العثور على لغة تحمل ما لا يمكن فهمه. البعض من القداس فعل ذلك بالضبط. الأمثال يمكن أن يكون لها هذا التأثير، كما سترى. أنا من أشد المعجبين بأمثال وحكايات نوح وإبراهيم وإسحاق والعديد من القصص القديمة المذهلة. وجدتها قصائد. فهي مليئة بالغموض والتعقيدات. القصة موجودة في كل مكان ولكننا نعلم أيضًا أن الحقيقة ليست القصة الوحيدة. القصة الحقيقية غير قابلة للتوضيح. هذا ما أحبه فيه. تعجبني الفجوات بين الأحداث.

وبما أنك تعرفت على مجال الشعر كمهنة في وقت لاحق من حياتك، فأنا أتساءل ما هي تجاربك وكيف فكرت في ما يعجبك في الشعر والذي لا يمكننا فعله باللغات الأخرى وما الذي يعجبك في الشعر؟ يخدم في حياتنا؟

حسنًا، الشعر هو الحقيقة التي لا يمكن التعبير عنها. انها ليست إعادة صياغة. إنها ليست ترجمة. الشعر الرائع الذي أستمتع به هو سر البقاء على قيد الحياة. إنها مجموعة مبنية على الكلمات وتبدو وكأنها أمر مسلم به.

هناك نثر رائع وعظيم وعظيم، كما تعلمون نثر جميل. ربما يمكننا أنا وأنت استخدام بعضها اليوم. الشعر هو نوع من الشخصية الشبيهة بالنشوة. إنها بمثابة تجربة. كانت ابنتي في المنزل عندما حدث ذلك.

أشرح/أتحدث إلى Z/ اليوم وكانت تفعل هذا الشيء السريع. "لا تجعلني أفرقع أصابعي على شكل حرف اليد، أتحدث إلى المعصم/أوه، يا فتاة، لقد تعرضت للتو للتشويه." لقد كانت بمثابة تعويذة مضادة لفتاة متوسطة. كنت أفكر، هذا ما يمكننا جميعًا التعامل معه، وهو عدد قليل من التعاويذ المضادة. الشعر، عندما تفكر في أصوله هي تلك.

كلمات تصنع السحر .

قطعاً. من الممكن أن تكون القصيدة الأولية تحتوي على أغنية غنتها الأم لطفلها، أو التعويذة كل شيء على ما يرام كل شيء على ما يرام وكل شيء على ما يرام. نحن هنا. استعد للذهاب للنوم. أو طلبنا المطر أو شكرنا الله لآلهة الذرة أو كنا نغني للغزلان الذي كنا نخطط لاصطياده. إنها تعويذة. يبدو الأمر كما لو أن جذوره لن تُنزع أبدًا من الأرض المقدسة.

"المرج" أعجبني بشدة السطر الأخير من القصيدة التي كتبتها":

أيها الإنسان المحاصر، إن كفاحك عندما تستيقظ هو الاختيار بين الجمل العالقة حاليًا على لسانك، ..." وإدراك أنه في وسطها والجديدة تمامًا توجد العبارة التي يمكن أن تغيرك إلى الأبد." إنها طريقة رائعة للتأمل في كيفية عمل اللغة والتعقيدات المتعلقة بكيفية ظهورها في حياتنا.

إن لغة اليوم هي تقريبًا كل ما تبقى من الفعل في هذا العالم المعاصر. بالنسبة للكثيرين منا، على الأقل، تغير ما نفعله إلى ما نقوله وتتجلى أخلاقيات حياتنا في الأشياء التي نقولها أكثر مما نفعله بالفعل.

جون بول ليدراش

لأكثر من ثلاثة عقود، أمضى جون بول ليدراخ أربعة إلى خمسة أشهر في الميدان، حيث قام بتيسير أزمة الموت والحياة في أكثر من خمس وعشرين دولة وعبر خمس قارات. إنه من بين الوسطاء الأكثر إثارة للإعجاب اليوم بالإضافة إلى أنه مدرس في نوتردام، ومقيم مدى الحياة في الولايات المتحدة.

المينونايت هو رمز للتفاني مدى الحياة في بناء السلام.

تحقق من هذا التبادل بين جون بول ليدراخ.

لقد أثار اهتمامي الشديد الارتباط بالشعر والسلام وبناء العلاقات في السنوات القليلة الماضية. كانت إحدى الأفكار والمجالات الرئيسية في ممارستي الشخصية هي استكشاف أهمية استخدام نوع من تقدير الهايكو للتعقيد. وهذه، في رأيي، القدرة على فهم ما هو صعب. بطريقة ما، يحاول شاعر الهايكو دائمًا التقاط العمق الإجمالي للتفاعل البشري، ولكن بأصغر الكلمات الممكنة. هذا رائع. أنا معجب كبير بالهايكو، وسأعود إلى جذور الهايكو في الفصول التي كان يديرها الشعراء اليابانيون. كانت الطريقة التي فهموا بها العمل الذي كانوا

يكتبونه تدور حول التواجد في بيئة معينة، وتحديدًا السياق الطبيعي. لقد ربطوا تجاربنا الإنسانية وجمال الطبيعة بأسلوب يمكنه حقًا نقل الوقت والموسم، والتجربة الإنسانية في خمسة مقاطع قصيرة جدًا، وسبعة مقاطع، وخمسة مقاطع. كتب أوليفر ويندل هولمز ذات مرة: "لن أبالغ في تقدير البساطة في هذا الجانب من التعقيد، ولكنني سأضحي بحياتي من أجل البساطة على الجانب الآخر من التعقيد".

أعشق هذا.

هذا ما يسعى إليه الهايكويون. لذلك أحاول عددًا من الأشياء. أحدها هو أنني أصبحت أكثر وعيًا بالعلاقة بين العالم الطبيعي والتواجد فيه، فضلاً عن إدراكي للأشياء التي تحدث عندما نكون في مواقف العنف. بالنسبة لي، إنها إعادة ضبط إلى حد ما. والآخر هو

ولهذا السبب، عندما أسافر إلى عملي، أتطلع إلى محادثات الناس بحثًا عن شعر الهايكو. ما ألاحظه هو أنه في كثير من الأحيان، عندما يقول شخص ما شيئًا ما، ويكون لدى الجميع لحظة آها حول ما قيل، غالبًا ما تكون هذه طريقة لالتقاط تلك البساطة في وسط التعقيد. غالبًا ما يبدو قريبًا جدًا، لكنه ليس في شكل هايكو. يمكنني أن أعطيك اثنين من هذه إذا كنت ترغب في ذلك.

نعم.

أنا أعتبرها قصائد في المحادثات.

بعد مرور سبع سنوات على توقيع اتفاقية الجمعة العظيمة، كنت في ندوة تعليمية في أيرلندا الشمالية. وعلى الرغم من رضا الناس عن تفعيل الاتفاقية، إلا أنهم اعتقدوا أنها كانت علامة على أن أيرلندا الشمالية قد تحجرت في توتراتها الدينية والسياسية. وكان من الواضح أن الأمور ليست قابلة للتغيير، وأنها قد لا تكون أفضل بكثير. في محادثة على العشاء، شارك أحد زملائي من أيرلندا الشمالية الذي كنت جالسًا معه هذه الفكرة ووضعتها في شكل قصيدة هايكو. أنا لا أقوم دائمًا بتسمية قصيدتي وهذه اسمها "نهاية قوس قزح"؟

وقد يقول هذا

يمكن أن تكون عالية كما سيكون واحدا

التعصب السلمي.

آخر. لقد عملت في مناسبات قليلة مع مجموعة عرقية من بورما. ويشار إليهم على أنهم أقليات عرقية، على الرغم من أنهم الأغلبية. وهذا يعني أنهم ليسوا بورميين. كما أن لديهم قوات مسلحة، ويقاتلون الكثير منها منذ سنوات وعقود ضد النظام الحالي. لقد عملت مع مجموعة مختارة من الأشخاص الذين تم جلبهم، لأسباب خاصة بهم، كوسطاء للمكوكات. كانوا يحاولون مناقشة أو فتح أو بدء نوع من الاتفاق بين الأفراد الذين كانوا جزءًا من الحكومة البورمية بالإضافة إلى المجموعات العرقية المختلفة. كانت هناك مجموعات صغيرة من الأفراد من كل مجموعة عرقية مكونة من سبعة أو ثمانية.

مجموعات. كان عام 2003 أول مرة جلست فيها لأكثر من أسبوع أستمع إلى رواياتهم. من وجهة نظر وسيط غير متحيز، واحدة من أصعب القصص التي سمعتها.

لديّ ذكرى عن مجموعة كانت موجودة على مقربة من الحدود البنغلاديشية مع بورما وكان عليها نقل معلومات عبر الحدود إلى قائد مجموعة مدرعة كانت موجودة على الجانب الآخر. إلا أنهم لم يتمكنوا من المرور مباشرة عبر الحدود إلى المنطقة. وكان عليهم أن يذهبوا إلى يانغون، وهي العاصمة. يانجون ومن ثم الحصول على جواز السفر. ويجب إعادة كل جواز سفر بعد كل زيارة. بعد ذلك، سيسافرون إلى بلد آخر لإرسال رسالة واحدة. ثم، على طول الطريق إلى الوراء، لدفع الرسالة إلى الأمام. الاجتماع عدة مرات مع القادة المحليين أو المجموعات التي تحتجز أولئك الذين تم احتجازهم لأسابيع في كل مرة حتى يتمكنوا من تحديد ما إذا كانوا شرعيين.

إن المنظور الذي يتم تقديمه لك عندما تكون في هذه المواقف مدهش فيما يتعلق بالتحديات التي يواجهونها. المجموعة التي كنت أتفاعل معها تشير إلى مجموعتها باسم "زمالة الوسطاء". ولهذا السبب كتبت قصيدة هايكو مختصرة عندما غادرت يانغون وكان عنوانها "نصيحة من زمالة الوسطاء".

لا تهتم بسؤال الجبل

للتحرك، تحتاج فقط إلى التحرك، فقط خذ

في كل مرة تزورها.

هل تبحث عن واحدة ثانية؟

إنعم

طاجيكستان. تمت إعادة ترجمة هذا مرة أخرى إلى الطاجيكية إلى الإنجليزية، كما ظهرت الطريقة التي تم غنائها بها في الترجمة على أنها قصيدة هايكو كانت مثالية تقريبًا. هناك بعض الحدود الغريبة جدًا داخل آسيا الوسطى، والتي أنشأها ستالين وأنشأت أقسامًا صغيرة من المجموعات الرئيسية. كل دولة تمثل نسبة ضئيلة من سكان الدولة الأخرى.

توجد بعض أكبر المدن من نفس النوع في بلدان ليس بها عدد سكان. وهذه هي القصيدة التي تم نشرها:

الآلهة والناس يحبون الخرائط

يرسمون الحدود باستخدام القلم الذي يستخدمونه لرسم الحدود

تقسيم الحياة، مثل الفأس.

آن هاميلتون

عرَّف الفيلسوف سيمون ويل الصلاة بأنها "اهتمام غير مختلط على الإطلاق". تجسّد الفنانة آن هاميلتون هذه الفكرة من خلال أعمالها الفنية الواسعة التي تجمع كل الحواس معًا لتحقيق رغبة الكثير منا، وفقًا لها على أنها "وحدها معًا"".

استمع إلى هذه المحادثة بين المؤلفين وآن هاميلتون

إحدى صديقاتي وهي كاتبة رائعة، سوزان ستيوارت، قالت إن السمع هو الطريقة التي نشعر بها عندما نكون منفصلين. ما هو أليس جميلًا؟ إنها الطريقة التي أبدأ بها مشاريعي بعدة طرق: أحاول ببساطة أن أفهم ما أريد أن يصبح عليه شيء ما. أو لتحديد السؤال الأفضل. من الواضح أن الاستماع هو شيء خاص يجب القيام به في المحادثات، فهو تمرين بالنسبة لي في استجابتي للمساحات. تحتوي جودة الشعور بهيكل الغرفة بالفعل على كل هذه المعلومات. الفضاء يستمع إليك.

أعتقد أن الاستماع مهارة يجب أن نمارسها، لأن مساحاتنا اليومية ليست مصممة لتكون مساحة للاستماع.

كانت متصلة. من الصعب جدًا بالنسبة لي أن أرتدي أي نوع من سماعات الرأس أو النظارات الشمسية لأنني أخشى أنني لست هناك في أي مكان. انا لست هناك. هناك عدد قليل

يجري التصفية. لكن المشكلة هي كيف تهتم بصوتك؟

أنت تحب اللغة التي يُشار إليها باسم "صانع" صانع... بنفس القدر، أو ربما تُسمى تحت عنوان "فنان". ومن ملاحظتي الخاصة أن هذا النوع من اللغة ينطبق على أي شخص آخر أيضًا الفنانون متخصصون ومتخصصون، ولكن الصنع هو شيء نقوم به جميعًا وفقًا لطرقنا الفريدة وحتى في حياتنا العائلية.

هناك عدد لا يحصى من الطرق لجعل. أنا أستمتع بقراءة القاموس. على سبيل المثال، يحتوي قاموس وكل إمكانياتها. إنه "make"و "make" أكسفورد الإنجليزي على لا أعرف عدد الصفحات المخصصة لكلمة مثل إجراء جرد لجميع المواد المتوفرة في العالم والتي يمكنك تغييرها بأي شكل من الأشكال. إنها طريقة رائعة للترفيه عن نفسك لبقية حياتك. لقد أعمتنا الإمكانيات التي نحن قادرون عليها. ولذلك لدي هذه الحيل الصغيرة التي أستخدمها بنفسي لكشف هذه الاحتمالات. يجب على الجميع تجربتها.

أنا مهتم حقًا بفكرة قراءة القاموس. لم أفكر في ذلك قط.

واو، هذا رائع جدًا. كما أن المواد لها تاريخ الحيوان أو التكنولوجيا التي خلقتها، أو المكان الذي نشأت منه على الأرض، فإن الكلمات لها كل هذه القصص. هناك سبب يجعل بعض الكلمات فعالة، ويرجع ذلك إلى القصص التي تحكيها لنا. ولهذا السبب فإن رفعه إلى مستوى الاعتراف أمر ضروري.

فنسنت هاردينج

لقد حظيت بشرف إجراء مقابلة والتعرف على فنسنت هاردينج، الذي توفي عام 2014 عن عمر يناهز الثانية والثمانين. كان له وزوجته روزماري دور فعال في مساعدة مارتن لوثر كينغ جونيور على خلق مفهوم وممارسة اللاعنف في مركز مينونايت في أتلانتا، كما ساعد أيضًا في مساعدة كينغ في كتابة كتابه

خطاب حرب فيتنام المثير للجدل. قضى فنسنت هاردينج العقود منذ وفاته حتى حياته، حيث جعل الشباب على اتصال مع قدامى المحاربين في مجال الحقوق المدنية، وكبار السن. كما شارك تجاربهم، ووصفهم ليس "كشخصيات في كتب التاريخ، بل "كحيين وحيويين ورائعين".

استمع إلى هذه المحادثة بين المؤلف وفينسنت هاردينج

أنا مفتون بذروة الخيال الروحي والخيال الأخلاقي الذي تطور من تجاربكم المختلفة، ومن الواضح أن النضال من أجل الحقوق المدنية. يتم استخدام المصطلحين المدني والكياسة بشكل متكرر في أمريكا في الوقت الحالي. لقد أوضحت أن اختصار هذا التحول الذي شاركت فيه خلال الستينيات إلى "الحقوق المدنية" لم يكن دقيقًا، وأن كلمة "الكياسة" ليست كلمة كبيرة بما يكفي. ما أسمعه هو أن الكثير من الناس يعتقدون أن الكياسة ليست كلمة مناسبة لاستخدامها في الوقت الحاضر أيضًا.

بشكل لا يصدق، لم أكن قد قمت بعد بالاتصال الذي تقوم به من خلال أفكاري الخاصة وهذا شيء عظيم. ولهذا السبب علينا جميعا أن نكون معا. لقد أصبحت على قناعة متزايدة بأن ما نناقشه ليس كيفية الانخراط في المزيد من المناقشات المتحضرة. ما نناقشه في السياق الاجتماعي على وجه الخصوص هو كيفية التمكن من المشاركة في محادثة شاملة. هذا هو الشيء الذي نطلبه. نحن لسنا خبراء في صنع أمة متحررة تتألف من العديد والعديد من الشعوب المختلفة المتنوعة في خلفياتها والتي لديها روابط وقناعات متعددة، ولها مجموعة متنوعة من الخبرات. من المهم أن نفهم أنه يمكننا، على الرغم من كل الأذى الذي سببناه لبعضنا البعض، كيفية مواصلة الحوار المفتوح والصادق الذي يشجعنا بطريقة ما على النظر في أفضل الحجج لبعضنا البعض والمساهمات الأكثر قيمة لمعرفة ذلك. كيفية ربط هذه العناصر لتكوين وحدة أفضل.

لقد قلت منذ البداية أن مسألة كيف تكون ديمقراطيًا تتضمن في الواقع النظر في مسألة العيش في مفهوم "اتحاد أكثر كمالا". أعتقد أن هذا مفيد كوسيلة لجعل الكلمة أكثر سهولة.

أنا، بالنسبة لكريستا، تثير أيضًا مسألة ما الذي يجعلنا بشرًا حقًا. والديمقراطية هي مجرد وسيلة أخرى لمناقشة هذه القضية. الدين هو وسيلة أخرى لمناقشة هذه القضية. ما هو دورنا في العالم؟ وهل الهدف مرتبط بالتزاماتنا تجاه أنفسنا وتجاه العالم بأسره؟ يبدو كل هذا للوهلة الأولى وكأنه يمثل مزيجًا من اللغات المختلفة التي تحاول فهم نفس الشيء.

دعونا لا ننسى أن المجتمع الذي كان له دور فعال في خلق الملك، والذي ساعد في تعزيزه، كان واحدًا ومتجذرًا في الحياة الروحانية والدينية. لقد كانت طرق حياتهم. على سبيل المثال، فهم كل من حوله أنه كان يأخذ هذه اللغة الجميلة القديمة على محمل الجد عندما قال إن ما يريده ليس مجرد المساواة أو الحقوق. ما كان يسعى إليه هو تنمية "المجتمع الحبيب". لقد رأى كل الأشياء التي كانت بمثابة حجر عثرة أمام أعلى مستويات التنمية البشرية لدينا وأعظم تطور جماعي لدينا، مثل الفصل بين الناس، والتفوق الأبيض.

وفي قراره باتخاذ الإجراءات اللازمة لإنهاء هذه القوانين، وهذه الأساليب، لم يكن يفعل ذلك كمسألة تتعلق بالحقوق المدنية، بل كعمل ينطوي على التزام روحي عميق. أشخاص مثل جيمي بالدوين وآخرين، لم يكن مالكولم قادرًا لبعض الوقت على تخيل ما كان يمكن لمارتن أن يرى تلك الاحتمالات. ومع ذلك، أعتقد أن

مارتن كان يرى ذلك لأنه نظر من خلال عين مليئة بالرحمة والحب. تسمح لنا تلك العين بملاحظة الأشياء التي كان من الممكن التغاضي عنها.

لقد ذكرت أن القصص الأكثر إثارة للاهتمام والأكثر إفادة للشباب التي تواجهها هي قصص نشطاء الحقوق المدنية الذين ساعدوا المجتمع وما زالوا يسعون جاهدين لتحسين أنفسهم.

تجربتي الشخصية يا كريستا هي أن هناك شيئًا عميقًا في داخلنا يعتمد على القصة في حد ذاتها. القصص هي مصدر التنشئة على أنه من المستحيل أن نصبح بشرًا حقيقيين لأنفسنا ولبعضنا البعض بدون قصة. وبدون إيجاد طرق يمكنك من خلالها مشاركتها مع الآخرين، وإيصالها، وتطويرها، لمساعدة الشباب على رواية قصصهم الخاصة. كما نحث الشباب على البحث عن الكبار للبحث عن من كانوا هناك، وليس المشاهير وليس نجوم التلفزيون، ولكن الأفراد الذين لا يعرفهم الآخرون والذين عاشوا مثل هذه الحياة الرائعة. ابحث عنهم، ثم اقض بعض الوقت معهم وتعلم كيفية طرح الأسئلة المناسبة حتى تحدث فرص جديدة. أعتقد أن الأمة لن تكون في أفضَل حالاتها حتى نتمكن من إيجاد طرق لإضفاء الطابع المؤسسي بشكل أكثر كفاءة على عملية تبادل حكايات الكبار.

عندما تذكر أن البشر لديهم حاجة طبيعية للقصص، فإن الشيء الذي يثبته عملك هو أن البشر يعرفون أيضًا كيفية التعامل مع القصص، ألا تعتقد ذلك؟ وللتأكد بنفس الطريقة، فإنك تذكر أن الأطفال الذين تعمل معهم يفهمون كيفية استخدام هذه القصص كأدوات وأجزاء من التمكين في عالم اليوم في الوقت الحاضر.

نعم، إنهم أدوات لتحقيق أفضل أداء لعملهم. إنه الوقت المثالي لشبابنا والآخرين ليسألوا لماذا نحن هنا لنكون هنا؟ فهل نحن هنا لدافع آخر غير التنافس مع الصين أو السعي وراء التقدم التكنولوجي الأكثر فعالية؟ هل هناك أشياء صممنا من أجلها أو نهدف إلى تحقيقها أو تحقيقها؟ اعتاد جيمي بالدوين أن يتحدث عنا "نحقق أنفسنا"، ونجد الشخص الذي نحن عليه، وما نحن عليه جميعًا ونجلب ذلك لبعضنا البعض.

عندما نبدأ الأم وطفلها في حضنها في مشاركة القصص، فإن الأمر لا يقتصر على نقل المعلومات فقط. في أغلب الأحيان، أينما أذهب عندما أتحدث، أبدأ بالطلب من الناس أن يرووا بعضًا من حكاياتهم. إنه لأمر رائع أن نرى الأشياء التي يتعلمها الناس عن حياتهم وعلاقاتهم وحياتهم.

مجتمع. وهذا واضح حتى في بعض المواقف الغريبة. إنه لأمر رائع.

والتر بروجمان

ظل لقب والتر بروجمان مرادفًا لمصطلح "الخيال النبوي" لمدة ثلاث سنوات من الدعاة والمعلمين المسيحيين. عندما تجلس معه، فإنك تكون جزءًا من قول الحقيقة الشرس والتفاؤل الشرس للتقليد الذي يعرفه. إنه مثال حي على وجود "خيال نبوي" في عالمنا الحديث الفوضوي. الأنبياء، يقول أنهم كانوا دائما شعراء.

استمع إلى هذه المحادثة بين المؤلف والتر بروجمان

في ذلك التقليد اللاهوتي الأكثر انفتاحًا الذي نشأت فيه، كنا نتحدث فقط عن أدوار الأنبياء كمرشدين أخلاقيين. ولم يكن التركيز على الجانب الفني أو الجمالي لتدريسهم. ومع ذلك، فهي الطريقة الوحيدة التي يمكنك من خلالها التفكير خارج الصندوق. وبعبارة أخرى، فإن الدافع الليبرالي لتحقيق العدالة هو مجرد أيديولوجية ليس لديها القدرة على التغيير. هذا هو السبب وراء تميزه في الشعر ـ فهو غامض للغاية لدرجة أنه لا يمكن اختزاله في شكل صيغة. هناك انجذاب كبير لليبراليين المهتمين بالعدالة وهو تحويلها إلى صيغة إذن . . .

لجعل مذهب آخر . . .

صحيح. ثم يظهر الشعر ثم ينفتح.

إنها قوة اللغة وأشكال اللغة. تحتوي كتابتك على كلمات مصدرها كتابات نبوية، ولكنها ليست نبوية.

هو جزء من اللغة الحديثة. الرثاء هو واحد منهم. اسمحوا لي أن أعرف شيئا عن الرثاء.

الرثاء جزء مهم من دراستي وهوسي. وهو كتاب المراثي وهو عبارة عن مجموعة قصائد تنعي خراب القدس التي دمرت. إلا أن سفر المزامير حوالي ثلثه، أو ثلث سفر المزامير على الأقل، عبارة عن ترانيم أو صلوات للحزن والخسارة والأسى والغضب، مما يعني أن جزءًا كبيرًا مما نعرفه عنه لقد أخذت منا تجربة الإيمان في العهد القديم. الشيء المذهل هو أنه في مؤسسة الكنيسة، مع كتاب القراءات والطقوس الدينية، تم إلغاء طقوس الرثاء.

لا نعرف ماذا نفعل حيال تلك المقاطع المثيرة للقلق.

نحن لا نريد ذلك. في النهاية، يمكن اعتبار القدس بمثابة العهد القديم المعادل لأحداث 11 سبتمبر. هذا هو 11 سبتمبر.

في الأيام التي أعقبت أحداث 11 سبتمبر، تحدثت مع العديد من الأشخاص مثل حاخام وعالم لاهوت إنجيلي قرأ لي السطر الافتتاحي من مراثي "كم تجلس المدينة وحيدة".

انها مجرد المناسب المناسب. لقد أهملنا قطع الحزن، ولسنا مجهزين للتعامل مع الخسارة التي نواجهها في عالمنا. نستمر في التظاهر والتظاهر بأن لا شيء يحدث لنا.

نحن نميل إلى التفكير في الأنماط والاستمرارية، وإمكانية التنبؤ بالمخططات والخطط. في الكتاب المقدس، يركز الكتاب المقدس إلى حد كبير على قدرة الله على كسر تلك الخطط وكسر الصيغ. إذا كانت مقاطعات إيجابية، يشير إليها الكتاب المقدس على أنها معجزات. نحن لا نطبق هذه العبارة عادة على الأحداث السلبية، لكن ما تعنيه في الحقيقة هو أن واقع حياتنا وواقع الله الواقعي لا ينعكسان في خططنا للترشيد. لا يهم إذا كان الشخص يرغب في مناقشة الأمر من خلال عدسة الله أم لا، فهي مسألة اختيار شخصي.

ومع ذلك، فإن واقع الحياة هو أن حياتنا هي منصات لأي نوع من الإزعاج عندما لا تسير الأمور وفقًا للطريقة التي تخيلناها.

الحجة الأكبر التي كنت تناقشها هي الحس الشعري الأدبي والجمالي للحديث النبوي. إنها الكلمات الفريدة والتحويلية. إنه يزيل هذا الصوت من الصندوق السياسي. إنني أدرك تمامًا أن هناك العديد من الكلمات التي يقدسها المتدينون وهي ضرورية بالنسبة لهم ـ كلمة العدالة والسلام والسلام.

الكلمات نفسها ملطخة. إنهم ممتلئون بالأمتعة الشخصية والسياسية، أليس كذلك؟ إنهم إما ليبراليون أو محافظون أو جزء من أيديولوجية ما.

لقد كنت أفكر بشكل متزايد في أنه من المدهش بالنسبة لي أن أنبياء العهد القديم نادراً ما يتحدثون عن موضوع "قضية ما". ما يفعلونه هو الذهاب إلى ما هو أبعد من المواضيع التي تشكل مصدر قلق للناس في الوقت الحاضر، وإلى المزيد من المعتقدات الأساسية التي يمكن الكشف عنها بلغة مراوغة. إن الكثير من مؤسسات الكنيسة منشغلة بهذه القضايا. عندما نركز على القضايا نفقد قوة التحول. إنها إذن أيديولوجية ضد أيديولوجية، وهي ليست أفضل النتائج لأي شخص.

هل يمكنك التفكير في حالة شهدت فيها زعيمًا دينيًا أو مجتمعًا يخالف القواعد؟ هل تقصد تجاوز القاعدة؟

نعم، كان مارتن لوثر كينغ يفعل ذلك من حين لآخر. أعتقد أنه في ذروته كان شاعر الكتاب المقدس. إذا كنت تفكر فقط في عبارة "لدي حلم" ـ فقد طارت بعيدًا. ولم يكن يناقش إمكانية سن قانون للحقوق المدنية، لكنه كان حلمه. ويحدث من وقت لآخر مثل ذلك.

الهدف هو إعادة تعريف المشكلة للسماح لنا بإعادة تجربة واقع مجتمعنا الذي هو أمامنا مباشرة، ولكن من منظور جديد.

الفصل الثالث: نعمة الجسد

المادة مرتبطة بالمحيط والشجرة والسماء؛ إن اللحم والدم يجعلاننا جزءًا من هذا الواقع؛ إن قبول هذه الحقيقة هو أمر محرر ومريح.

العقل والروح متشابكان بشكل لا ينفصم. فهمنا يقتصر فقط على تعايشهم. العواطف والذكريات من اليأس إلى السعادة تسري في أعماقنا جميعًا؛ من الحب العميق، أو حسرة القلب، أو "قلب فرعون القاسي" ـ الكلمات التي استخدمناها منذ فترة طويلة، والآن أصبح لها أي تفسير ذي معنى. أدمغتنا تخلق مسارات جسدية. الأجساد بمثابة الشوق والفرح وكذلك الخوف المتجسد.
أصبح الطب على نحو متزايد فنًا لعلاج أعضائنا وليس كلنا. لقد قسمنا الدين أكثر بمفاهيم صوفية عالية مفادها أن أرواحنا محاصرة داخل الأجساد، بالإضافة إلى اللاهوتات التي جعلت من الصعب التمييز بين الجسد والخطيئة. ومن الغريب أن حتى عصر التنوير لعب دوراً في هذا الاتجاه. شاهد ديكارت العلم الجديد وهو يحاول رسم الواقع من خلال الوسائل الرياضية مع ترك مجال للخيال والروح من خلال مقولته الشهيرة "أنا أفكر، إذن أنا موجود". لسوء الحظ، أصبحت هذه العبارة فيما بعد كلامًا تنويريًا وقلصت ما يجعلنا بشرًا بينما قلصت العناصر الروحية كجزء من تلك المعادلة.
إن التذوق واللمس والشم والرؤية والسمع هي حواسي التي تجتمع في ذهني لتشكل تجاربي وقصة حياتي؛ حياتي تتحرك في انسجام مع هذه الأحاسيس كما وصفها كتاب الصلاة المشتركة بلغة أكثر شعرية ـ وبذلك إتشكل من أنا

لم يقصد الفلاسفة والأطباء أبدًا استقطابنا أكثر، لكن هذا بالضبط ما حدث كبشر، فنحن نأخذ الحقائق العظيمة بشكل غريزي إلى أقصى الحدود في محاولة للسيطرة على هذه الحياة الفوضوية التي نعيشها، مع الرغبات والاحتياجات والثغرات التي يملأها الإفراط. ولكننا الآن نعود إلى الأرض؛ إن إعادة ربط توقنا إلى الكمال بعلم وظائف الأعضاء الذي نعرفه جيدًا وكذلك الخلايا العصبية التي توفر هذه المعرفة هي قوة. تتقاطع الصحة الجسدية والعاطفية والروحية مع بعضها البعض بشكل أكثر إحكامًا مما نتخيل، وتوفر هذه المعرفة القوة على كليهما.
كان الدين، في معظم التاريخ، تجربة غامرة لكامل الجسم: رقصنا وغنينا وكذلك ضحكنا وبكينا بينما نمارس طقوس الحياة من خلال طقوس تشمل الرقص والغناء، والضحك والبكاء، وكسر الخبز معًا في الطقوس الدينية الجماعية أو ببساطة الركوع وطي الأيدي للصلاة أو كسر الخبز؛ الطقوس الدينية للحزن أو التجمع أو الاحتفال ـ هذه الإجراءات تخلق حاويات عميقة للوقت والوضعية؛ إنها مثل النتائج الطبيعية للشعر الذي له قيمة رمزية كبيرة؛ تساعد الطقوس على إطلاق المشاعر بينما تجسد الذاكرة في الوقت نفسه من خلال الوقت الجماعي ـ فهي تخلق حاويات عميقة من الوقت والوضعية التي تجسد الذاكرة من خلال العمل الجماعي القائم على الوقت الذي يخلق حاويات عميقة من الوقت والوضعية التي تخدم أهميتها مع توفير الاستمرارية عبر الزمن والوضعية.
وجميع التقاليد التي توفر لنا المعنى والأخلاق لها قلب متجسد: فالبوذية تقدم معلميها، والهندوسية تقدم آلهتها؛ أنبياء اليهودية والإسلام يجسدون أنفسهم عبر الزمن؛ بينما تعلن المسيحية أن الله يدخل معنا في الوجود الجسدي، ليشاركنا الأفراح والأحزان ومضات المجد والعودة المستمرة إلى العجز على حدٍ سواء.
لقد حوّل العالم البروتستانتي في طفولتي العبادة إلى تجربة حيث يكون العمود الفقري مستقيماً على مقعد غير مريح، والعينان إلى الأمام مباشرة. في البداية، ظهرت على السطح الشخصيات المقدسة التي أذهلتني عندما عدت للنظر بجدية في الدين في العشرينيات من عمري، لتمثل حدودًا ثابتة بين الجسدانية والروحانية؛ لكنني الآن أرى الأشياء من خلال عدسات مختلفة: يرفض الصوفيون مثل هذه المادية الآمنة المحتواة عندما

ينغمسون في اللحم والدم في حالتها الخام ـ مثلما حدث عندما غادر بوذا قصره ليعيش في الهواء الطلق حيث استيقظ على مجموعة من المعاناة الإنسانية أو جوليان نورويتش التي عاشت وحيدة داخل زنزانتها، حيث استيقظت على كل أنواع المعاناة الإنسانية؛

ردًا على الموت الأسود من خلال مسرحيات الموت والآلام، حاول هؤلاء الكتاب القدماء فهم الله من خلال هذه الأفعال. كانت هناك أيضًا كتابات الأخ لورانس الذي كانت ممارسته لحضور الله تتكون من أداء حتى المهام الجسدية اليومية الدنيوية مثل الأعمال المقدسة مثل غسل كل طبق كجزء من ممارسته اليومية لحضور الله.

كتب الرومي عن الدراويش وهم يدورون ليظلوا متوازنين أثناء الحركة، ويمكنني أن أشهد أن التأمل أثناء المشي مع ثيش نهات هانه يترك المرء يشعر بأنه حي حقًا في الجسد والنفس والعقل.
لقد طورت البوذية في أشكالها المختلفة سيكولوجية متطورة للقلب والعقل، ولم تفصل أبدًا بين الاثنين في لغتها الأصلية. على مدى آلاف السنين، ركزت على التخصصات التأملية للتحقيق في العقل وتهدئته كممارسات يومية. وبما أن الحداثة والاستعمار كانا يهددان التقليد نفسه، فقد فتح الرهبان الذين خدموا كحافظين له هذه الممارسات للجميع. واستجابة للاضطرابات الاجتماعية خلال الستينيات، بدأ الشباب الغربيون بالسفر إلى الهند وبورما لتعلم تقنيات التأمل. لقد أجريت مقابلات مع بعض هؤلاء الرواد: شارون سالزبيرج، وجوزيف جولدشتاين، وسيلفيا بورستين، وميراباي بوش ـ بين كثيرين آخرين ـ عندما عادوا إلى ديارهم ليس كواعظين بل كمستوردين للتكنولوجيات الروحية التي يمكنها تقديم حلول فورية في عالم اليوم الحديث.
واجه جون كابات زين التأمل لأول مرة أثناء دراسة البيولوجيا الجزيئية في معهد ماساتشوستس للتكنولوجيا. وفقًا لكبات ـ زين، يعتبر العلماء متأملين ممتازين لأنهم يشعرون بالارتياح في معرفة ما لا يعرفونه ـ وهو أمر وجده مفيدًا بشكل خاص كمحاولة للتوفيق بين الطاقات التي تعايشت بشكل غير مريح خلال طفولته مع تعايش الوالدين العلماء والرسامين معًا بشكل غير مريح. . وبمرور الوقت، شعر أن ما تعلمه يجب أن يكون متاحًا وذو صلة بشفاء الأمراض وتخفيف التوتر. في الثمانينيات أسس ما أصبح يعرف باسم الحد من التوتر القائم على اليقظة الذهنية. المساهمة بشكل كبير في مساعدة تحول الطب الغربي الذي يستمر حتى اليوم.

استمع إلى هذا الحوار بين جون كابات زين والدكتورة إيمي ليفيفر
هذه التقنيات أو التقنيات النفسية ـ أيًا كانت تسميتها ـ توفر لنا الفرصة لإعادة الاتصال باستمرار بما هو أعمق وأفضل داخل أنفسنا. لم يعد هذا شيئًا يمكن تحقيقه فقط من خلال دروس هارفارد أو العمل لعقود من الزمن في مزارع الكروم ـ فأنت تمتلك كل شيء بالفعل، بما في ذلك من خلال ممارسة اليقظة الذهنية التي تتضمن التأمل في وضعية الجلوس، أو فحص الجسم أثناء الاستلقاء، أو هاثا يوغا اليقظة أو أي شكل رسمي أو غير رسمي آخر ـ لقد أصبح الأمر كذلك الحياة نفسها، تشمل السمع والبصر والشم والتذوق واللمس والتفكير.

يوضح تشبيهك تمامًا ما هو على المحك: أي لحظة لا ندرك أهميتها تضيع إلى الأبد، وفقًا لما قاله ثورو في والدن: "فقط ذلك اليوم الذي نستيقظ عليه هو الفجر".

فقط ذلك اليوم الذي فجر فيه نستيقظ. يصف هذا الاقتباس من السطر الثالث إلى الأخير لوالدن إنجازاته في كونكورد عام 1844 ـ والتي غالبًا ما يُنظر إليها على أنها شاعرية ـ خلال حياة شاعرية من الزراعة وصنع السلام في عصره. كان والدن في الواقع يصور حياة السكان والمزارعين هناك على أنها حياة يأس هادئ، ولا تختلف كثيرًا عن الطريقة التي ننظر بها إلى البريد الإلكتروني أو الإنترنت على أنها تصرف انتباهنا عن أنفسنا اليوم.

التي تعني الذوق أو sapere يعيش البشر حالة تعرف باسم الإنسان العاقل؛ يأتي هذا الاسم من الكلمة اللاتينية المعرفة؛ وبعبارة أخرى، نحن نعلم أننا نعرف وهذا جزء مما يحددنا. ربما لكي نمتلك هذا اللقب حقًا نحتاج إلى تنمية الوعي بالوعي نفسه كدليل لنا كبشر.

في كل مرحلة من حياتنا، نحتاج إلى اتخاذ قرارات بشأن ما يجب أن نستثمر فيه وأين نعيش، وأين نرسل أطفالنا إلى المدرسة ومن يجب أن يجلس حول طاولات العشاء لدينا. في جوهر الأمر، كل لحظة مهمة عندما نعيش الحياة كما ينبغي.

عندما نتعلم هذه الدروس، كلما زاد احتمال أننا لا نركض نحو الموت، بل نفتح أنفسنا للحياة. هناك فرق هائل بين هذين المسارين، وتشير جميع الأدلة العلمية المتاحة إلى أنه عندما يختار الناس الحياة بدلاً من الموت بهذه الطريقة، يتغير دماغهم من حيث الشكل والوظيفة وكذلك استجابات الجهاز المناعي، ويتغير تنظيم درجة حرارة الجسم بشكل كبير ـ في النهاية الاهتمام بالأمور الأكثر أهمية في أنفسنا جسديًا ونفسيًا، بما في ذلك تحسين العلاقات مع الأصدقاء والأحباء وأنفسنا على حدٍ سواء.

كان جدي الواعظ المعمداني الجنوبي يتمتع بوفرة من الطاقة، وضحكة معدية، وعاطفة غامرة تجاه جدتي. كان وجوده بمثابة ترياق لاهوته، الذي كان مدعومًا بمجموعة من القواعد القمعية: لم يُسمح بشرب الخمر أو التدخين أو العلاقات الجنسية ـ ومع ذلك فقد أدرجت قواعد أخرى الرقص ولعب الورق والسباحة وارتداء السراويل القصيرة كسلوكيات محظورة. لقد صورت خطبه العالم على أنه مكان غادر بطبيعته، وصورت أجسادنا على أنها مدخل محتمل للخطر. لاحقًا، أدركت أن هناك ذكاءً وراء قواعده؛ كل واحد ينذر برحلة انحدار وشيكة خلال حياته. نشأ جدي في منطقة حدود أوكلاهوما الصعبة قبل فترة طويلة من انتشار برنامج "الخطوات الاثنتي عشرة" ـ قبل أن لا يُنظر إلى الإدمان مثل القمار أو إدمان الكحول على أنه حكم بالإعدام، وقبل أن يمكن ممارسة النشاط الجنسي دون خوف من الحمل، وقبل أن تصبح الولادة خارج إطار الزواج حدثًا يوميًا، وقبل أن تصبح الولادة خارج إطار الزواج حدثًا يوميًا قبل أن يؤدي الإجهاض إلى تدمير الحياة.

وكما فعل والداي، احتقرت قواعده. لم يعد لها أي معنى في عالم تحديد النسل الذي نعيش فيه، حيث يربط الأزواج الليالي مع إدمان الكحول مع تلاشي آثاره، ومع ذلك فقدنا التواضع الأساسي تجاه الطبيعة الذي عرفه جيل جدي جيدًا بما يكفي للاعتراف به واحترامه. وبدلاً من ذلك، عشنا رؤية منتصف القرن المتمثلة في السيطرة على الطبيعة من خلال سياسات ووصفات لإدارة جانبها البري بطرق كبيرة وبطرق صغيرة. كان المنزل والبيئة مجالين مترابطين: كان التحكم في السكان والحد من التلوث أمرين أساسيين في مكافحة الفقر؛ في المنزل، قمنا بإخضاع النار والهواء والماء والعناصر الأرضية من خلال أجهزة الميكروويف وتكييف الهواء لإنشاء وجبات سريعة. درست والدتي الاقتصاد المنزلي، كما فعل جيلها بأكمله؛ لقد شهدوا ظهور عشاء مباشر من الصناديق والعلب. أصبحت الراحة هي الفضيلة الجديدة في أمريكا ما بعد الحرب، والتي تغلبت على أي حكمة قد يقدمها الجسم.

أعتقد اليوم أن حواسنا هي بمثابة الاختبار النهائي لأرواحنا. في حين أن هذا قد يبدو مألوفًا بالنسبة لكم من كلمات جدي، إلا أنه اليوم يشمل أيضًا حبًا موسعًا وحميميًا لأجسادنا، وهو ما قد يكون غريبًا عليه؛ مع إدراك أن البهجة هي فضيلة مطلقة وأن الراحة ليست سوى وهم؛ ثق في أن الحكمة التي يقدمها جسمك لها أهمية قصوى ويسهل اكتشافها حتى في ظل الظروف العادية. إن الراحة ليست سوى راحة مؤقتة بينما يظل العمل حقيقيًا ـ ومع ذلك تظل المتعة حقيقية أيضًا إذا أعطيت الأولوية في عمليات صنع القرار والعواقب مع تحويل هذه الأعباء من العملية والعواقب؛ يظل العمل حقيقيًا بينما تظل المتعة حقيقية على الرغم من هذه الحقائق ـ بطرق قديمة/جديدة يمكننا تحليل المتعة بشكل أكثر وعيًا والإصرار على البهجة كفضيلة مثالية!

رأى أرسطو المتعة كمقياس للنزاهة. وكذلك فعل الكتاب المقدس في تصويره للإنسانية. بمجرد خلق النظام من الفوضى، يضعنا الفصل الثاني من سفر التكوين في عدن ـ بيئة مليئة بالبهجة ـ حيث تحكم الرغبة الصالحة. حديقة جميلة مليئة بالأشجار "سرية للعين" تنتج فاكهة لذيذة للاستهلاك؛ لقد ساعدتني إلين ديفيس على إدراك أن الحياة البشرية اليومية لا تتعلق بالإشباع الجنسي والسلوك الخاطئ بقدر ما تتعلق بالقوت كجزء من الوجود كجزء من الحياة نفسها.

يتم التركيز على خصوبة الأرض. "دعوا الأرض تنبت عشبا" ، يقرأ بالعبرية. "فليثمر النبات الذي يحمل بذورًا وأشجار الفاكهة من كل صنف على وجه الأرض ثمرة بها بذور" ويستمر هذا الموضوع في آية أخرى. يتم التركيز باستمرار على كيف أن كوكبنا الأرض هو نظام مستقل ذاتيًا للخصوبة والإثمار يدعم جميع الكائنات الحية ـ بما في ذلك البشرية. يُذكِّر الله البشرية في نهاية الفصل الثاني، بعد وقت قصير من تكليفهم بممارسة الإتقان الماهر، بأن كل نبات يحمل بذورًا على الأرض وكل شجرة مثمرة سيصبح مصدر طعامهم؛ الحيوانات والطيور أيضًا".
أصبح بإمكان جميع أشكال الحياة على الأرض الآن الحصول على الغذاء على شكل نباتات خضراء للاستهلاك، مما يضمن حصول كل شخص على الغذاء المتاح له.

على الأقل هذا هو ما أفهمه: قد يكون هذا أفضل وأول مؤشر لدينا لما يعنيه أن يمارس البشر هيمنة خبيرة بين المخلوقات الأخرى: أن البشر هم النوع الوحيد الذي يدرك أن كل شخص يحتاج إلى القوت من أجل البقاء.

لذلك يبدو من المناسب والملائم بالنسبة لي، في هذا القرن، أن هذه هي إحدى نقاط البداية حيث بدأنا ندرك من نحن ونوع الحياة التي نعيشها. وبينما نواجه أزمات الغذاء والأكل، فإن استجاباتنا يجب أن تتضمن فحص الفوائد التي تقدمها الأرض للأنظمة البيئية والاقتصادات على حد سواء. وفي قلب كل هذا التحليل يكمن إعادة تعلم أن التذوق يمكن أن يكون بمثابة مؤشر على الخير الأخلاقي ـ سواء كان ذلك نضارة المنتجات، أو حياة الحيوانات أو موتها، أو حيوية التربة. مع اقتراب عصر الطعام المهمل من نهايته، فإننا نعيد اكتشاف المتعة السامية في زراعته وإعداده بعناية ـ ونكتشف كيف تتقاطع المعرفة والحكمة والذوق. دان باربر هو إنسان نشيط ومدافع متحمس عن "من المزرعة إلى المائدة"، وإعادة ربط التجارب الإنسانية الأساسية من خلال الغذاء.

استمع إلى هذه المناقشة بين المؤلف دان باربر ودان بيكر.

توفيت والدتي عندما كنت لا أزال صغيرًا جدًا، وتركت والدي مصدرًا وحيدًا لإعداد الطعام. كانت جهوده أقل بكثير من قدراته ـ فغالبًا ما كان يصنع البيض المخفوق الذي كان قاسيًا ومحترقًا وغير مطبوخ جيدًا؛ خلال نوبات مرض التهاب اللوزتين عندما كان عمري 15 عامًا، عندما قامت عمتي، الطاهية الخبيرة، بإعداد الطعام بمحبة باستخدام الزبدة الفرنسية من السوق المخفوقة فوق غلاية مزدوجة مع البيض المخفوق الطازج! يظل هذا الطبق هو ذكريات طفولتي الأكثر حيوية.
يا إلهي، هذا الطعام شخصي. هذا هو البيض المخفوق الحقيقي الذي أعده أناس حقيقيون! هذا هو الحب."""
يمكنك القول بأنني تجاهلت والدي، لكن في الواقع، ساعدني بيضه في تقدير بيض عمتي أكثر!

يؤكد دان باربر أنه عندما يتعلق الأمر بالطعام، فإن الاختيارات الأخلاقية غالبًا ما تتزامن مع خيارات ممتعة. لقد أجريت معه مقابلة كجزء من مهرجان الطعام والروح والفنون الذي أقيم في كنيس إنديانابوليس. يمكن العثور على أحد مطاعمه داخل مزرعة عاملة في شمال ولاية نيويورك ـ وهنا يقدم لحواء جزرة تعويضية بدلاً من ذلك.

استمع إلى الحوار المتبادل بين دان باربر والمؤلف.

الأشياء الممتعة والنكهات اللذيذة غالبًا ما تتداخل ـ هذه هي متعة ما أفعله! لقد كان طهي الطعام اللذيذ مع البحث عن النكهات الرائعة دائمًا هو شغفي، لذلك من الطبيعي أن يسير ذلك جنبًا إلى جنب مع الاعتبارات البيئية الجيدة. يبدو الأمر واضحًا، لكننا كثيرًا ما ننسى وجوده. لقد مر المستهلكون الأميركيون بفترة طويلة نسينا فيها حتى الحقيقة الأكثر وضوحاً، وهي أن الجزر ولحم الضأن اللذيذ يتطلب اتخاذ قرارات في المراعي والحقول تتسم بالوعي الأخلاقي والصديقة للبيئة. لا يمكنك ببساطة أن تتناول طبق لحم ضأن مرفوع بطريقة غير أخلاقية مع جزر مرفوع دون تفكير؛ حتى أعظم الطهاة لدينا سيواجهون صعوبة في القيام بذلك.

أحد الأمثلة التي عرضناها مؤخرًا: قمنا بزراعة جزر موكوم في شهر فبراير، وحصدناه وأحضرناه مباشرة إلى المطبخ حيث أجرينا اختبار البريكس، أو اختبار السكر، باستخدام مقياس الانكسار، وقياس جزء من كل مليار محتوى سكر.
سجلت قياسات مقياس الانكسار جزرة موكوم عند 13.8. من أجل الفضول، أجرينا قياس مستوى السكر على جزرة عضوية Whole Foods أخرى تستخدم في المخزون في مطعمنا؛ واحدة قد تجدها في أو مماثلة عالية الجودة. ما الذي تم قياسه على البريكس؟ 0.0: لا يمكن اكتشافه بالسكر! لقد تركني هذا الكشف في حيرة تامة لأنني علمت أنه سيكون هناك تمييز واضح؛ بعد كل شيء أستطيع أن أتذوق الفرق بنفسي. لكن هل كان هذا دراماتيكيًا بشكل غير متوقع؟

عندما حان الوقت لاختيار عالم فيزيولوجيا النبات، سرعان ما ظهر شخص أحببته: وهو أيضًا شاعر هاو!" ما قاله لي كان شاعريًا للغاية ولكنه ذو صلة مباشرة: فالجزرة تحول نشوياتها إلى سكريات لأنها في حالة صلبة يتجمد ولا يريد تبلور الجليد الذي قد يؤدي إلى موته؛ ما تتذوقه من حلاوة قد يكون في الواقع مؤشرًا من تلك الخضروات الجذرية يخبرك برغبتها في عدم الهلاك في هذه الظروف القاسية.
بالمناسبة، هناك علاقة مثيرة للاهتمام بين مستويات البريكس وكثافة العناصر الغذائية ـ وهي ظاهرة مثيرة للاهتمام عندما يتوقف المرء عن التفكير فيها ـ ورغبة أجسادنا في تناول طعام لذيذ يحتوي على مستويات عالية من البريكس، مثل تلك المنتجة في المزارع ـ وكثافتها الغذائية. إذا اخترنا شيئًا يحتوي على حلاوة سكرية كهدف أساسي لنا، فقد نختار أيضًا ما يتبين أنه قرارات سليمة بيئيًا بالنسبة لهم!

أنت تدعي أنك لست متخصصًا في الأخلاق، لكن مناقشتك تتعلق بشيء يمنح الحياة بقيمة أخلاقية.

بمجرد أن أصبح حاخامًا، ستصبح الأخلاق أولويتي.

لكن هذه الأفعال تحمل قيمة أخلاقية ضمن التقاليد اليهودية.

صحيح حقا. أجد أنه من حسن الحظ أن فلسفتي بأكملها تدور حول المتعة. كونك مدافعًا عن مثل هذه القضايا يجعل منك تجربة مجزية للغاية، هل تعلم؟
بمجرد أن تكون جشعًا للحصول على أفضل الأطعمة، فهذا يمثل حسب التعريف رغبتك في استخدام بيئتنا بطريقة مسؤولة ـ وهذا هو ما يحدد الاستدامة!

اشترى جدي مزرعة بعد تقاعده من العمل الوعظي، وتربية الماشية، وجني جوز البقان من الأشجار، وزراعة حديقة نباتية. حتى الآن أتذكر تذوق البصل الرائع الذي يظل طعمًا لا يُنسى؛ واحدة من الذكريات العديدة التي تحمل أهمية كبيرة بالنسبة لي الآن وهي روحانية جدًا في معناها.

أنا منجذب إلى المفهوم اليهودي للروح (nephesh)، يتشكل من ـ ناشئ ولكنه موجودًا مسبقًا الذي ليس * خلال الجسد والتجربة الشخصية. يشير هذا إلى أن أجسادنا تحتاج إلى المطالبة بأرواحنا حتى تتمكن من المطالبة بها؛ أجسادنا هي مصدر الفضيلة أو الرذيلة، ونقاط الوصول إلى الغموض ـ يبدو الأمر غير بديهي ولكنه منطقي إلى حد ما: الوصول إلى ما هو أبعد منا وفوقنا.

تُظهر لنا أجسادنا حقيقة الحياة التي لا تستطيع عقولنا القيام بها، وهي أننا في أي لحظة نحتاج إلى قدر من الليونة بقدر ما نحتاج إلى الثبات؛ يحتاج دائمًا إلى الرعاية والحنان من الآخرين. الحياة تتطور باستمرار؛ لا توجد لحظة تقف ساكنة أو التنفس أمرا مفروغا منه. عدم الكمال أبدًا، كونك على قيد الحياة يعني دائمًا التعامل مع الفوضى والمفاجآت التي تظهر طوال مسارها؛ إن الطريقة التي ننفتح بها أو ننغلق على أنفسنا أمام حقيقة عدم الوصول أبدًا إلى الأمان والركود الدائم هي المادة الأساسية للحكمة.
الكثير من المعلمين الحكماء بيننا يدركون حقائق الحياة من موقع المرض أو الأزمة، حيث تصبح حقيقتهم أكثر شفافية من أي وقت مضى. إنهم يخرجون غير متعافين، بل أكثر اكتمالًا من ذي قبل، مجسدين أفكارًا صوفية بدت غريبة ولكن تبين أنها منطقية. في جوهرها، الحياة تدور حول الخسائر البسيطة والكارثية على حد سواء ـ السرطان، وحوادث السيارات ـ ولكن أيضًا حول الحب والنهوض مرة أخرى بعد حدوث الخسارة أو الموت ـ الشيخوخة، وفقدان الحب، وموت الأحلام، ومغادرة الأطفال للمنزل... الحزن والسعادة يتعايشان كممرين منفصلين عن بعضهما البعض؛ ولا توجد كممرات منفصلة للتجربة عن بعضها البعض ... كل خطوة نتخذها تساعدنا على ترسيخنا بشكل أعمق في أنفسنا، من خلال كل عيوبها ونعمها.

يتمتع ماثيو سانفورد بأحد أكثر الأجسام حيوية التي رأيتها وهو مدرس يوغا متميز. لقد كان على كرسي متحرك لمدة ثلاثين عامًا منذ أن أصيب بالشلل من الخصر إلى الأسفل في الرابعة عشرة من عمره بعد حادث سيارة على طريق ميسوري أدى إلى مقتل والديه. في البداية، وبعد نصيحة الأطباء والمعالجين، حاول تطوير أذرع لاعب بناء الأجسام بدلاً من الساقين ـ وهو الأمر الذي أثبت في النهاية عدم فعاليته. ساعدته اليوغا على استعادة جميع جوانب جسده، وأصر على أنه قادر على الشفاء على الرغم من عجز ساقيه عن ذلك. ومنذ ذلك الحين، أصبح رائدًا في مجال اليوغا التكيفية للأشخاص ذوي الإعاقة، والمحاربين القدامى، والشابات المصابات بفقدان الشهية. ووفقا له، فهو لم يلتق أبدًا بشخص ما في المنزل دون أن يصبح أكثر تعاطفًا تجاه جميع أشكال الحياة ـ وهو عبارة مذهلة ولكنها منطقية إلى حد ما!

استمع إلى هذا التبادل بين ماثيو سانفورد والمؤلف إريك ريبيرج.

طفلي البالغ من العمر ست سنوات يبكي، ويحتاج إلى عناقي ليس فقط من باب الحب ولكن أيضًا لوضع حدود حول تجربته ـ ليعرف أن أي إزعاج لن يحد من كيانه بالكامل، وبالتالي فإن العناق يساعده على الاستقرار مرة أخرى في نفسه وتخفيف أي قلق. أو التوتر الذي يشعر به. وبعناق واحد يعود بسرعة إلى نفسه.

وعندما بدأ ماثيو في ممارسة اليوغا، لاحظ أنه على الرغم من تلاشي ذاكرته الواعية للحادث مع مرور الوقت، إلا أن جسده لا يزال يتذكر آثاره؛ وبالتالي يتزامن ذلك مع الحدود الناشئة في بيولوجيا الإجهاد والصدمات ـ حيث يمكن للتجارب أن تستقر في أجسادنا ويمكن معالجتها هناك. ووفقا له، فإن رحلة متى هي

رحلة نقوم بها جميعا؛ إنه يتفوق على الآخرين من حيث الوصول إلى الحدود المادية في وقت أقرب من معظم الأشخاص وتجربة تراجعها بسرعة أكبر.

استمع إلى هذه المحادثة بين ماثيو سانفورد والمؤلف بول دوجويد.

إذن، تصف كيف أنه بمرور الوقت وبعد التعرض لجميع أنواع العمليات والإصابات، بما في ذلك الصدمات الأولية وكذلك الصدمات اللاحقة، يمكن أن يأتي الشفاء بأشكال عديدة بخلاف مجرد المشي مرة أخرى. في مرحلة ما خلال كل هذا بدأت تدرك أن الشفاء يمكن أن يتخذ أشكالًا مختلفة عديدة تتجاوز الشكل الجسدي. عندما يقول الناس "جسدي يخذلني"، وهو ما يقوله جميع زملائك في الأربعينيات من العمر كثيرًا الآن ـ كل شخص أعرفه أبدى ملاحظات مماثلة ـ سواء أكان بصره يخذلهم، أو تدهور الركبتين، أو مشاكل في الظهر، وما إلى ذلك ...

وأقول هذا مع الأسف لأنني عندما كنت في الثالثة عشرة من عمري، قمت باستغلال جسدي من خلال تركه معرضًا لجميع أنواع الصدمات. أحد الدروس التي تردد صداها بالنسبة لي منذ ذلك الحين هو حقيقة أن جسدي هو الذي أبقاني على قيد الحياة؛ الحياة شيء يبذل قصارى جهده فيه. لم يطلب جسدي أن يتعرض للضرب بشدة أو الكسر، حيث تمزق عموده الفقري إلى أشلاء وكُسرت عدة عظام، ومع ذلك فقد انتعش وأعاد تجميع صفوفه بسرعة لمواصلة عيش حياة كاملة ونشطة. فقط جزء مني فشل في الشفاء ـ بوصة أو بوصتين من الحبل الشوكي لم تكن قادرة على التجدد بعد الحادث ـ ومع ذلك تمكنت من الاستمرار في العمل بشكل طبيعي، وإنتاج خلايا جديدة عند الضرورة والعمل على العيش لأطول فترة ممكنة.

البراناياما، أو التنفس اليوغي، يمكن أن يساعد في زيادة التوازن والقوة والمرونة في أوضاع اليوغا. عند ممارسة هذا النوع من تمرين التنفس في أوضاع لا تشعر بها بشكل مباشر، البراناياما يسمح لأنفاسك بملء المساحات التي لا يمكنك الشعور بها؛ ليس فقط العضلة ذات الرأسين التي يمكنك ثنيها حقًا. يزداد توازنك، وتقوى قوتك، وتتسع مرونتك؛ ناهيك عن تكريم جسدك دون جعل ذلك درسًا أخلاقيًا أيضًا ـ شخصيًا أفضل النعمة.""""

تعرف على نعمة جسدك

أو أدرك أنه حتى تلك الأجزاء منك التي لا تعترف بأنها جميلة هي جميلة في حد ذاتها ـ فلا تتجاهلها باعتبارها ضائعة أو غائبة؛ إنهم يشكلون جزءًا منك من القوة والألياف والمرونة؛ يشبه حبيبات الخشب حيث لا يوجد نوع واحد فقط ولكن كلا النوعين يضيفان القوة؛ الشمول يجعل العالم أخف وزنا وأسهل عندما يتم تضمين المزيد من نفسك هنا.

هذا العمل يمكن أن يكون صعبا. هناك حاجة إلى الصبر والمثابرة. أتمنى لو كانت هناك رؤية سحرية واحدة جعلت كل شيء سهلاً؛ لسوء الحظ أنه يعمل مثل كل شيء آخر. تدور أفكاري غالبًا حول تقدم جسدي نحو العيش ساكنًا: حيث يكافح الجلد ضد تقرحات الضغط أو الإصابات القديمة وأحاول ألا أفكر ، "أوه، إنه لا يتماسك!"، وبدلاً من ذلك يبدو جسدي مجتهدًا في محاولته. . وبدلاً من ذلك أقول لنفسي: "يا رجل! إنه يعمل بجد. جسدي لا يتركه."
قد لا يشفى جسدي بنفس الكفاءة، لكن التعاطف الذي يمكنني إظهاره تجاه نفسي والآخرين يشفي جسدي المادي بطرق أخرى.

لم يتعرف تيلار دو شاردان على جزء أساسي من الصورة: التطور الروحي لن يقلل من الأهمية البيولوجية بل سيعززها، مما يحتم علينا أن نسكن أجسادنا بشكل أكثر وعيًا واحترامًا. يحرز البعض منا تقدمًا نحو ذلك من خلال الجري أو المشي أو التدريب على الفنون القتالية أو البستنة أو الطبخ ـ أو أي عدد من الطرق الأخرى. كنت سباحًا متعطشًا قبل مقابلة ماثيو سانفورد؛ بعد ذلك بدأت بممارسة اليوغا، والتي أنقذت حياتي حرفيًا! خفية في أصلها ولكنها عميقة في آثارها. كان التركيز بالضرورة على مكان تواجد راحتي وأقواس قدمي بمثابة راحة فورية، وقد أثبت منذ ذلك الحين أنه لا يقدر بثمن في مساعدتي على الرفاهية. عندما اقتربت من منتصف العمر، بدأت في ممارسة اليوجا لأول مرة وأذهلتني مدى مكافأة عدم كوني خبيرًا فيها ـ على الرغم من أهمية وضعيات اليوجا، إلا أن الانتقال بين الوضعيات يكون بنفس القدر من الرشاقة؛ أجد نفسي أطبق هذه التجربة الجسدية بطرق مختلفة طوال حياتي العملية اليومية.

هناك الكثير من اليوغا السيئة، تمامًا كما يوجد الكثير من الدين السيئ. لذلك عندما يرشدني المعلمون في العشرينيات من عمري إلى "تحديد نية" لممارستي وإرسالها كنعمة إلى العالم، لا أعرف ما إذا كنت أصدقهم أم لا؛ كل ما أعرفه على وجه اليقين هو أن الاهتمام بجمع الجسد والنفس والنية معًا يغير قدرتي على الاهتمام في لحظات ويغير الطريقة التي أتحرك بها عبر عالمي.

لقد كان تبني جسدي بكل نعمته وعيوبه بمثابة هدية غير متوقعة في منتصف العمر. الشيخوخة أمر لا مفر منه بالنسبة لنا جميعا، ولكن آثارها لا تزال تفاجئنا في بعض الأحيان. لم تعد الشيخوخة تحدث بشكل تدريجي، وبغض النظر عن مقدار ممارسة اليوجا، فقد وصلت نقطة لم يعد من الممكن فيها إخفاء الرقصة الأصلية بين النظام والفوضى من خلال التستر أو إخفاء أعراض معينة. بينما كنت أشاهد أطفالي وهم ينتقلون من خلال تحولهم البدائي في مرحلة المراهقة، قررت أن أتقبل ردود الفعل بدلاً من الخوف في ردود أفعالي على التحول الخاص بي؛ وبالمثل، آمل أن ينطبق هذا القرار هنا على تحولي في الشيخوخة.
يمكن أن يكون الحزن والخوف وعدم التصديق جزءًا من الحياة؛ ولكن بقبول هذا التحدي بأكبر قدر ممكن من القبول، تظهر نعمة غير متوقعة: السلام.
لم تكن القناعة دائمًا شيئًا اختبرته أو حتى عرفت مدى رغبتي في الحصول عليه. ومع ذلك، فإن هذه الهدية من علم وظائف الأعضاء ـ إلى جانب تساقط شعري وشيخوخة الجلد ـ تذكرني كيف تم تصميم أدمغتنا لخوض تجارب جديدة عندما نكون أصغر سنًا. في هذه المرحلة من الحياة، يجد الناس قدرًا أكبر من الرضا بالروتين. النباطؤ يتيح مساحة للمراقبة. أمتلك الآن وعيًا كان قد استعصى عليّ في السابق عندما كانت بشرتي أكثر إشراقًا؛ لقد منحني الاهتمام بالجمال في الجوانب اليومية من حياتي متعة كبيرة. في بداية كل صباح، لا شيء يضاهي سعادتي بالاستمتاع بكوب الشاي الأول؛ حضن ابني لا يمكن أن يغلب حضني؛ أو جمال رؤية شجرة صنوبر بيضاء في الفناء الخلفي لمنزلي تقف بقوة عامًا بعد عام.

* * *

إن تقدير الجمال باعتباره الجسر الواهب للحياة بين المتعة الحسية والروحية هو فضيلة غير متوقعة ولكنها تغير الحياة، وهي فضيلة تعثرت فيها في وقت متأخر عما كنت أتوقعه. في البداية، فاجأني الأمر كمدخل إلى فضائل النجوم؛ في البداية لم أر الجمال في المناظر الطبيعية شبه الصحراوية في أوكلاهوما في البداية؛ على الرغم من أنني الآن أرى جاذبيتها. لم يعلمني أحد أسمائهم سوى تلك التي لدغة أو سم؛ وهكذا لم يعلمني أحد أي النباتات أو المخلوقات تلسعنا أو تسممنا أيضًا! بالنسبة للمشاريع العلمية، أود أن أقوم بتثبيت الجنادب على صناديق السيجار بينما يقوم بالكلور أكثر من الضفادع؛ من المثير للصدمة أن نتذكر ذلك قبل أن تأتي الليدي بيرد جونسون وتخبرنا جميعًا أن نتوقف!

باعتباري شابًا بالغًا أعيش في برلين، كان اهتمامي منصبًا بقوة على حياتي الداخلية والمؤامرات الجيوسياسية في كل مكان من حولي. إذا سئلت بعد ذلك عن مكانة الجمال في حياة ذات معنى، فربما أجبت بأنه أمر جيد ولكنه قد لا يكون بالضرورة ذا صلة أو مستندًا إلى الواقع. الصناديق المليئة بكتاباتي من تلك السنوات يمكن مع حواف نقطية A4 أن تشهد على ذلك ـ المقالات والقصص ونصف الروايات المكتوبة على ورق بحجم بالإضافة إلى دفاتر الملاحظات المليئة بالخربشة المكثفة هي الأدلة. هناك القليل جدًا من الأدلة الحسية في كتاباتي خارج سماء ألمانيا الرمادية العالية؛ مجرد كلمات تراكمت على الكلمات.

كانت أول ذكرياتي عن التحديق إلى الأعلى وإلى الخارج عند وصولي إلى اسكتلندا من برلين في سن الخامسة والعشرين، بعد أن قمت برحلة بالقطار بين المدن من برلين. عند نزولي من حافلة المطار، فتحت عيني على ما يقع أمامهما: الجبال والبحيرات والغابات من حولي.

لفتت اسكتلندا انتباهي على الفور بزواياها الحادة وألوانها المتتالية من اللون الأخضر والخلنج والضوء الاستثنائي. لقد أذهلني الصمت بمناظره الطبيعية المذهلة من الزوايا الزاوية، والألوان المتتالية من اللون الأخضر والخلنج، واللمعان غير العادي؛ لقد وجدت العزاء هناك من حيرتي وقلقي من خلال التقليل من أهمية وجودهم؛ لقد ساعدتني هذه التجربة في التعرف ليس فقط على العظمة، بل على الواقع الراسخ الذي بدأ من الاضطرابات الجيوسياسية العالية؛ كانت هذه التجربة بمثابة بداية الحياة الروحية بالنسبة لي شخصيًا.

كجزء من محادثاتي اليومية، يأتي الجمال بشكل متكرر: مظاهره المتنوعة وطبيعته المستندة إلى الواقع كما يمكن أن يكون الخطاب السياسي. غالبًا ما يُطرح هذا الموضوع أثناء المناقشات مع العلماء: فالفيزيائيون والرياضيون الذين يتعاملون مع الرياضيات لديهم مفردات وفيرة لوصف الجمال؛ إذا كانت المعادلة لا تتوافق مع هذا المعيار الجمالي، فغالبًا ما يؤكدون أنها ربما تكون خاطئة، في حين أن علماء الفلك وعلماء الفيزياء الفلكية الذين يستخدمون التلسكوبات وموجات الراديو من قبل الزمن يمكنهم أيضًا زرع بذور الجمال في مخيلتنا الجماعية.

مع مرور الوقت، ربط شركائي في المحادثة من المسلمين بين الجمال والفضيلة الروحية: الجمال كقيمة أخلاقية أساسية. تلقيت هذه الهدية لأول مرة بمجرد وقوع أحداث 11 سبتمبر من أستاذ القانون بجامعة كاليفورنيا، خالد أبو الفضل، الذي التقيت به من خلال حوار عام في لوس أنجلوس مع الحاخام هارولد شولويس. لقد وضع خالد حياته على المحك للدفاع عن الإسلام ضد المتطرفين. ولد ونشأ في كل من مصر والكويت، ونجا من التطرف بأعجوبة عندما كان شابا. ويؤكد أن مفتاح مستقبل الإسلام يكمن في إعادة اكتشاف قيمته الأخلاقية الأساسية للجمال. الله يُبهج بالجمال؛ الإسلام يعلم وهو الجمال . الجمال يكمن في الخلق وليس في الدمار والتوازن؛ وتجسيده يكمن في الإنسان وقدرته على تطبيق النصوص المقدسة في الخلق والمعرفة التي تنمي وتثري.

وفي الحدث الذي أقيم في لوس أنجلوس ذلك المساء، ردد الحاخام شولويس عبارة يهودية توراتية مثيرة للذكريات: "جمال القداسة". ووفقا له، فإن هذا الجمال يمثل الكمال ـ وليس مجرد الأشكال والأشكال ولكن العلاقات أيضا. لقد تم دحض قوة تقسيم الدين منذ زمن طويل منذ أن اخترعها البشر ـ على عكس الله نفسه! لقد استكشفنا معًا بعضًا من أصعب قضايا الحياة مثل لماذا يكمن الدين، للمفارقة، في قلب هذا العنف والحرب ـ مما يقودنا إلى مسارات غير متوقعة؛ نحو نوع آخر من النقد الذي أتاح لنا البصيرة والمنظور الذي جلب البصيرة.

وناقش هؤلاء المتدينون، من اليهود والمسلمين، ما يمكن أن تكشفه الأعمال التي تتم باسم الدين عن مؤلفيها: هل هو جميل أم قبيح؟ كان هذا السؤال بمثابة اختبار لتقييم ما إذا كان أي عمل يتم تنفيذه تحت رايته يمكن أن يظهر تقديسًا لإله محب ورحيم كان بإمكانه خلق كل هذا الجمال؟

من الناحية الثقافية، يمكن أن يكون الجمال مصطلحًا صعب التعريف؛ لقد اعتدنا على رؤية الكمال على أغلفة المجلات باعتباره فكرتنا عن الجمال؛ ومع ذلك، كما تميّز جون أودونوهيو في كتاباته الرائعة وفلسفته عن

الجمال: فالسحر كلمة أخرى. أستخدم تعريفه لأغراضي الخاصة المتمثلة في التعرف على كل الفروق الدقيقة في تجربتنا اليومية. الجمال هو ما يعزز الحياة بالنسبة لنا بطريقة ما، وقد ظهر جون أودونوهيو نفسه من كونيمارا في غرب أيرلندا للحصول على الإلهام عند إنشاء أعماله الفلسفية. والشعر والشعر عن الجمال الذي إكان نتاجه الإبداعي للشعر والفلسفة والشعر لإنتاج أعماله وجعلني آخذ تعريفي: الجمال يجعلنا نشعر بالحياة

.استمع إلى الحوار المتبادل بين جون أودونوهيو والمؤلف

منطقة بورين، المصنوعة من الحجر الجيري، هي ذات مناظر طبيعية صارخة وجميلة. غالبًا ما أشعر كما لو أن أشكالها قد تم إنشاؤها بواسطة نوع من الإله السريالي المجنون. عندما كنت طفلاً، خرجت إلى تلك البيئة، وكان ذلك بمثابة دعوة لمخيلتي للانطلاق! علاوة على ذلك، فإن قربها من المحيط يعني أن هناك حوارًا قديمًا يدور بين البحر والحجر؛ شيء يعترف به الخيال السلتي: المناظر الطبيعية كانت حية! يذكرك المشهد الطبيعي بالسكون والعزلة والصمت حتى تتمكن حقًا من تقدير هدايا الوقت وتقديم لحظات تقدير لحظات !السكون والعزلة والصمت حتى تتمكن من استقبال الوقت حقًا

كان جون أودونوهيو يتحدث بشاعرية عن خلق المناظر الطبيعية الداخلية الخاصة بنا من الجمال للحفاظ على حيويتنا حتى في ظل الظروف المحيطة والتجارب القاسية والخطرة. لقد أعطى صوتًا لهذه العلاقة بين السلام .الداخلي والرفاهية الجسدية
.كانت كلمته المفضلة هي العتبات. حواف الحياة هذه حيث يصبح الواقع أكثر وضوحًا وصرامة

.استمع إلى هذا الحوار بين جون أودونوهيو والمؤلف

كما تشير جذورها، فإن "العتبة" مشتقة من "الدرس"، وهي عملية فصل الحبوب عن القشور. لذلك، يمكن النظر إلى العتبة على أنها المكان الذي ينتقل فيه المرء إلى قدر أكبر من الأهمية والتحدي والاكتمال المستحق في حياته. هناك الكثير من هذه العتبات الموجودة في كل مكان ننظر إليه ـ فكل حياة تمثل عقبات كبيرة في رحلتها. تخيل أنك في منتصف حياتك المسائية المزدحمة، مع 50 شيئًا على جدول أعمالك، عندما يتوفى فجأة شخص تحبه بشكل غير متوقع؛ كل ما يتطلبه الأمر لنقل هذه المعلومات إلى كل من حولك هو 10 ثوانٍ فقط في مكالمة هاتفية. ولكن بمجرد ترك الهاتف جانبًا، تظهر حقيقة مختلفة. لقد ذهب كل ما كان يبدو مهمًا من قبل، والآن تحول تركيزك؛ كل تلك المخاوف التي كانت لديك أصبحت فجأة غير ذات صلة الآن بعد أن تغير كل شيء. لذلك، في حين أن ما يبدو أرضًا صلبة وصلبة نقف عليها قد يبدو للوهلة الأولى هناك، فهو في الواقع مؤقت للغاية؛ تمثل العتبات خطوطًا تفصل بين منطقتين من الروح والتي غالبًا ما تحدد من يعبرهما .بنجاح أم لا

أين يكمن الجمال في ذلك؟

حيث يكمن الجمال ـ الجمال أكثر من مجرد عمق الجلد. الجمال يكمن في صيرورة جوهرية أكثر تقريبًا؛ عندما نعبر عتبات جديدة بأناقة وأناقة، فإننا نتحرر من الأنماط التي جعلتنا عالقين في مكان ما من قبل. ولذلك، فإنني أعتبر الجمال يدور حول الامتلاء الناشئ مع زيادة النعمة والأناقة التي تخلق العمق بالإضافة .إلى توفير العودة إلى الوطن لذكريات حياتنا التي تتكشف
تأكيدك صحيح في ملاحظة كيف أننا غالبًا ما نربط الجمال بالسحر. أعتقد أنه عندما نسمع أو نفكر في كلمة الجمال في المحادثة العامية، قد يتخيل الناس صورة لوجه رائع (أو ربما مجرد "جمال") تتبادر إلى أذهانهم على الفور؟ لذلك عندما يذكر شخص ما الجمال، ما هي الصور التي تتبادر إلى ذهنك؟

عندما أفكر في الجمال، تتبادر إلى ذهني على الفور بعض وجوه الأشخاص الذين أهتم بهم. وفي أوقات أخرى، تتبادر إلى ذهني أيضًا المناظر الطبيعية الجميلة التي أعرفها. عندما أفكر مرة أخرى في تجاربي الخاصة من اللطف الذي قدمه الأشخاص الذين اهتموا بي في الأوقات التي شعرت فيها بالعجز أو عندما كان حبي واهتمامي بحاجة إلى تعزيز. كثيرًا ما أفكر في هؤلاء الأبطال المجهولين، الذين غالبًا ما لا يراهم الآخرون، والذين يظلون أبطالًا مجهولين بالنسبة لي، ومع ذلك فهم الأبطال الحقيقيون المجهولون: أشخاص من المحتمل ألا يتم ذكر أسمائهم أبدًا ولكنهم يثابرون في مواجهة الظروف الرهيبة ومع ذلك يجدون طرقًا للتحرر وتقديم الهدايا. الإمكانية والخيال والرؤية. عندما يتعلق الأمر بالجمال، تتبادر الموسيقى إلى ذهني دائمًا: الموسيقى نفسها هي مصدري. بينما الشعر أيضًا يمثلها على أكمل وجه؛ أجد الجمال هناك أيضًا ـ لكن الموسيقى تبدو أقرب إلى اللغة التي تحب أن تصبح عليها إذا أتيحت لها الفرصة.

امتدت محادثتي مع جون أودونوهيو لأكثر من ساعتين وكانت مبهجة. ولسوء الحظ، بعد شهرين من مقابلتنا، عن عمر يناهز 52 عامًا، توفي فجأة أثناء نومه تاركًا وراءه شعرًا وبركات لا تعد ولا تحصى؛ تم بث مقابلتنا كذكرى واحتفال؛ الحياة هي دورة الخسارة بقدر ما يوجد الجمال فيها.

عندما أعتبر الجمال جزءًا لا يتجزأ من الحياة، أجد نفسي أتساءل عن طبيعته بقدر ما أتساءل عن الكربون والكلوروفيل ـ هل يمكن حقًا اعتبار الجمال أحد العناصر الأساسية للحياة؟ قد يوفر الجمال الحياة والأمل وحتى السمو لعالمنا الطبيعي وعلاقاتنا بين الدين وغير الدين على حدٍ سواء. هل يمكن أن يكون الجمال بمثابة جسر قد نعبره أحيانًا للتواصل مع بعضنا البعض؟ أصبح الآن الإصرار على الجمال في الأماكن المادية حيث نتعلم ونلعب ونعمل ونتعافى: الإصرار على الجمال في مساعي أكثر إرضاءً وتأكيدًا للحياة؛ يساعد الاهتمام بالجمال في الآخرين على إعادة توجيه أولئك المنخرطين في "الإحسان/التنمية"/التنمية للانتباه إلى جمالهم بدلاً من ذلك ـ إعادة توجيه مسارهم بعيدًا عن الإحسان/التنمية نحو الاهتمام بجمالهم وبالتالي إعادة التوجيه بعيدًا عن الإحسان/التنمية نحو الاهتمام بالجمال في الآخرين. وإعادة التوجيه بعيدًا عن الأعمال الخيرية/التنمية من خلال الاهتمام بالجمال الموجود في الآخرين بدلاً من ذلك؛ إعادة التوجيه بعيدًا عن الأعمال الخيرية/التنمية ـ نحو حضور كل فرد بدلاً من إيلاء المزيد من الاهتمام لجماله من حضوره قد يساعد في بناء جسور الاحترام/المصالحة بين الأحزاب السياسية/إلخ... وإلى هذا الحد يتطلب هذا الإصرار على الجمال في المساحات المادية حيث يمكن أن يساعد التعلم/اللعب/العمل/الشفاء في تواضع الناس أو إنقاذهم من خلال القيام بذلك مما يجعل كل هذه المساعي أكثر إثمارًا/التخلص من الجريمة من خلال حضور/المساعدة في الإساءة ـ "الأعمال الخيرية/التنمية" ذات الصلة بالأهمية. إن الاهتمام بالجمال لدى الآخرين هو ببساطة إعادة توجيه ـ العودة إلى الوراء ـ وبالتالي مساعدة جمال بعضنا البعض بدلاً من ذلك ـ وبالتالي إعادة التوجيه بدلاً من ذلك نحو "الإحسان/الدين وإنقاذنا بدلاً من ذلك ـ وضع كل ـ ــــ هذا القرن الآن ــــ الرعاية وبالتالي يتم استخدامها للشفاء بدلاً من الأعمال الخيرية/الشفاء الأكثر مكافأة أو الشفاء الأكثر جمالاً هو منح الحياة في هذا القرن ـ من أجل "الإحسان مقابل المزيد من العطاء بدلاً من الحياة بدلاً من الاهتمام بمزيد من الحياة ـ المزيد من الحياة في العطاء من الآن إلى ' . "تطوير". إن الاهتمام ببعضنا البعض قد يساعد في توفير المزيد مما هو مطلوب بدلاً من ذلك. "الاهتمام بجمال الآخر بدلاً من الأعمال الخيرية/التنمية".

لقد فقد البشر القدرة على تحديد الآخرين باعتبارهم مشكلات يجب حلها ومساعدتها. جاكلين نوفوغراتز، التي تعمل في بعض أفقر الأماكن في جميع أنحاء العالم، غالباً ما تطرح هذا السؤال لتستدعي الوفرة الداخلية: ماذا تفعل عندما تشعر بالجمال؟

في هذه الأيام، أجد نفسي منجذبًا بشكل متزايد إلى أعمال اللطف وأعمال الخير ـ الأعمال التي تجلب الجمال إلى الوجود، وتدمج ظلاله في اللحم والدم، والزمان والمكان. يصبح الجمال لحظات مرئية وملموسة عندما يتواصل البشر ليتلامسوا مع بعضهم البعض بالإنسانية. قبل وفاته في عام 2013، أخبرنا روبرت بيلا، أحد أبرز علماء الاجتماع في العالم، أن وجهة نظره قد تغيرت بسبب إدراك واحد على وجه الخصوص: عندما بدأت الثدييات في الولادة من داخل نفسها أصبحت الحياة الروحية ممكنة. يحتاج كل من البشر والقردة إلى رعاية أبوية حتى تتمكن ذريتهم من البقاء على قيد الحياة؛ ومع طول هذه الفترة، يخلق عجز الأطفال مساحة للتليين والتجريب والإبداع في فهم الذات والحياة المشتركة ـ وهو تحرك محوري من الخوف إلى الاهتمام بما يتجاوز الذات ـ وقد اعترفت الأديان بهذه الحقيقة منذ فترة طويلة وترجمتها إلى لغتها. الرحمة مأخوذة من "الكلمات العبرية والعربية التي تعني "الرحم.

* عندما غادرت برلين منذ تلك السنوات، بدأت أتساءل عن حياة السلطة والنجاح التي تعرضت لها خلال نشأتي. على الرغم من أن دراسة اللاهوت لم تقودني إلى أن أصبح قسًا مرسومًا؛ بل قدمت حافزا للتفكير في الحياة بشكل عام. لقد درست الروحانية لاستكشاف المعنى والفروق الدقيقة الضرورية لمفاهيم مثل القوة والسلطة في حياة الإنسان وكذلك لتطوير مخيلتي وإمكاناتي الأخلاقية. ولدهشتي، سرعان ما أصبحت الحياة الروحية واحدة من اهتماماتي المركزية. وأردت التأكد من أنه قادر على معالجة تعقيد الواقع الذي مررت به. لذلك، إلى جانب اكتشاف المتصوفين الذين يستكشفون التعالي المتجسد، أوليت اهتمامًا خاصًا للأماكن التي ترتبط فيها الرؤى الروحية بالتناقضات المتجسدة الصعبة الموجودة في الوجود اليومي للإنسان. لقد استحوذت L'Arche دائمًا على اهتمامي، حيث تتحدى مفاهيم القوة والحياة الطبيعية من خلال العيش المجتمعي بين الأشخاص ذوي الإعاقات الجسدية والعقلية. داخل مجتمعاتهم، يمارس الغرباء الرعاية بنفس القدر من القسوة والعطاء مثل الروابط التي نشأت عند الولادة ـ مما يوفر المساعدة التي تشتد الحاجة إليها لأولئك "العاجزين". يتم التعرف على الأفراد ذوي الإعاقة داخل المنظمة ويعتبرون أعضاء أساسيين، حيث يعمل المشاركون الأصحاء كدعم.

قدّمني هنري نووين إلى لارش عندما قرأت أحد كتبه؛ في ذلك الوقت كان مدرسًا روحيًا محترمًا وكاتبًا معروفًا بالتدريس في جامعات نوتردام وييل وهارفارد ـ قبل أن يعلن علنًا أنه "منهك". أمضى سنواته الأخيرة من حياته في العمل كمساعد مقيم في مجتمع L'Arche Daybreak في تورنتو. وأوضح: "لقد انتقلت من مؤسسة للألمع والأفضل إلى سجتمع يحاول فيه الأشخاص المعاقون عقلبًا ومساعدو هم العيش معًا وفقًا لمبادئ التطويبات. ويستضيف منزلي الآن 10 أشخاص جميعهم يشكلون جزء من عائلتي ـ تدريجيًا، أنسى من هو معاق أم لا؛ نحن فقط جون، بيل، تريفور، ريموند روز، ستيف جين، نعومي، هنري آدم". في بداية مغامرتي الإذاعية، قمت بنفسي برحلة حج إلى لارش. أثناء سفري عبر ولاية أيوا على امتداد نهر المسيسيبي المثالي، اكتشفت مجتمعًا ثوريًا بين المنازل المطلية بالباستيل في شارع سكني ـ لارش! في البداية، استغرق الأمر من عيني وروحي المنطوية بعض الوقت للتكيف مع هذا القطاع غير المألوف من البشرية الذي اختبر أحد أكثر التعاليم الروحية تناقضًا: يمكن أن يكون هناك نور في الظلام، وقوة في الضعف، وجمال حتى في انكسار الوجود الإنساني. . لكن جرأتهم لا تكمن في اللاهوت؛ بل يستلزم العيش بشكل حيوي في المواد الخام المعطاة وغير الكاملة للحياة اليومية. "متع الحياة البسيطة" لم تجلب قط مثل هذا الضحك والمتعة: الطبخ وتناول الطعام معًا وغسل الصحون؛ ترك العمل في الصباح الباكر والعودة في وقت متأخر من الليل؛ يمشي عبر الأحياء أو رحلات إلى المكتبات؛ تأليف الموسيقى أو مجرد ممارسة الألعاب معًا ـ كل هذا يشكل جزءًا من الحياة اليومية هنا. نادرًا ما أختبر مثل هذا العناق السخيّ من الغرباء وأقدّر ذلك كثيرًا، بينما في الوقت نفسه، وبما لا يتعارض مع هذا، تمت معالجة واقع الحزن والنقص والنضال الذي يشبه وجود عائلتك الخاصة. الشخص المختار L'Arche يواجهه الإنسان بشكل أكثر وضوحًا في كل لحظة الذي يمس حياة الكثير من الناس على طول الطريق. بينما كنت أتنقل في لقاءاتي اليومية مع أعضاء

الأساسيين، شاهدت كيف أن وجودهم أزعج أولئك الذين التقوا بهم قليلاً؛ مما يجعلهم أكثر سعادة L'Arche ورشاقة. سائقو الحافلات، وأمناء المكتبات، والمشرفون في العمل ـ بما فيهم أنا! لقد كان أمرًا لا يصدق حقًا. الفرح والنعمة المنتشرة في الأجساد تركت أثراً في نفسي؛ ولا يزال قائما حتى اليوم بعد سنوات عديدة.

جان فانييه، الفيلسوف والإنساني الكاثوليكي الذي أسس لارش، كثيرا ما يقتبس من الأم تيريزا: "أحد الحقائق التي نحن مدعوون لتحملها هو الانتقال من النفور إلى الرحمة ومن الرحمة إلى الدهشة". كلما جلست معه لنقاش مطول بعد سنوات من متابعة أعماله، أقدر إصراره على استخدام الواقع بمعناه الحقيقي: حب الواقع دون رغبات وهمية لما كان يمكن أو ينبغي أن يكون. إن حب الواقع بكل عيوبه يسمح لجان فانييه باكتشاف الله الحاضر والحي داخل نفسه وفي العالم الذي يسكنه.
إن التعجب من وجه الآخر هو طريقة أنيقة لتجاوز التسامح البسيط.
لم تنبئ حياة جان فانييه المبكرة بمساره النهائي إلى السياسة أو القيادة. وبدلاً من ذلك، جاء من عائلة فرنسية كندية مؤثرة، وانضم إلى الكلية البحرية الملكية في سن السادسة عشرة وتولى في النهاية قيادة حاملة طائرات عندما كان لا يزال صغيرًا. ومع ذلك، كان عقله مستهلكًا بأسئلة حول المعنى والقوة. لذلك أمضى عامًا واحدًا منغمسًا في مجتمع تأملي مكرس للعمل مع الفقراء والصلاة ودراسة الميتافيزيقا. استكشف جان فانييه مفهوم أرسطو عن "أخلاق الرغبة" وأصبح أستاذًا للفلسفة في كلية سانت مايكل في تورونتو. ومع ذلك، في عيد الميلاد عام 1963، سافر جان فانير إلى فرنسا لزيارة صديق يعمل قسيسًا للرجال ذوي الإعاقات العقلية. لقد تأثر بشكل خاص بملجأ واسع النطاق جنوب باريس حيث كان ثمانون رجلاً بالغًا لا يفعلون شيئًا طوال اليوم سوى التجول في دوائر وأخذ قيلولة لمدة ساعتين، غالبًا مرتين كل يوم. مستوحى من هذا المشهد، قام في النهاية بشراء منزل صغير قريب ودعا اثنين من هذا الملجأ لمشاركة الحياة معه. حققت لارش نجاحًا عالميًا، ويوجد اليوم 147 مجتمعًا للارش منتشرة في 35 دولة، وتعمل كأماكن حج لجميع أنواع الأشخاص وتوفر الضيافة كجزء لا يتجزأ من الرحمة. كان جان فانير يدير معتكفًا لطلاب الجامعات من جميع أنحاء الولايات المتحدة في ماريلاند. لقد أجريت معه مقابلة كجزء من هذه التجربة. التقيت ببعضهم، وقد أشرقوا تمامًا كما فعلت كلينتون معي قبل سنوات. والأجمل من ذلك كان هذا الرجل الذي يتمتع بدفء هائل ومكانة أنيقة كقائد بحري كما كان في السابق. وعلى غرار دان باربر، فقد ربط بين السلوك القائم على المتعة والاعتبارات الأخلاقية.
استمع إلى هذه المحادثة بين جان فانير والمؤلف.

تشير تعليقاتك إلى أن أخلاقيات الرغبة عند أرسطو ذات صلة بيومنا هذا: فالناس يرغبون في وجود معنى لحياتهم، وهو أمر أدركه أرسطو وكانوا سيجدونه مثيرًا لو لم يكن أرسطو على قيد الحياة اليوم! وفقًا لمقالك، "إن أخلاقيات الرغبة هي أخبار جيدة في وقت أصبحنا فيه حساسين تجاه أخلاقيات القانون". قد يقارن البعض حياتك وعملك بمجتمعنا القائم على الترفيه والبحث عن المتعة؛ ومع ذلك، عند مناقشة أرسطو، ما أسمعه عندما أتحدث معك عنه هو أن أرسطو لا يدين غريزتنا الأساسية للمتعة، بل يقترح بدلاً من ذلك أخذ هذا الدافع بشكل أعمق والمضي به إلى أبعد من أي وقت مضى ـ وهو ما يقترحه أرسطو.

إن العثور على الأنشطة التي تجلب أكبر قدر من المتعة هو أمر أساسي. في حين أن هذا قد يعني بالنسبة لبعض الناس شرب الويسكي، إلا أنه بالنسبة لي كانت الفلسفة والمسيح والعدالة والنضال هي التي وفرت هذا الشعور بالرضا والسرور في حياتي. وعلى الرغم من وجود صعوبات وصراعات خلال رحلتي نحو السعادة ـ إلا أنها كانت دائمًا ممتعة وممتعة!

تحدث معي، مع ذلك، حول كيفية ارتباط المتعة بالمكان الذي أشعر فيه أنك وجدت هدفك أو فهمت ما هو ذو معنى بالنسبة لك. بعد عودتك إلى فرنسا والالتقاء بالرجال في أحد الملاجئ، ضرب شيء ما على وتر حساس ومنذ ذلك الحين حدد مسار حياتك في هذا الصدد.

نعم، لقد عدت إلى المتعة ورغباتي الخاصة وكذلك رغباتك ـ أعمق ما لدي وكذلك رغباتك. ينبغي تقدير رغبتنا النهائية؛ ينبغي أن يكون هذا هو ما يدفعنا جميعًا إلى الأمام. يميز أرسطو بشكل مهم بين أن تكون محبوبًا وأن تكون محل إعجاب؛ عندما يعجب الناس بشخص ما فإنهم يضعونه على الركائز؛ ولكن عندما يحب الناس شخصًا ما، فإنهم يريدونه معًا. لذا، في المرة الأولى التي التقيت فيها بأشخاص ذوي إعاقة، أذهلني حقًا صرختهم من أجل إقامة علاقة؛ كان بعضهم في مستشفيات للأمراض النفسية بينما تعرض الجميع للأذى والرفض بشكل أو بآخر. سأل يسوع بطرس: هل تحبني؟ وشعر المجروحون والمهجرون بنفس السؤال: كل ذلك يجتمع في صرخة واحدة: لا تحبني.

ليس فقط فيما يتعلق بالإعاقة، لقد أشرت إلى أن السؤال الشامل هو كيف يمكننا مواجهة الألم كبشر؟ إن جميع أنواع المعاناة والضعف تثير قلقنا كأفراد وتفسر لماذا تصبح عبئًا مؤلمًا على المجتمع ـ ومع ذلك يتم التعامل معها بشكل سيء للغاية؟

هناك العديد من العناصر المعنية هنا. أولاً، نحن لا نعرف كيف نتعامل مع آلامنا؛ إذًا كيف يُتوقع منا أن نستجيب عندما يعاني الآخرون من المعاناة؟ بالإضافة إلى ذلك، عندما يتعلق الأمر بنقاط الضعف، فإننا لا نعرف أفضل السبل لإخفائها أو إخفائها ـ وبالتالي نجد أنفسنا ليس أمامنا خيار آخر سوى التظاهر بعدم وجودها. كيف يمكننا أن نقبل ضعف الآخرين بشكل كامل عندما لا نعترف بضعفنا؟ تحدث مارتن لوثر كينغ بقوة ضد مثل هذه الممارسات؛ غالبًا ما ركزت أسئلته على سبب احتقار مجموعة ما ـ مثل الأشخاص البيض ـ لمجموعة أخرى ـ مثل السود. وهل سيبقى الأمر على هذا النحو دائمًا؟ هل سيكون لدينا دائمًا نخب تدين أو ترفض من تعتبرهم غير جديرين؟ وهو يطرح شعورًا قويًا لا يصدق: أنه حتى ندرك ونحب ونقبل ما هو حقير في داخلنا فسوف نحتقر الآخرين؛ قد تكون هناك عناصر غير سارة في أنفسنا ولكنها تشكل جزءًا مما نحن عليه ككائنات فانية.

كما لاحظت كثيرًا، لدينا جميعًا نقاط ضعف وقيود وتشوهات لا تظهر دائمًا على سطح أجسادنا. ومع ذلك، عندما يظهرون، نتراجع في حالة صدمة. لقد كتبت من وجهة نظر روحية أن الفشل المهمش والمدروس يمكن أن يساعد في إعادة التوازن إلى عالمنا ـ هل يمكنك شرح ذلك لي؟

يمكن للقوة في كثير من الأحيان أن تحدد التوازن في عالمنا؛ إن امتلاك المزيد من المعرفة أو القدرة أو القوة يسمح للشخص بفعل المزيد، في حين أن التمسك بهذه السيطرة يمكن أن يحبط الناس بسرعة. أنا أعلم، وأنت لا تعرف. وهكذا يتكشف تاريخ البشرية. وهذه أيضًا هي مهمة التعليم ـ إعداد الأفراد ليصبحوا قادرين ويأخذون مكانهم الصحيح داخل المجتمع ـ وهو ما له بلا شك قيمة هائلة. لكن هذا لا يُقارن بتعليم الناس كيفية التواصل والاستماع والتصرف على طبيعتهم، بل إنه يوفر توازن القلب. فكر في ما يحدث داخل العائلات أو داخل الأطفال عندما يكون أحد الوالدين قويًا جدًا مقارنة بأب آخر قد لا يكون كذلك. ولكن عندما يعود إلى المنزل، يجثو على يديه وركبتيه ليلعب مع الأطفال ـ وهو أمر يعلمونه إياه عن الحنان والحب والبحث عن احتياجاتهم كوالد والتواصل معهم. الأطفال كائنات رائعة لأن أجسادهم يمكن أن تظل موحدة بينما قد نعبر عن مشاعر واحدة بينما نختبر مشاعر أخرى تمامًا.

يعلمنا الأطفال عن الوحدة والإخلاص والحب ـ وكذلك الأشخاص ذوي الإعاقة. يُظهر البعض جمالًا رائعًا ونقاءً استثنائيًا ـ مما يذكرنا بأن الحياة لا تنطوي فقط على المنافسة بين الأفراد الأضعف والأقوى ولكن كل شخص يستحق مكانه.

ليس كحل بل كعلامة تنقل الرؤى والثقافات. على الرغم من أن تأثيرها الحقيقي L'Arche يصف جان فانير يظل من الصعب قياسه لحظة بلحظة أو الحياة بحياة؛ ومع ذلك لا يمكن إنكار وجودها؛ إن المطالبة بهذه الكلمة كما يفعل جان فانييه سيكون أمرًا مخادعًا.

كثيرًا ما يسألني الناس عن صفات الأشخاص الأكثر حكمة الذين قابلتهم. إلى جانب كل فضائلهم التي تدعم وترسيخ الحكمة، يبرز جان فانييه من بين تجربتي كشخص يجسد هذه السمة؛ الآخرون الذين التقيت بهم مثل ديزموند توتو، وانجاري ماثاي، وتيش نهات هانه لديهم حضور جسدي مماثل. كيف يبدو الأمر وما يمكنني الإبلاغ عنه: قدرة متجسدة على الاحتفاظ بالقوة والحنان معًا في تفاعل إبداعي غير متوقع واضح ومنعش ويصعب تحديده. لقد غيرت تجربتي في التعليم المبني على الوعي الذهني فهمي للقوة والغرض منها، وفي الوقت نفسه وسعت إحساسي بالحكمة المتجسدة ـ الحاضرة جسديًا والواعية روحيًا.

ملاحظات/ملاحظات نهائية/ملاحظات نهائية.

يعتبر بيسل فان دير كولك مبتكرًا في معالجة آثار التجارب الساحقة على الأفراد والمجتمع. عندما نواجهها في الحياة أو الأخبار، يُطلق على هذه الأحداث عادةً اسم الصدمة، ومع ذلك كثيرًا ما يستخدم الناس العلاج بالكلام وحده كحل لهم. إنه يعرف كيف تترك تجارب معينة انطباعات دائمة في داخلنا لا يمكن التعبير عنها بالكلمات ـ بينما تهتم أدمغتنا بإصلاح أنفسنا جسديًا بعد ذلك.

استمع إلى هذا الحوار بين تشارلز داروين وبيسيل فان دير كولك والذي يعود إلى عام 1872! كتب تشارلز داروين كتابًا بعنوان "العواطف" يناقش فيه كيف تظهر المشاعر مثل وجع القلب أو آلام المعدة جسديًا. التجربة محسوسة جسديًا. ومع ذلك، عندما يجد الناس أنفسهم منزعجين ومكتئبين باستمرار، فإنهم غالبًا ما يلجأون إلى محاولات إخفاء مشاعرهم عن أنفسهم وقطع أي اتصال بأجسادهم.

إحدى طرق القيام بذلك هي من خلال تعاطي المخدرات والكحول. هناك طريقة أخرى وهي إيقاف الوعي العاطفي بجسمك. في مركز الصدمات لدينا وفي عيادتي، نسبة كبيرة من المرضى المصابين بصدمات نفسية الذين نراهم، أود أن أقول حوالي 70٪، قد قطعوا علاقتهم بأجسادهم. فلا يشعرون بما يحدث في داخلهم ولا يسجلونه عندما يتغير شيء ما؛ لذلك أصبح من الواضح جدًا أننا بحاجة إلى مساعدة الناس على الشعور بالأمان من خلال استشعار الأحاسيس داخل أجسادهم، وبناء علاقة مع الحياة في كائناتهم كما يطلق عليها غالبًا.

ماثيو سانفورد هو مدرس يوغا مشهور عالميًا. بعد تعرضه لإصابة في النخاع الشوكي عندما كان مراهقًا، لم يتذكر الحادث الذي جعله مصابًا بشلل نصفي؛ ومع ذلك يتذكر جسده. وقد أطلق على هذه الظاهرة اسم "ذاكرة الجسد"، على غرار فكرتك القائلة بأن الصدمة لا تترك بصماتها على أذهاننا فقط. وقد بدأ مؤخرًا العمل مع المحاربين القدامى وكذلك النساء اللاتي يعانين من فقدان الشهية ـ حيث أن فهم هوسهن بقضايا الجسم قد ينبع في الواقع من تعرضهن لصدمة نفسية بطريقة ما.

إن إدراك كيفية تحرك جسمك والحياة داخل نفسك أمر بالغ الأهمية. الثقافة الغربية غير مجسدة بعمق؛ أحب أن أشير إلينا على أننا قادمون من ثقافة ما بعد الكحول. لم يكن لدى الأشخاص الذين نشأوا في شمال أوروبا سوى طريقة واحدة للتعامل مع أي ضائقة: الكحول.

لا تزال ثقافة أمريكا الشمالية تديم هذا الافتراض بأن تناول شيء ما للتخفيف من أي مشاعر البؤس سيعيد التوازن داخل نفسك. لكن لسوء الحظ، هذا الاعتقاد غير صحيح! ببساطة، لا يوجد شيء يمكنك القيام به لتغيير مدى انسجام كيانك الداخلي.
يمكن العثور على التعليم حول الدين في المدارس وفي ثقافتنا وكنائسنا وممارساتنا الدينية ـ ولكن إذا نظرنا حول العالم فسنرى أن معظم الممارسات الدينية تبدأ بالرقص أو الحركة أو الغناء أو التجارب الجسدية ـ ولكنها أكثر "احترامًا" يصبح الأفراد، وحركاتهم تصبح أكثر صلابة بطريقة أو بأخرى.

كان اقتباسك حول كيفية توفير اضطراب ما بعد الصدمة المدخل إلى التحقيق العلمي في المعاناة الإنسانية ملفتًا للنظر ومهمًا، بالنسبة لي شخصيًا يمثل رؤية روحية عميقة في هذا المجال.

وقد تطور هذا المجال في اتجاهين. الأول هو الصدمة والبقاء والمعاناة؛ ثانيًا، يدرس الناس الروابط الإنسانية من وجهة نظر أكاديمية وعلمية. قد تكون الصدمة هي ما أثار اهتمام الناس في البداية، لكنني أعتقد أننا قطعنا شوطًا طويلًا منذ ذلك الحين في فهم المزيد من الروابط الإنسانية كشكل من أشكال الفن والمجال العلمي.

أصبح العلم أيضًا وسيلة قوية للاكتشاف من خلال البحث العلمي في الروابط البشرية، وتحديدًا عندما يتفاعل شخصان. يبحث العلماء عما يحدث بالضبط عندما يرى شخصان بعضهما البعض، أو يستجيبان لبعضهما البعض، أو يعكسان بعضهما البعض، أو يتحركان معًا ـ فالرقص أو الابتسام أو التحدث هي أمثلة على جسدين متحدين جسديًا معًا في اتصال. يدرس مجال كامل يسمى علم الأحياء العصبية بين الأشخاص كيفية تواصلنا مع بعضنا البعض ـ وخاصة كيف تؤثر التفاعلات المبكرة على نمو الدماغ.

تظهر دراستك بالفعل أن تعلم كيفية العيش في أجسادهم ويصبحوا أكثر وعيًا بذواتهم يمكن أن يبني المرونة عند التعرض للصدمات.

قطعاً. هناك عنصران في العمل هنا. أولاً، حتى عندما يكون دماغك الزاحف هو المسؤول، فإن التنفس بهدوء في جسمك يمكن أن يساعدك على ملاحظة حدوث المواقف العصيبة والشعور بأن شيئًا خارجًا عن المألوف قد يكون في العمل.
مرة أخرى، لا يدرك الأشخاص المصابون بصدمات نفسية في كثير من الأحيان أن شيئًا غير سار يحدث لهم ولا يسمحون لتلك التجارب بالسيطرة عليهم؛ يميل الأشخاص المصابون بصدمات نفسية إلى عدم الاعتقاد بأنهم يمتلكون أنفسهم بعد الآن، وبدلاً من ذلك يسمحون لأشياء أخرى بالسيطرة عليهم. وكما تعلمنا، فإن القدرة على الصمود أمام الصدمات تكمن في امتلاك المرء نفسه بشكل كامل وتحمل المسؤولية عن قراراته وأفعاله. لذلك، فإن كونك صادقًا مع نفسك وقبولك لما أنت عليه بشكل كامل يمكن أن يبني القدرة على الصمود في مواجهة الصدمات. لذلك عندما يقول شخص ما أشياء جارحة أو مهينة، بدلًا من الرد، اتبع النهج: راقب ثم قرر ردك وفقًا لذلك. لقد بدأنا نفهم حقًا كيف يمكن للبشر أن يتعلموا مهارة الملاحظة بدلاً من رد الفعل.

أريد فقط التأكيد على هذه النقطة، وهي أن كل شيء، في جوهره، يعود إلى الشعور بالأمان ـ وهو شعور جسدي وليس مجرد معرفة فكرية. كل شيء يرتبط هنا بطريقة أو بأخرى.

كجزء من علاج الصدمات، عليك أن تشعر وتعرف بالضبط ما يجري بداخلك؛ وهذا يعني استشعار ما يحدث في الداخل، ومعرفة مكان كل إصبع قدم وخنصر بالنسبة لأجزاء الجسم الأخرى، ومعرفة متى يصبح الأكل غير مريح، ومتى لا يذهب التبول إلى حيث ينبغي، وعندما تنشأ مشاكل في التنفس، وما إلى ذلك. كل هذه العناصر تصبح مختلة. عندما تضرب الصدمة وتتعرض جميع وظائف الجسم الأساسية للخطر؛ يجب أن يبدأ علاج الصدمات من الداخل لخلق مساحة آمنة حيث يمكن النوم والراحة والحركة؛ توفر آن هاميلتون مثل هذا النهج في علاج الصدمات لضمان نجاحه: النوم والراحة بالإضافة إلى السلامة والتحرر من تأثيرات الصدمة على وظائف الجسم التي تكون على علم بمجرد حدوث الصدمة؛ العلاج يجب أن يبدأ من هذه النقطة التأسيسية لذا يجب أن يبدأ العلاج من الداخل ـ يبدأ من داخل نفسك قبل الشروع في أي علاج يبدأ من الداخل؛ كل هذا يؤدي إلى أن علاج الصدمات يبدأ من داخل نفسك، لذلك يجب أن يبدأ علاج الصدمات باتصالات الجسم والعقل إذا لزم الأمر على هذا المستوى حتى يحدث التحول الناجح إذا بدأ علاج الصدمات ضمن هذا الإطار النظامي للنوم والراحة والاسترخاء الذي يمكن الشعور بالحركة الآمنة. يحدث هذا ضمن نظامنا التشخيصي الحالي للإجهاد، الصوديوم، الأفريقي، وهناك شيء آخر يبدأ هنا في آن هاميلتون، وهو أن جسمها بدأ هنا في نهجها في نهجها مع جسدها الفريد، وذلك بمجرد أن تعرف بالضبط أين يبدأ إصبع قدمها الأساس من حيث أن الجسم يبدأ بسرعة حيث يبدأ العلاج بضمان راحة النوم وضمان الراحة لمكوناته الأساسية كلها.

استمع إلى هذا التبادل بين آن هاميلتون والمؤلف ستيف مارتن.

كانت جدتي عزيزة جدًا عليّ، ولدي ذكريات جسدية حية عن الجلوس بجانبها على الأريكة عندما كنت صغيرًا، خاصة تحت ذراعها الذي كان ممتلئًا. كنا نقوم بالحياكة أو التطريز معًا، وكانت تقرأ لنا الكتب بصوت عالٍ بينما تظل أيدينا مشغولة بينما ينفتح جسمنا في الوقت نفسه لاستيعاب الصوت في الفضاء والتركيز على كلٍ من الصوت والمواد الموجودة تحت يدك والتي تتراكم بسرعات مختلفة؛ كلا التركيزين يوفران متعة فريدة من نوعها؛ يمكنك أن ترى أنها تنمو بشكل تراكمي خلال كل جلسة، مما يخلق رضاً مختلفًا من كل تجربة كانت مرضية حقًا.

وكانت تحيك البلوزات...

كانت البلوزات هي تخصصنا؛ التطريز، وخياطة اللحف، والحياكة... كل هذه المشاريع قدمت أنشطة مريحة للغاية للقيام بها معًا في أوقات التوقف عن العمل.

لقد قدمت نقطة ثاقبة. المنسوجات هي بالفعل أول منزل تسكنه أجسادنا؛ "المنسوجات بمثابة الهندسة المعمارية الأولية".

نعم. كيف نتعلم الأشياء؟ باعتبارنا أطفالًا أو طلابًا يتعلمون في بيئة تعطي أهمية كبيرة لهذه الأشياء، يمكننا تسميتها أو شرحها بشكل مباشر، ولكن هناك العديد من الطرق الأخرى التي نكتسب بها المعرفة من خلال بشرتنا، أكبر عضو في الجسم. لقد كانت يدي النسيج دائمًا وسيلتي الأساسية لاكتشاف الأشياء؛ كل من النص والمنسوجات تنبض بالحياة من خلال تجربتي عندما يتعلق الأمر بالنسيج؛ عندما بدأت في صنع أشياء من القماش لأول مرة، شعرت وكأنني جلد آخر يغطي ويكشف عن نفسه.

ـ أنت تطرح أيضًا مفهوم الخيوط: تلك المستخدمة في الخياطة وكذلك تلك التي تمثل الأفكار أو سطور الكلام وتناقش كيفية حدوث عمليات النسيج هذه مع كل من الكلمات والمواد.

قراءة الكتب فعل قديم وعالمي. يمكن للقراءة أن تنقلنا إلى ما هو أبعد من صفحاتها ـ فكلما انغمست في واحدة منها، كلما ابتعدت في الزمان والمكان عن نفسك وعن رؤى مؤلفها للواقع التي تأخذك إليها.

كما تتذكر من رؤية صور جدتك وهي تصنع التطريز والسترات الصوفية، قد تبدو هذه الممارسات بعيدة ومفقودة منذ زمن طويل ـ ولكن عندما نعيد اكتشاف هذه المهارات، فإنها تمنحنا شيئًا إنسانيًا ويمكن التواصل معه مرة أخرى في المجتمع.

وبما أنني أقوم بالتدريس في إحدى الجامعات، فمن المثير للاهتمام بالنسبة لي أن أفكر في المكان الذي تتناسب فيه المعرفة المتجسدة داخل مثل هذه المؤسسة التعليمية ـ وكيف ننميها ونثق بها ـ كمعلم.

لكن العلم أثبت أن كل هذه المشاعر التي نحاول وصفها تبدأ فعليًا في أجسامنا أولاً. قد تلعب الصدمة دورًا أساسيًا، لكن تجربتنا للعالم تتجاوز مجرد العمليات اللفظية أو العقلية ـ فهناك أيضًا هذا الجانب الاجتماعي المنسوج في الملابس أو كلمات القصص أو الكتب وهو أيضًا اتصالنا بجميع الأشخاص من حولنا.

حسنًا، لنعود إلى الحياكة للحظة: في بنيتها، تسمح لنا الحياكة برؤية كل حلقة لأعلى وحولها أثناء انزلاقها من خلال بعضها البعض؛ نحن أيضًا لا نفقد مسار جميع الأجزاء المكونة له ـ حتى عندما تنظر إلى الكل، فإنك لا تزال ترى جميع أجزائه، كما لاحظ باركر بالمر.
يجمع باركر بالمر الأشخاص من جميع الخلفيات عند تقاطع الروحانية والحياة المهنية والتغيير الاجتماعي. أجد كتابه "دع حياتك تتحدث" مؤثرًا بشكل خاص لأنه يكشف عن نوبتين معوقتين من الاكتئاب في الأربعينيات من عمره والتي أثبتت أنها أنقذت حياتي وحياة كثيرين آخرين ـ ومع ذلك فإن نصيحته تستمر في تقديم الحكمة إلى ما هو أبعد من الحدود المظلمة للاكتئاب.

استمع إلى حوار شيق بين المؤلف وباركر بالمر.

يتضمن كتابك وصفًا للاكتئاب السريري. تقول إحدى الجمل كما يلي: "لقد اعتنقت شكلاً من أشكال الإيمان المسيحي المكرس أكثر للمفاهيم المجردة عن الله بدلاً من الخبرة المباشرة لله تعالى: كيف نشأ الكثير من المفاهيم غير المجسدة من تقليد مع اعتقاده الأساسي في "الكلمة تصبح"؟ لحم".

إن التشكيك في تجربتي، خاصة وأن الاكتئاب يمكن أن يكون تجربة غامرة وتغطي الجسم بالكامل، هو شيء أتعامل معه على محمل الجد؛ يمثل الاكتئاب بمثابة دعوة لنا للنظر إلى أنفسنا بعمق أكبر مما كانت عليه عندما تكون الحياة مشرقة ومنسمة.

دعونا نتوقف هنا لثانية واحدة. لقد كانت هناك انتقادات منذ فترة طويلة بأن التقليد المسيحي لا يقدم الراحة للأشخاص الذين يعانون من شيء مثل الاكتئاب لأن المعاناة نفسها يمكن في بعض الأحيان تمجيدها. ومع ذلك، فإنك تغير هذه الصورة بالطريقة التي طبقتها بها في هذا الموقف بالذات.

أنا موافق. لسوء الحظ، في كثير من الأحيان في التقليد المسيحي هناك الكثير من الارتباك المحيط بالمعاناة، فيما يتعلق بهذا الجانب من الحياة الذي يتم تحريفه على أنه ذو معنى أو أهمية. لتمييز هذا في الحياة أمر ضروري للغاية.
لم تكن تجربتي في طفولتي مفيدة تمامًا في فهم هذا التمييز: كان المقصود دائمًا من الصليب أن يكون شيئًا إيجابيًا، حتى لو كان الأمر يتعلق بالمعاناة.

وجهة نظري للحياة هي أن الله الذي أعطاني إياها يريدني أن أختبر معانيها الأكمل والأغنى ـ وليس الموت"
المبكر والمؤلم." لتعيش الحياة بشكل كامل وجيد. حتى لو أخذني هذا إلى أماكن غير مريحة ـ مثل الدفاع عن
شيء أؤمن به ومن ثم رفض المجتمع لهذه الفكرة ـ فإن أولئك الذين عانوا من هذا النوع من الألم يعرفون أنه
يمكن أن يمنح الحياة؛ معرفة ما هي حقيقتك يساعد على دعمك في المجتمعات المقاومة. ولكن هناك شكل آخر
من أشكال المعاناة، يرتبط بشكل مباشر أكثر بالموت في الحياة ـ وهو شكل يجب أن نعمل من خلاله حتى
يأتي الضوء على الجانب الآخر.

يؤكد تقليد الكويكرز على الصمت. تذكرت قصتك عن صديقك الذي قدم أكبر قدر من الدعم خلال أوقات
التوتر العاطفي الكبير؛ شخص يأتي فقط ليكون معك جسديًا ويستمع.

يا إلهي، باركر!" يأتي الناس ويحاولون مساعدتي؛ لسوء الحظ، لم يكن الكثير منها مفيدًا على الإطلاق. على"
سبيل المثال، قد يقول البعض شيئًا على هذا المنوال: "لماذا تجلس هنا وتشعر بالاكتئاب عندما يكون يومًا
جميلًا بالخارج ـ اذهب واستمتع بوقتك، واشعر بالشمس على بشرتك وشم تلك الزهور!" ومن المؤسف أن
ذلك جعل الأمور أسوأ؛ لقد تركني ذلك أكثر اكتئابًا لأنه على الرغم من معرفتي فكريًا بوجود أشياء مثل أشعة
الشمس والزهور ـ لا يمكن للمحفزات الحسية مثل الرائحة تسجيلها في جسدي ـ مما يزيد من تفاقم الاكتئاب؛
سيأتي أشخاص آخرون قائلين: "يا إلهي باركر! لماذا أنت مكتئب؟ اذهب للخارج واشعر بالشمس وشم تلك
الزهور". ويأتي أشخاص آخرون ليقولوا أشياء مثل: "يا إلهي باركر، لماذا لا تستمتع بالحياة!" سيأتي آخرون
ويقولون شيئًا مشابهًا: "يا إلهي باركر، لماذا لا تستمتع بالحياة أكثر!" سيأتي أشخاص آخرون ويقولون شيئًا
مشابهًا:
هل تشعر بالاكتئاب؟ | هل أنت خائف من الجنون؟ >> "لقد فعلت الكثير من الخير في مساعدة الآخرين
والكتابة."

أنت ناجح جدًا!""
وهذا لن يؤدي إلا إلى تفاقم بؤسي. لأنه سيتركني أفكر "لقد استخدمت شخصًا آخر لتحقيق مكاسب خاصة بي،
ولكن إذا كانوا يعرفون حقًا الشخص الذي يقف وراء مديحهم، فإنهم سيحكمون عليّ بمزيد من الظلام أكثر
مما أنا عليه بالفعل."

بعد ظهر كل يوم في حوالي الساعة 4:00، يأتي أحد الأصدقاء بعد أن يطلب الإذن ويجلسني على كرسي
غرفة المعيشة، ويخلع حذائي وجواربي، ويدلك قدمي، ثم يعيدهما دون أن ينبس ببنت شفة؛ كان من شيوخ
الكويكرز. ومن منطلق فهمه البديهي، كان يقدم أحيانًا تعليقات مختصرة مثل، "أشعر بصراعك اليوم" أو
لاحقًا: "أشعر أنني أقوى في هذا الوقت؛ وهذا يجعلني سعيدًا". ومع ذلك، بخلاف هذه الملاحظات المختصرة،
كان غالبًا ما يظل هادئًا؛ لن تأتي أي نصيحة في طريقه. لقد تمكن من العثور على مكان واحد في جسدي ـ
وتحديدًا باطن قدمي ـ حيث شعرت بنوع من الارتباط مع إنسان آخر، والتدليك جعلني على اتصال بالإنسانية
بطريقة غير متوقعة ومهدئة للغاية.
أكثر ما فعله صديقي من أجلي هو أن يكون موجودًا عندما أحتاج إلى شخص ما، حاضرًا في معاناتي، بهدوء
ولكن بشكل مريح وبلمسة. على الرغم من أنه لم يكن من السهل بالنسبة لي أبدًا التعبير عن تقديري لهذا
الإجراء بشكل كامل، إلا أنني أعلم أنه أحدث فرقًا كبيرًا بالنسبة لي شخصيًا. لقد أصبح رمزًا قويًا لنوع
المجتمع الذي يجب أن ننشئه حول الأشخاص الذين يعانون من صعوبات مثل هذه: مجتمع لا يغزو أسرارهم
ولا يتخلى عنهم؛ بل يحمل الناس في مساحة مناسبة ومقدسة من العلاقات حيث يمكن أن يحدث الشفاء بطريقة
ما.

يمكن للأشخاص الموجودين على الجانب المظلم أن يكتسبوا الأمل في أن يتمكنوا من شق طريقهم إلى الجانب المضيء.

تحظى إيف إنسلر باحترام واسع النطاق بسبب مسرحيتها "مناجاة المهبل"، التي حققت نجاحًا عالميًا في استجابتها للعنف ضد النساء والفتيات. لكن إنسلر نفسها تعرضت للعنف في طفولتها؛ ومعركتها المستمرة طوال حياتها لفهم جسدية الأنثى من خلال تشخيص السرطان جلبت راحة جديدة في معركتها.

استمع إلى هذا الحوار بين إيف إنسلر والمؤلفة إيف إنسلر.

لذلك، في عام 2010، بينما كنت تساعد في إنشاء ما أصبح يعرف باسم "مدينة الفرح" في الكونغو، اكتشفت ورمًا خبيئًا ضخمًا في رحمك ـ وهو شيء قارنته بالكونغو التي جلبت "جسدها العالمي". أصبحت قصتك رمزًا للمرأة العصرية ـ وخاصةً معظم النساء الغربيات. من ناحية، نحن نهتم بشدة بأجسادنا، بينما في أحيان أخرى قد يبدو الأمر كما لو أننا لا نسكنها بشكل كامل أو نعلم أننا لا ننتمي إليها على الإطلاق.

صحيح. وتفانيك كمدافعة عن أجساد النساء في جميع أنحاء العالم لاكتشافها هو أمر ملهم حقًا.

حسنًا، كل شيء يحدث تدريجيًا وتدريجيًا. لقد كانت الكتابة في حياتي كلها عبارة عن محاولة للعودة إلى جسدي؛ تمثل كل مسرحية هذه الرحلة ومحاولة التجديد على مستوى ما. تعتقد أنك تعرف نفسك إلى أن يصيبك مرض السرطان ثم فجأة يتغير كل شيء مرة أخرى. بعد تسع ساعات من الجراحة وخروج جميع الأنابيب والقسطرة منها، تدرك أنها المرة الأولى في حياتك التي تشعر فيها حقًا بالحياة في جسدك. لقد كانت تلك التجربة مذهلة للغاية: أن أكون جزءًا من جسدي بدلاً من الانفصال عنه بأي شكل من الأشكال كان أمرًا لا يصدق.

كنت أفكر مؤخرًا أن ديكارت يستحق الكثير من اللوم على ثقافتنا اليوم ـ مفهومه القائل "أنا أفكر، إذن أنا موجود". إن الحضارة الغربية مبنية على هذا الأسلوب العقلي المفرط الذي اتخذناه عند إنشاء المؤسسات؛ ونتيجة لذلك، أصبحنا أكثر فقرًا بسبب ذلك، كما أن مؤسساتنا تبدو أقل وضوحاً بالنسبة لبقية المجتمع. نحن أصغر بكثير نتيجة لذلك.

كان ذلك مضحكا جدا منك أن تقول! أثناء معاناتي من السرطان، كنت أردد باستمرار عبارة "أنا أشعر إذن أنا موجود". إن الوجود الجسدي يسمح لوجودي وأنفاسي بأن يصبحا تجارب ملموسة لإنسانيتي. لسوء الحظ، فإن فكرة الموضوعية هذه ـ كما لو كان الدماغ قادرًا على فصل ذاتك الذاتية ـ قد خلقت مستوى من التفكك على الأرض؛ قد تجد نفسك محاصرًا في أنظمة تفكير تمنعك من فتح قلبك بالكامل.

لقد حضرت مؤخرًا حدثًا شارك فيه علماء الأعصاب والفنانون والشعراء من سيراليون وشمال أوغندا بالإضافة إلى المتأملين. لقد تحدثنا عن "القلب والعقل" البوذي، وأن القلب والعقل هما شيء واحد. بالإضافة إلى ذلك، بدأ علماء الأعصاب الغربيون لأول مرة في دراسة الرهبان البوذيين التبتيين أثناء تأملهم؛ وجد الرهبان الأمر مسليًا جدًا لدرجة أنهم بدأوا بوضع أقطاب كهربائية مباشرة على رؤوسهم...

يساعدنا العلم على إدراك أن دماغنا هو عضو وأن ما نختبره كمشاعر يتم تخزينه في مكان ما داخل أجسامنا أيضًا.

لا شيء منفصل. في حين أن كل شيء قد يبدو منعزلاً في وقت ما، إلا أن كل شيء الآن يرتبط مباشرة مع نفسه ـ وهذا هو أكثر ما يثيرني بشأن كوني على قيد الحياة الآن: فهم أن كل شيء خارج أنفسنا متصل أيضًا. لا يمكن السيطرة على الناس أو السيطرة عليهم دون الانفصال أولاً عن أنفسهم وعن بعضهم البعض. كلما أعاد الناس التواصل مع أنفسهم ومع بعضهم البعض بشكل أعمق، كلما أصبحنا أكثر مقاومة للسيطرة والاحتلال. في هذه المرحلة من التاريخ، يعد التواصل أمرًا أساسيًا. ولا أقصد هذا بالمعنى المغرور أو المنغمس في الذات ـ بل أقصد كيف نعيش حياتنا اليومية في كل جوانبها مع أنفسنا ومع كل ما حولنا من أجل تعزيز التسامي والتغيير النشط التحويلي الحقيقي.

انتهى كتابك عن السرطان بهذه الفكرة القائلة بأننا "أهل الريح الثانية"، وهو أيضًا ما يبدو أنك تشير إليه الآن.

أحب فكرة العثور على الريح الثانية، عندما تجد فجأة بعض الوقود الإضافي بعد الإرهاق من الركض لفترة طويلة ويمكنك الاستمرار. لقد كنت دائما مفتونا بهذه الظاهرة. ما الذي يكمن داخل مساحة الرياح الثانية هذه ـ أي جزء منا روحيًا أو جسديًا يحتوي عليه أو يشتمل عليه؟ لا تفكر كثيرًا في الأمر قبل أن يأتي إليك!

الخبرة هي أكثر من تجربة شمولية.

عمل الجسم بالكامل. أشعر أننا ربما ندخل في الريح الثانية للبشرية؛ أو ربما يتطلب هذا إعادة تشكيل جذرية وإعادة تصور للإنسانية نفسها.
كيف نمضي قدما هنا؟ أنا أؤمن بإمكانية هذا المسعى. كل ما يتطلبه الأمر هو عدد كافٍ من الناس الذين يؤمنون بذلك أيضًا ويكونون على استعداد لتوحيد القوى واحتضان هذه الرياح التي تهب نحونا الآن.

تشتهر جوانا ميسي بأنها معلمة وباحثة بوذية، ولكني أول ما أقدر موهبتها كمترجمة لشعر راينر ماريا ريلكه في مطلع القرن الماضي. وبينما كان يبحث عن المعنى هناك، اتخذت جوانا ميسي شكلاً ردًا على أحداث القرن العشرين التي لم يستطع التنبؤ بها؛ أصبح ناشطًا بيئيًا قبل وقت طويل من دخول هذا المصطلح إلى اللغة العالمية.

استمع إلى حوار بين جوانا ميسي والمؤلف بريان كيلي.

عندما قرأت عنك وعن شغفك كناشط بيئي لسنوات عديدة، كان أحد الجوانب التي أذهلتني بشكل خاص جديرًا بالملاحظة هو اعترافك بحزننا الجماعي في تلقي الأخبار؛ لقد عملت بشكل وثيق مع الناس للاعتراف بذلك وأخذ حدادهم على محمل الجد.

يمكن أن يكون الحزن مرعبًا، لذا فإن المفتاح هو عدم الخوف منه والتعامل معه بأفضل ما نستطيع. إغلاقه لا يؤدي إلا إلى مزيد من الضرر للنفس؛ والصعوبة التي نواجهها في رؤية ما نفعله بعالمنا لا تنبع من اللامبالاة القاسية أو الجهل، بل من الخوف من الألم ـ وهو الأمر الذي تعلمته أثناء التنظيم حول الطاقة النووية أثناء وبعد كارثة ثري مايل آيلاند وتشيرنوبيل.

ربما كان هذا الحدث أحد اللحظات الحاسمة في حياتي ـ تلك الرقصة مع الله.
في أوقات الانزعاج واليأس، يُطلب منا ألا نهرب من الانزعاج أو الحزن أو مشاعر الغضب أو الخوف. بدلًا من ذلك، إذا تمكنا من التحلي بالشجاعة الكافية لمواجهة آلامنا وجهًا لوجه دون التراجع إلى إنكارها أو تجنبها تمامًا، فإن مسارها سيتغير؛ وإلا فإنه يظل ثابتا؛ عندما نواجهه مباشرة ونتيح له الوقت للتفكير في قضيته من

خلال الإمساك به والتنفس معه يتغير وجهه أيضًا ـ يظهر حبنا وارتباطنا بالحياة كما يكشف وجهه الآخر عن نفسه ـ مما يظهر تلك الحتمية.

يمكن أن يكون التفكير الشعري أكثر فائدة في التعامل مع المشكلات البيئية من مناهجنا النموذجية القائمة على الحقائق أو المبنية على الحجج، حتى بالنسبة لتلك المشابهة.

وهذا يمنع الناس من الاعتراف بأنهم منزعجون لأنهم يعتقدون أن الحصول على كل الحقائق والأرقام اللازمة لإثبات التفوق الفكري أمر مطلوب من أجل إدارة المشكلة بفعالية.

ولكننا نصبح غارقين في الحقائق والأرقام والصور؛ يمكن أن تكون المنهكة والشلل. ربما يرجع ذلك إلى أننا نفتقر إلى مجموعة المهارات اللازمة للتعامل مع الحزن بطرق مثمرة وتحويله إلى شيء بناء؛ شيء أفكر فيه كثيرًا كصحفي وعامل إعلامي.

هذا صحيح؛ إن العالم كحبيب والذات هما نفس الشيء، ومن المفهوم تمامًا أن تنكسر قلوبنا بسبب هذا العالم الجميل والقاسي. هناك قدر كبير من الذكاء: لقد تعامل البشر مع كوكب الأرض كما لو كان مجرد بيت إمداد أو مجاري آخر، يستنزفون الموارد للسيارات ومجففات الشعر بينما يتخلصون من نفاياتنا في مياهه حتى تجاوزت طاقتها؛ لكن أرضنا ليست مجرد مورد آخر يمكن الاستفادة منه، إذ نتعامل معها كما لو كانت جسدنا الأكبر: نستنشقها، ونتذوق نكهاتها اللذيذة بينما نجسد كل جزء من أنفسنا في الداخل. لقد حان الوقت لنبجل هذا الازدهار المعجزي للحياة الذي يأخذ كل جانب من جوانب أنفسنا في أحضانه.

الآن أنظر إلى يدي بينما نتحدث؛ لديها العديد من التجاعيد منذ أن كان عمرها 81 عامًا ولكنها مرتبطة بيدي مثل يدي عبر التاريخ. تعلمت هذه الأيدي الإمساك بالأسطح الأرضية والتسلق والدفع إليها ونسج سلال القصب كجزء من حياتهم اليومية؛ فهي تتمتع بتاريخ مذهل يعود تاريخه إلى بدايتها ـ والتي نحن جزء منها إكبشر!
نظرًا لأننا غالبًا ما نواجه تحديًا للتمدد، فلا يوجد ما يمنعنا من الشعور بالضغط لزيادة شدة حبنا لهذا العالم، سواء تحسنت صحته أم لا في العقود المقبلة أو اعتقدنا أن بقائه مضمونًا. الآن هي لحظتك! لا تجعل الحب يعتمد على المدة التي قد تظل فيها حياة سن تهتم بهم سليمة ـ تذكر ببساطة أنه من المهم أنك على قيد الحياة اليوم.

الفصل الرابع: دروس الحب المستفادة

إذا كنا نسعى جاهدين لعيش حياة أكثر حكمة بدلاً من حياة أكثر ذكاءً، فيجب علينا أن نسعى جاهدين لفهم ما يستلزمه الحب: أصوله وأعماقه وكذلك متى ولماذا يتلاشى

إحياء الحب باعتباره منفعة خاصة وعامة. هدفي هو استحضار هذا المفهوم بشكل مختلف للقلوب والآذان ـ ليس أقل تعقيدًا، ولكن بشكل مختلف. الحب كالعضلات. الحب كالصمود. والحب اجتماعي: ليس حميميًا فحسب، بل علنيًا في الوقت نفسه! هدفي هو السعي نحو الحب الجسدي العملي: إيروس يتجاوز الانجذاب الجنسي بينما يظل مُرضيًا بشغف. النية في المحبة تتطلب ممارسة مستمرة؛ لا يجب أن يُقابل الحب عند مواجهته فحسب، بل يجب أن يتم إتقانه عند ذروته في لحظات. التعبير الإبداعي يسد الفجوات بيننا، ويخفف منها. الشعر يتحدث مباشرة إلى الوجود الإنساني كأي محاولة. يميل معظم الناس إلى الانجذاب نحو الحلول البسيطة دون صعوبة تذكر؛ لكن ريلكه ذكّر شاعره الشاب: يجب أن نثق فيما هو صعب

الطبيعة لا تعرف حدودًا أو حواجز عندما يتعلق الأمر ببقائها وتوسعها، وتدافع عن نفسها بأي طريقة ممكنة وتسعى جاهدة لتكون صادقة مع نفسها على الرغم من المعارضة. وبينما لا نفهم سوى القليل جدًا عن كيفية عمل ذلك، يظل هناك شيء واحد مؤكد ـ وهو أن كل شيء يجب أن يبقى بغض النظر عن العقبات. قد لا نعرف سوى القليل، ولكن هناك شيء واحد مؤكد ـ وهو أن الطبيعة يجب أن تزدهر دون تدخل أو عقبات في طريقها.
الثقة فيما هو صعب هي يقين لا يمكننا أن نتخلى عنه؛ العزلة تمثل تحديا. أن شيئًا صعبًا يجب أن يضيف حافزًا لنا لمعالجته؛ الحب هو تحدٍ كبير آخر ـ ربما أصعب مهمة في الحياة كلها، والدليل النهائي والنص لجميع الأعمال الأخرى التي تم إنجازها استعدادًا لقصة الحب التي نعيشها الآن

الحب هو فضيلة الفضائل الفائقة وواحد من أكثر الكلمات التي يساء استخدامها في اللغة الإنجليزية: أنا أحب هذا الطقس ولباسك مثالان. ما فعلناه بالحب ـ الإمكانية، الرابطة الأساسية، الفعل ـ هو تحويله إلى سلعة يومية: علاقات خاصة داخل العائلات عندما تكمن قوتها في تجاوز الخطوط القبلية؛ إضفاء الطابع الرومانسي على الرومانسية عندما ينبغي الحفاظ على مقياسها الحقيقي، والرعاية العملية؛ عيشه كشعور وليس كتجربة يجب أن تحدد حياتنا اليومية: مشاركة الحب أو تلقيه هو شيء يبحث عنه الجميع كل يوم بشكل أو بآخر

حدد الفلاسفة اليونانيون الأيروس على أنه قوة الحب التي تحرك رغباتنا، وتركز خيالنا حول البهجة واليأس، الرحمة التي يتم التعبير عنها ـ agape حب الصداقة ـ و filia وتحدد الكثير من إحساسنا بالاكتمال. هناك من خلال أعمال اللطف تجاه جارك أو الغرباء. ميتا في الثقافة البالية تعني المحبة واللطف ـ الاهتمام بمساعدة الأشخاص المعروفين وغير المعروفين أثناء تنميته لنفسك كجزء من "اللطف والمحبة".
الاستعارات الدينية مثل تلك التي تشير إلى "الرحمة" باعتبارها "الرحم" يمكن أن تكون جميلة ومحيرة بنفس القدر. بالنظر إلى حقيقة الولادة، فإنها تكشف عن تعقيدها الضمني كتصوير صادق للحب بأكمله ـ من المتعة والمجازفة إلى التضحية؛ دورة لا نهاية لها من التعلم عن طريق الخطأ إلى متعة لا نهاية لها ـ وفي النهاية الاهتمام على أساس يومي.

ما هو الحب؟ قم برحلة عبر قصة حياتك لشرحها.

لقد كبرت وقيل لي ألا أقول الحقيقة عن الحب. على الرغم من أنني تعلمت عن محبة جارك في مدرسة الأحد، إلا أن الفكرة لم تترجم بالضرورة إلى واقع من حيث الظروف المعيشية والتجارب.

لم يتبع والداي خطى جدي عندما يتعلق الأمر بالتطبيق العملي للدين في الحياة اليومية. ولم تحذو كنيستهم حذوه أيضًا: فقد كانت ترنيمة "الحب الإلهي، كل الحب المتميز" تتحدث عن الله، وليس عنا؛ إن الحب بهذه العاطفة التي قد يضحي فيها المرء بنفسه لم يكن أمرًا مرغوبًا فيه ـ ومع ذلك فإن القصص المذهلة مثل تلك الموجودة في الكتاب المقدس أظهرت عمقها. في هذه الأثناء، كانت البروتستانتية في منتصف القرن العشرين التي قضيت فيها ليالي الأحد والأربعاء أقرأ الكتب المقدسة مع التركيز على أهميتها الحديثة. وقد وفر ذلك بيئة يستطيع فيها الرجال والعائلات العصاميون تقديم الشكر والتذكير بالصواب والخطأ بينما يشعرون بالتغذية من داخل أنفسهم وبالتالي توفير الغذاء دون فائدة جسدية أو تأثير اجتماعي على المقاييس المجتمعية.

لقد عاش والداي الزواج على أنه لعب الأدوار. وبما أنه لا يمكن لأي منهما أن يعرف نفسه جيدًا بما يكفي ليعرف كل منهما الآخر جيدًا بما فيه الكفاية، فإن الشخص الوحيد الذي يمكنهما التواصل معه بشكل كامل هو بعضهما البعض. لقد تعلمت والدتي أن تنظر إلى زوجها بحثًا عن الرضا بينما كان هو نفسه يكافح ضد شياطينه الداخلية ـ تاركًا والدتي تبحث عنه في مكان آخر في زوجها.

كان والدي يعتني بعائلته بكل ما يستطيع حشده. لقد فعل ذلك بشكل رائع من خلال العمل الجاد وتوفير احتياجاتهم؛ ولهذا سأكون دائمًا ممتنًا للغاية. بالإضافة إلى ذلك، فقد دعم تعليمي ومغامراتي المبكرة ـ ولهذا أنا ممتن إلى الأبد.

بدا والدي متعجرفًا بنية المحبة، لكنه بدا دائمًا خائفًا من أي علامة على أن الحب قد يدخل إلى حياته ـ بما في ذلك تلك التي تأتي من داخله. منع الخوف قوة حياته من التدفق بحرية. على الرغم من عظمة مظهره، إلا أن نواياه في الحب بدت مجوفة من الداخل؛ لقد بدا مرعوبًا حتى من مجرد تلميح من المودة ـ بما في ذلك من نفسه. الآن، بعد فوات الأوان لعقود من الزمن، أدركت أن مكانه الحيواني الجريح كان يقظًا دائمًا ـ وهي ذاكرة جسدية داخلية لا يمكنني الآن التعرف عليها إلا بعد فوات الأوان. ولكي أتغلب على استيائه، الذي قد يتحول إلى وحشية في أي لحظة، أبهرته بذكائي وطموحي من خلال إثارة إعجابه بالصحافة والدبلوماسية ـ وكان إحساسه بنفسه يمتد من خلالهما بطرق مرضية للغاية. عندما قررت عدم الاستمرار في القيام بذلك أو متابعة الصحافة أو الدبلوماسية ولكن بدلاً من ذلك متابعة مسائل المعنى واللاهوت من خلال الزواج بدلاً من إثارة إعجابه سياسياً ـ لم يفهمني أبدًا ولم يسامحني على أفعالي ولم يغفر لي أبدًا أيضًا.

ومع ذلك، فقد تمسكت لسنوات عديدة بما أصبح شعار عائلتنا: منزلنا السعيد؛ والدين محبين؛ زواجهما المثالي. كانت هذه القمة بمثابة هدفي. ربما كانت كاذبة، لكنها أعطتني ثقة تجاوزت أي مقياس معقول ـ ماثيو سانفورد "قد يطلق على هذا النوع من السرد "قصص الشفاء.

إن تهدئة النفس أمر ضروري، لكن القصص التي نرويها لأنفسنا قد لا تكون دائمًا الحل الأكثر فائدة أو الدائم. بعد أن أصبحت قويًا بما يكفي لقبول حقيقة اكتئابي في منتصف الثلاثينيات والتعايش معها، بدأت بمساعدة معالج حكيم، العملية الطويلة للكشف عن الواقع وقبوله بشكل أكمل؛ وفي النهاية أعطى هذا لحياتي أملًا وهدفًا متجددًا.

لقد اختبرت الحب الجامح والسعادة الزوجية قبل أن أجد نفسي أختبر حبي الأشرس حتى الآن: حب الأمومة. مثل أي شخص آخر، كان لهذه العلاقات أعلى مستوياتها وأدنى مستوياتها؛ في بعض الأحيان كنت أزدهر بينما أفشل في أحيان أخرى ـ أتعلم أن أسامح نفسي عندما لا تسير الأمور تمامًا وفقًا للخطة؛ تمامًا كما احتاجني أطفالي المحبون/الأحباء أكثر من مرة لكونهم آباء كاملين أو بنات محبات/محبوبات. التقيت أنا ومايكل، والد أطفالي، في ظل ظروف رومانسية شاعرية في اسكتلندا ـ حيث سحرتني تضاريسها الجميلة المذهلة ـ فتنتني مغناطيسية لا يمكن تفسيرها من النظرة الأولى. في تلك المرحلة من حياتي، كنت قد سافرت بالفعل عبر القارات، وأنجزت شيئًا ذا معنى في سن مبكرة، واختبرت علاقات مثيرة للاهتمام. عندما

اتخذت هذا القرار الأساسي في حياتي، سلمت نفسي لكل كوميديا رومانسية بنهاية شاعرية شاهدتها في حياتي، ولكل أغنية حب جلبت الدموع إلى عيني. لقد تمسكت بشدة بالنسخة المثالية من زواج والدي بدلاً من التعامل مع واقعه؛ أنا ومايكل أحببنا بعضنا البعض بعمق. جاء الأصدقاء من جميع أنحاء العالم من كل مكان لحضور حفل زفافنا في اسكتلندا، وكان حفلًا استثنائيًا، وكان أعظم حفل قمت بإقامته على الإطلاق. ومع ذلك، لم نتشارك سوى القليل من حيث الخلفيات أو الحياة بيننا؛ لا شيء يربطنا بما هو أبعد من أنفسنا عندما لا يتمكن شريك واحد من التواجد هناك بعد الآن

وكما هو الحال في كثير من الأحيان في الزيجات الحديثة، فقد تُركنا وحدنا في نهاية زواجنا. بعد أن ابتعدنا عن أولئك الذين عرفونا وأحبونا جيدًا ـ مثل هؤلاء الأصدقاء الذين سافروا ليشهدوا عهودنا ـ أصبحت الأسرة النووية حديثة وقاتلة للحب: مطلب غير مسبوق على الأزواج أن يكونوا كل شيء لبعضهم البعض، مع تكرار التاريخ نفسه طبقة بعد طبقة داخل غرفة الصدى تلك تسمى المنزل. لا يمكن لأي فضيلة أن توجد بمفردها: حتى هذه.

بعد انتهاء زواجي، دخلت عالمًا موازيًا كان موجودًا طوال الوقت؛ أحد الضحايا المعاصرين للحب طويل الأمد حدث بشكل خاطئ. والأغرب من ذلك هو توقنا العالمي للحب الرومانسي كمثال واكتمال؛ تظل أغاني الحب والأفلام أشكالًا شعبية للترفيه. بعد طلاقي، قمت بإنشاء منزل ترحيبي واستمتعت كثيرًا بتربية أطفالي أثناء طهي العشاء لأصدقائي القدامى والجدد والاستثمار في العقارات الجميلة البعيدة.

مرت سنوات وأنا أعتمد بشكل كبير على صداقاتي وشبكات العمل للحصول على الدعم؛ ومع ذلك، لسنوات، اعتقدت أن هناك شيئًا مفقودًا ـ ربما الحب؟

هذه القصة هي عكس الشفاء: فهي تصور الندرة في وجود وفير. لدي الحب في حياتي بجميع أشكاله المختلفة. بعد التكيف مع العزوبية، أصبح حبي أكثر ثباتًا بطرق يومية غير مسرحية. وفي أحد الأيام بعد ذلك بوقت قصير، اتضح لي أن افتقاري إلى المودة لم يكن حقيقيًا، بل كان بسبب نقص الخيال أو تفسير ضيق للغاية لكلمة أساسية.

في بعض الأحيان أجد إهمالي هزيمة ذاتية: عندما كنت أبحث عن الحب، غالبًا ما أردت ببساطة أن أكون محبوبًا في المقابل ـ وهو الأمر الذي قادني إلى طريق غير ضروري في الحياة. الآن على الرغم من ذلك، تغير هدفي، وأنا أتعلم كل ما يمكن معرفته عن الحب ـ مغامر بدأ للتو. إن نية السير في الحياة وممارسة الحب عبر العلاقات والتفاعلات تبدو وكأنها مغامرة مذهلة.

* * *

ومع ذلك، فإن مستقبل قدرتي وقدراتنا في القيام بهذه الخطوة معًا لا يزال غير واضح. لكن الأسئلة الجيدة، التي يتم طرحها بسخاء والتعامل معها بجدية، هي أدوات قوية. لقد بدأنا مؤخرًا بمناقشة الكراهية في الحياة العامة من خلال خلق جرائم جديدة لتمييز وجودها ـ وتحديدًا إنشاء فئات قانونية حيث يستسلم التسامح وتثور الطبيعة البشرية في أسوأ حالاتها ـ أعلم أنني في كل منعطف، أسمع كلمات مثل الحب تظهر على السطح الشوق إلى الحياة المشتركة ـ غالبًا من زوايا غير متوقعة.

وبينما يعمل الأميركيون على بناء حياة مشتركة لهذا القرن، نجد أنفسنا عند منعطف لا يصدق ومثير للقلق. وبينما نواجه التحدي الهائل المتمثل في ابتكار حياة مشتركة لهذا العصر، نجد أنفسنا نتصارع مع الانقسامات عبر العرق والدخل والطبقة التي كانت موجودة منذ فترة طويلة ولكنها تظهر الآن بشكل أكثر حدة من أي وقت مضى. والجديد أيضًا هو الشعور السائد بالحزن على مدى فشل قصص الشفاء التي أخبرناها لأنفسنا بشكل جماعي. هناك حيرة في مختلف أنحاء أميركا بشأن من أين نبدأ في تغيير العلاقات مع الجيران الذين قد يفيدون رفاهيتهم أو يضرون بها؛ ومع ذلك، فإننا لا نعرف أين أو ما هي أفضل طريقة لتغيير العلاقات مع الغرباء الذين قد نؤثر على رفاهية بعضنا البعض أو كيف قد يؤثر الضرر على رفاهيتهم على رفاهتهم أو

العكس؛ ولا تأتي أي من الإجابتين بسهولة لأي من الجانبين؛ تأتي هذه الحيرة محبطة ومنتعشة في نفس الوقت: أين يمكن تغيير العلاقات التي من شأنها تحسين العلاقات أو معالجة الطرق التي يمكن أن تؤثر بها رفاهيتنا على رفاهيتهم أو تضرهم بشكل مباشر ـ فنحن لا نعرف أين أو كيف نبدأ التغيير بشكل أفضل العلاقات مع الغرباء الذين لا نعرف بعد أين أو كيف تغير العلاقات بيننا أو التغييرات التي تبدأ في تغيير الطريقة التي نعامل بها هؤلاء الغرباء الذين هم جيران ـ لتغيير العلاقات حيث ستبدأ أي تغييرات في إحداث طريق مؤثر وتضر علاقاتهم؟ لا يعرف أي من الطرفين أين أو ـ ولا أي فكرة أين/من/ن/من سيبدأ في تغيير هذه الاختلافات في العلاقة يمكن أن تبدأ تغييرات لا نعرف بعضنا البعض أكثر من أي شيء نظرًا لأن رفاهية أي من الطرفين تؤثر سلبًا على بعضهم البعض بشكل جيد ـ أو ملك. لا يعرف أين و/لا يعرفون بعضهم البعض لأنهم لا يعرفون. نحن لا نعرف. نحن لا نعرف من قد يؤذي جيراننا أو يغيرون أنفسهم عن طريق الطريق ـ ولكننا نعلم أنه يمكنهم أو قد يؤذون/يؤذون جيرانهم قد يؤذونهم أو قد يبدأ التغيير أو ما إذا كانت هذه العملية ستبدأ سيبدأ التغيير! لا أعرف.. هذا لا يعرف. هذا لا يعرف بأي حال من الأحوال لا نعرفه عند تغيير العلاقة حيث نغير علاقاتنا أو نعرف إلا إذا ـولا نعرف...لا نعرف.. وهم لا يعرفون أيضًا! ليس كذلك

لكننا لا نريد أن نعيش بهذه الطريقة، لا أريد أن أعيش بهذه الطريقة

لقد علمنا التسامح أن نحتفظ لأنفسنا بملاحظات أخلاقية أو روحية، نحتفظ بها في المنزل أو نتحقق منها على أبواب أماكن العمل أو الدراسة. وبدلاً من ذلك، أبقينا هذه المشاعر قريبة منا، دون تزويدها بالأكسجين الذي قد يثير أسئلة وإجابات يمكن استكشافها بشكل جماعي مع بعضنا البعض في حوار تفاعلي. وفي الوقت نفسه، أصبحت الحجج الاقتصادية في كثير من الأحيان وسيلة التعبير الوحيدة لدينا حول المسائل التي تؤثر على حياة الإنسان مثل العمل والتعليم والهجرة واللاجئين وخدمات الرعاية الصحية والفقر في السجون وما إلى ذلك

أعد صياغة هذه "القضايا" باعتبارها تحديات تواجه حياة البشر وفكر في ما على المحك بالنسبة للبشر عند النظر في هذه "القضايا"، بما في ذلك التشكيك في الفضيلة التطبيقية والحكمة السياسية/الاقتصادية التي تحتاج إلى تنظيم للتصارع الفعال: مستقبل المهنة الإنسانية؛ معاقبة المخطئين مع خلق مساحات للخلاص، ومعالجة المنبوذين والغرباء وتخفيف الجوع بشكل فعال في عمر يطول باستمرار، ورعاية عقول الأطفال حتى يكونوا مستعدين جيدًا للتنقل وخلق العالم الذي سيسكنونه؛ تنشئة أطفالنا كقادة للمستقبل ـ لأننا نعلم في أعماقنا أن البشر أكبر وأكثر وحشية وأثمن بكثير سما يمكن أن تمثله أي نتيجة اقتصادية أو وصفة سياسية؛ أنهم يحملون أسرارًا بداخلهم لا يمكن لأحد سواهم التعبير عنها بشكل كامل.

فماذا لو، كما تساءلت إليزابيث ألكساندر في يوم التنصيب عام 2009 في واشنطن مول، "الحب هو أقوى كلمة؟" عند استخدامها بحرية في محادثاتنا وتفاعلاتنا، كيف يمكن لهذه الكلمة إعادة صياغتها وتحديها مع توفير رؤية أساسية لمزيد من الحسابات والاستراتيجيات؟ لا يمكن للشعراء والسياسيين أن يتحملوا وحدهم هذا السؤال، ولا السؤال نفسه. بدلاً من ذلك، فهو يدعو كل واحد منا للخروج من العزلة للقاء بعضنا البعض من خلال طموح الحب النابض بالحياة لندرك ونحترم هوياتنا ونكافح إلى أقصى حد. لكنه يقنعنا مرة أخرى بالدخول في مواجهة مع اتساع الهوية الإنسانية. لقد دعا العباقرة الروحيون والقديسون البشرية منذ فترة طويلة إلى الحب؛ لقد غير الإصلاحيون الاجتماعيون الحياة أيضًا. لقد بذل قادة الحقوق المدنية جهودًا حثيثة من أجل المصالحة مع الآخر خلال الستينيات باسم الحب. بدأت تغييراتهم السياسية والاقتصادية والعنصرية بهدف خلق "المجتمع المحبوب".

عندما كبرت، لم أفهم هذه الحركة أو رؤيتها بهذا الوضوح، على الرغم من أن ظهورها حدث طوال حياتي. جون لويس، وهو الآن عضو في الكونجرس من جورجيا وضحية لما أصبح يعرف باسم الأحد الدامي، أعادها إلى المنزل بشكل واضح بالنسبة لي. لقد دعاني جون لويس للقيام برحلة حج سنوية للحقوق المدنية عبر توسكالوسا وبرمنغهام وسلمى ومونتغمري - وهي الأراضي المقدسة التي نشأت فيها حركة الحقوق

المدنية وساعدني جون وغيره من القادة القدامى الذين ما زالوا بيننا على تذكر الكثير من الماضي. هذه الحركة التي بدأوها كانت بمثابة مواجهة روحية داخل النفس ومن ثم مع المجتمع ككل. قبل أي اعتصام أو مسيرة أو رحلة قاموا بها، قاموا بدراسة الكتاب المقدس والفكر الغاندي والفلسفة الأرسطية وأعمال ثوروان مثل كتابات ثورو للتحضير. وبينما استوعبوا الضوابط العملية للمجاملة والسلوك ـ مثل اللطف، والتواصل البصري، وارتداء مرتدي المعاطف الفساتين دون كلمات غير ضرورية ـ فقد استوعبوا ذكاءً متأصلًا حول عمل الدماغ البشري في قواعد الاشتباك هذه. سيعترف علماء الأعصاب الآن بهذه التعقيدات في الذكاء البشري كما يلاحظها علماء الأعصاب اليوم. علاوة على ذلك، تم الانخراط في لعب الأدوار المكثفة ـ المعروفة بالدراما الاجتماعية ـ حيث لعب البيض دور السود الذين تعرضوا للمضايقات بينما لعب النشطاء من كلا العرقين دور رجال الشرطة الذين يشعرون بالتهديد ولكن تحت أوامر للسيطرة.

لم يكن الحب مجرد عاطفة؛ لقد كانت طريقة للوجود تتجاوز التظلم وتحول العنف تدريجياً. استخدم أينشتاين أسئلة "ماذا لو" حول مطاردة الضوء بسرعته كجزء من محاولته لفهم الضوء والجاذبية؛ استخدم جون لويس أسئلة مماثلة كأدوات للكيمياء الاجتماعية: ماذا لو كان المجتمع المحبوب حقيقيًا بالفعل، الواقع الحقيقي وكل ما كان عليه فعله هو تجسيده حتى يتمكن حتى الآخرون من رؤيته؟

استمع إلى هذا الحوار بين جون لويس والمؤلف شيلدون ماي.

عندما كنت في الحادية عشرة من عمري، قمت برحلة من ريف ألاباما إلى بوفالو في زيارة صيفية مع عمي وعمتي وبعض أبناء عمومتي من الدرجة الأولى ـ وهي المرة الأولى التي أُخرج فيها من الجنوب ـ على أمل أن تتحسن الأمور وأعتقد أن الأمور ستتحسن في المستقبل. حياة. أردت أن أصدق، وأعتقدت بالفعل، أن الأمور ستنجح في النهاية.
أدركت لاحقًا أنه من الضروري أن يكون لديك إيمان بأن ما تعمل من أجله قد حدث بالفعل ولا يمكن أن يتحسن إلا من الآن فصاعدًا.

والعيش كما لو؟
تخيل أنك تعيش كما لو كنت تنتمي بالفعل، كما لو كنت بالفعل جزءًا من هذا المجتمع أو تشعر وكأنك عائلة واحدة ومنزل واحد. تصور أو حتى آمن بوجوده، فهو موجود بالفعل بالنسبة لك. كنت أؤمن خلال الأيام الأولى للحركة بأن التكامل الحقيقي لإحساسنا بالمجتمع المحبوب لا يمكن أن يأتي إلا من خلال كوننا جزءًا من حركته نفسها، لأننا في جوهر الأمر أصبحنا دائرة ثقة، مجموعة من الإخوة والأخوات حيث لا يهم ما إذا كنتم أم لا. أسود، أبيض، شمالي، جنوبي ـ لا يهم من هم أو من أين؛ كنا عائلة واحدة وبيت واحد.

لقد تحققت رؤيتك!

لكن بالنسبة لنا في القتال، كان الاستعداد أمرًا أساسيًا؛ إن دراسة ممارسات صنع السلام مثل اللاعنف لا يجب أن تأتي بشكل طبيعي ولكن يجب أن يتم تدريسها والتعلم عنها. يتفق الدين والأخلاق على نقطة واحدة ـ يمكننا أن نقول أن كل إنسان لديه جانب من الألوهية لا ينبغي للبشر أن ينتهكه بأي شكل من الأشكال. ولا يحق لأي إنسان أن يستغل هذه الشرارة في البشر الآخرين. في بعض الأحيان، ناقشنا أنه عندما تواجه شخصًا يهاجمك أو يضربك أو يبصق عليك، يجب عليك أن تنظر بعيدًا وتفكر مرة أخرى عندما كان هذا الشخص طفلاً بريئًا. ماذا حدث؟ هل تم التعامل بشكل سيء مع شيء ما أو هل قام شخص ما بتعليمهم كراهية الآخرين وإساءة معاملتهم؟ في مثل هذه الحالة، يجب عليك أن تلجأ إلى طيبتهم المتأصلة كبشر بدلاً من التخلي عن الأمل ـ فأنت لا تفقد الأمل أبدًا في أي شخص!

إليك اقتباس من كتابك "عبر هذا الجسر": كانت حركة الحقوق المدنية، قبل كل شيء، عملاً من أعمال الحب؛ ولكن حتى الآن بعد مرور خمسين عامًا، قليلون هم من يستخدمون هذه الكلمة لوصف جهودنا." وهذا يوضح ما قلته للتو؛ ويكمن جزء من تفسيره في استخدامك الغني والمتعدد الطبقات للحب ـ وهو أمر لا يفعله معظم الناس بشكل جيد!

كيف يمكنك جلب الحب إلى الواقع ورسم الصور على القماش؟ مثل فنان يستخدم قماشه. كيف يمكن للناس أن يتغيروا من النقطة أ إلى النقطة ب أو حتى من النقطة الثانية إلى النقطة الثالثة وما بعدها؟ في طريقك إلى الحب، من المهم أن تظل مثابرًا.

يوضح جون لويس ذلك بجلاء: إن هذا العمل المحبب يسلط الضوء على عبثية التجريد من الإنسانية تحت راية العرق، وقد نجح في تفكيكها. واليوم قد يكون من الصعب أن نتصور نجاح مثل هذه الاستراتيجية، فربما يكون وقتها قد فات بالفعل؟

لكن في برمنغهام أجد نفسي أتساءل عن حذري. يقترح جون لويس، على سبيل المزاح والنصف الآخر على محمل الجد، أن لعب الأدوار اللاعنفية يجب أن يصبح جزءًا من الكونجرس، وهو أمر تعلمه قبل نصف قرن كتدريب شخصي لوضع نفسه في مكان شخص آخر.
ألقى مارتن لوثر كينغ واحدة من أكثر التصريحات إثارة للدهشة التي صادفتني على الإطلاق بعد مقتل أربع فتيات صغيرات بقنابل حارقة في الكنيسة المعمدانية في شارع 16: "الحياة يمكن أن تكون قاسية مثل الفولاذ البوتقة؛ ولكن على الرغم من الظلام الحالي، يجب علينا أن نستمر في الإيمان في إخواننا البيض". تأكيد إيماننا بالإنسانية حتى تجاه أعدائنا والعيش على هذا الأساس؛ انطلاقًا من افتراض أن الحب موجود ولكنه يحتاج إلى مساعدتنا في جعله حقيقة، فهل يمكننا أن نتصور مثل هذا المسعى الآن؟
بعد مرور نصف قرن على المخاطرة الأولى بحيات جون لويس من أجل تأمين إقرار قانون حقوق التصويت في البيت الأبيض، ما زلنا نواجه عمل الحب غير المكتمل. وبدون ذلك، تظل جميع قوانيننا غير كافية وغير مستقرة على الرغم من انتخابنا رئيسًا أسود ذو تراث متعدد الأعراق، والذي يظل موضع تجاهل في الغالب عند مناقشة القضايا القائمة على العرق. نحن ننتخب رئيسًا ملونًا لا يعترف بقضايا العرق إلا في بعض الأحيان عندما يتحدث عنها علنًا على الرغم من حقيقة أن رئاسته تعترف بالعرق.
كأميركيين، ما زلنا نفتقر إلى لغة فعالة لمناقشة العنصرية. العنصرية ـ، ﻲﻬ يمقته معظمنا، ومع ذلك لا يستطيع الكثير من الأطفال الملونين تحقيق إمكاناتهم البشرية، بل إن بعضهم يواجه خطرًا جسديًا منذ ولادتهم نفسها ـ تلك غريزة الحماية الشرسة التي تكمن وراء كل علاقة حب غير موجودة هنا في أمريكا؛ ومع ذلك، فإننا لا نزال بعيدين عن أن نكون مجتمعاً شاملاً يتمتع بحقوق متساوية لجميع أفراده. ولعل ما تغير هو اعترافنا المتزايد بكل ذلك مع التوبة عن تجاوزات الماضي على الرغم من عدم وجود طريق واضح أمامنا حتى الآن لاتخاذ قرار للعمل بفعالية للمضي قدمًا بخطط العمل والخطوات التالية الضرورية.

يتم استخدام "نحن" بشكل أكثر تفكيرًا هنا. وفي الاستجابة لتصاعد الاضطرابات العنصرية في أوائل القرن الحادي والعشرين، فإنني أدرك رد فعلي الانعكاسي المتمثل في النظر إلى العرق من خلال لون البشرة فقط ـ أو بعبارة أخرى، كقضية تتعلق في المقام الأول بالأشخاص الملونين. يتوقع مجتمعنا من الأشخاص الملونين أن يكونوا أصحاب رؤية في داخلنا في مواجهة العنصرية وعلاجها ـ ويجب أن يقودوا الطريق إلى الأمام نحو المصالحة.
يفعلون ذلك في كثير من الأحيان. وفي عام 2015، أُزيل العلم الكونفدرالي أخيرًا من دور الدولة في العديد من الولايات الجنوبية ونُقل إلى المتاحف؛ ولكن ليس قبل أن يتم استخدامه لارتكاب حادث إطلاق نار بشع على تسعة أمريكيين من أصل أفريقي داخل كنيسة في تشارلستون على يد شاب أبيض متعصب. وفي نفس اليوم

والأيام التالية، تحدث أقارب القتلى علنًا لتقديم العفو والتعبير عن قلقهم على هذا الشاب بينما شاركوا ذكرياتهم الحزينة للأمهات والآباء والأخوات والإخوة والأطفال. خلال الأسابيع التالية، انتشرت صورة على نطاق واسع تظهر ليروي سميث من قوة جنود ولاية كارولينا الجنوبية وهو يقود بلطف أحد المتعصبين للبيض إلى مقعده بعد أن تغلبت عليهم الحرارة في مسيرة احتجاجًا على نقل العلم الكونفدرالي. ما رآه سميث، وفقًا لمراسل صحيفة نيويورك تايمز، كان شخصًا في محنة: رجل كبير السن يعاني من الخرف الشديد. قال إنه على الرغم من تفاجأه بكل الاهتمام العالمي الذي تلقاه هذه الصورة، فإنه يأمل أن تساعد المجتمع على تجاوز حالات تفشي المرض الأخيرة الكراهية والعنف. وعندما سُئل عن سبب ردود الفعل المؤثرة على الصورة، قدم تفسيرًا واحدًا بسيطًا: الحب. "الحب هو ما يجمع الناس معًا"، هذا ما قاله هذا الجندي قوي البنية ولكن لطيف الكلام والذي كان في الخمسين من عمره، "وهذا هو سبب تأثر الكثيرين به".

قد لا يكون الحب دائمًا هو رد فعلنا الأول عند حدوث أعمال عنف وغير قانونية بين البشر. يمكن أيضًا اعتبار الغضب رد فعل أخلاقيًا صالحًا على الخطوط الأمامية للظلم الذي سلط الضوء على قضية العلاقات العرقية في أمريكا.
غالبًا ما يبدو النهج اللاعنفي الذي يتبناه كبار السن في مجال الحقوق المدنية غير كافٍ في المساحات المدنية المتوترة اليوم؛ قد يبدو حبه غير واقعي أو غير عملي في بعض الأحيان.

ومع ذلك، في الوقت نفسه، أعتقد أنه من الجدير التأكيد على أن الأماكن التي وقعت فيها أحداث فظيعة لا تحدد هويتنا تمامًا كأفراد أو كشعب. بينما نواجه جماعيًا وسياسيًا أسئلة مؤلمة حول إصلاح ثقافة الشرطة، ورفاهية الأشخاص الملونين، وعدم المساواة داخل الهياكل المدنية ـ إلا أنها تظل جزءًا لا يتجزأ من الحياة اليومية حيث يتمتع السلوك القوي ـ الحب العملي غير الرومانسي ـ بالقدرة على تشكيل الحقائق التي قد يواجهون بمرور الوقت ويشكلون تحديات أكبر بمرور الوقت.
باعتباري شخصًا يؤمن بشدة بقوة الكلمات، فإنني أقدر كيف يفتح الباحث القانوني والعنصري الشهير جون باول المناقشة حول العرق في مناقشة تتمحور حول الانتماء. لقد أصبحت مشورته وحكمته مطلوبة في الخطوط الأمامية لتجدد الألم والأشواق العنصرية. قد يكون جون لويس وغيره من قادة الحقوق المدنية أكبر سناً، لكنه لا يزال يتعلم الكثير منهم. كان أسلافه عبيدًا ومزارعين. وفي جامعة ستانفورد، أسس اتحاد الطلاب السود هناك. أخبرني أنه عاش فترة كافية لتجربة كونه زنجيًا، ثم أسود، ثم أمريكيًا من أصل أفريقي؛ ولذلك فهو يفهم التحول السريع والتدريجي في وقت واحد؛ مما يؤكد على ضرورة وضع وتيرتي التغيير في الاعتبار عند التخطيط لاستراتيجياتنا وأهدافنا من أجل التغيير.
يعتقد جون باول أن العرق يشبه الجاذبية: يختبرها الجميع ولكن لا تفهمها إلا أقلية. ومع ذلك، لم يكن العرق أبدًا صفة يمتلكها البعض بينما لا يمتلكها الآخرون ـ بل يتعلق الأمر بالعلاقات التي تم تكوينها. أجد أن التسميات مثل الامتياز والحرمان يمكن أن تعمل مثل الحاويات ـ يمكن أن تجعل من الصعب علينا أن نتخيل ونجد أرضية مشتركة كبشر. يعرّف جون باول "البياض" بأنه طريقة ثقافية للوجود تنتشر عبر الثقافات والتخيلات، حتى عندما تبدو حسابات الشخص الثالث مهيمنة على الثقافة الغربية. يشكل البياض جزءًا من روحه الأساسية ـ روح السيطرة على الطبيعة وإخضاعها ـ التي نشأت فيها وسط أمريكا الوسطى حيث أصبح العديد من الرجال والنساء العصاميين ناجحين بينما ظلوا وحيدين ووحيدين.
ويب. حدد دوبوا "خط اللون" كأحد القضايا الأساسية التي تواجه المجتمع في هذا القرن. من المربك أن الحياة الحديثة تقدم لنا معضلة صعبة تتمثل في الوعي بعمى الألوان: حتى مع إقرار النوايا الحسنة والقوانين في هذا السياق، فإن غرائزنا وردود أفعالنا الموروثة من بيئاتنا والمطبعة داخل كياننا لا تزال متأصلة للغاية بحيث لا يمكن اتخاذ قرار واعي بها. هناك خط لوني يمر في أذهاننا، ولم نكن ندرك وجوده إلا الآن. لكن جون باول منغمس بعمق في علم "التحيز الضمني" الجديد الذي يمنحنا طريقة للتعامل معه بشكل مباشر. تمثل لنا الطبيعة البشرية تحديًا، على الرغم من أن السياسات يمكن أن تساعد وتسرع في تحقيق هذا التحدي من خلال

خلق تجارب جديدة تعزز السلوكيات الغريزية بينما تفتح مسارات كيميائية وفيزيائية للتقدم. ويقدم هذا النهج إطاراً مفيداً ومباشراً لفهم ما نعنيه عندما نرغب في تغيير دائم في قلوبنا، في حين بدأ جون باول وآخرون في تقديم منهجيات التدريب القائمة على هذا العلم الجديد لحكومات المدن، وقوات الشرطة، والمدارس.

استمع إلى تبادل صوتي بين جون باول والمؤلف هنا.

في الآونة الأخيرة، أدرك الباحثون أن الكثير من استجاباتنا المعرفية والعاطفية للعالم تحدث على مستوى اللاوعي. بينما ابتعد المجتمع عن مناقشة العرق بسبب جهودنا في تجاوز عصر جيم كرو ومناقشات عصر تفوق البيض، كان لاوعينا يخبر أنفسنا الواعية بالتوقف عن المحاولة الجادة؛ سيظل العرق متأصلًا بعمق في علم الأحياء والهياكل والترتيبات والترتيبات، لذا دعونا نستمر في الحديث عنه بدلاً من نسيانه تمامًا ـ وقد استجاب بقوة عندما ظهر العرق مرة أخرى في المحادثات أو الوعي.
كانت وجهة نظرك حول كون العبودية أحد "الوالدين" لطريقتنا الحالية في النظر إلى العرق مثيرة للاهتمام للغاية، ومع ذلك فقد قمت أيضًا بتمييز مثير للاهتمام حول كون التنوير مؤثرًا محتملًا آخر على كيفية رؤيتنا للعرق اليوم. وأنا أتفق مع هذا المفهوم.
منذ عصر التنوير، اعتدنا على الاعتقاد بأن العقول الواعية يمكنها الوصول إلى كل المعرفة. لقد علمونا أيضًا أن نكون عقلانيين.

نعم، أصبحت الولايات المتحدة مرتبطة بشدة بالفردية والاستقلال، حتى مع عدم معاملة المجموعات الأخرى على قدم المساواة؛ فكر في مجموعات مثل الأفارقة أو الهنود أو النساء أو أي شخص لا ينتمي إلى ثقافة الذكور البيض ولم يكن حراً. علاوة على ذلك، فإن غطرسة مشروع التنوير تشير إلى أنهم يستطيعون السيطرة على كل شيء من حولهم على الرغم من أننا بالكاد نستطيع السيطرة على أنفسنا!

وفي عام 1980، عند إجراء هذه المناقشة قد نقول: "دعونا لا نركز على العرق؛ دعونا نعامل الجميع كأفراد. لماذا هناك العديد من الفئات؟" لكن العلم يشرح الآن لماذا تعمل عقولنا بهذه الطريقة؛ الفئات هي التي تمكن أدمغتنا من معالجة العالم ـ وبدون الفئات ببساطة لن نكون موجودين كأنواع.

لكن الحالة التي يعيش فيها كل واحد منا في عزلة ـ والتي تربطها بالبياض باعتباره مرتبطا بثقافات الهيمنة ـ لا يمكن أن تستمر، ولا يمكن اعتبارها مرغوبة، وقد وصلنا إلى حدود إقناع أنفسنا بأنها كذلك.

هناك الكثير من التعبيرات التي تساعدنا على التعرف على ذلك. عندما يتحدث الناس عن الحاجة إلى القيام بأشياء للتواصل، فهذا يقلل من الواقع: نحن بالفعل متصلون؛ كل ما يتعين علينا فعله هو أن ندرك هذا الارتباط ونعيشه بالكامل. فكر في الفصل: إنها طريقة رسمية للقول: "كيف يمكنني إنكار علاقتنا؟" فكر أيضًا في البياض: فقد اعتقد سلفه في أمريكا أن قطرة واحدة من الدم الأسود ـ أيًا كان ما يعنيه ذلك ـ من شأنها أن تدمر البياض؛ في الواقع، يحمل معظم الأمريكيين البيض جينات سوداء، وهو شيء يمتلكه معظم الأمريكيين البيض بالفعل إلى حد ما ولكنهم لم يدركوا وجوده بداخلهم. اتضح أن معظم الأمريكيين البيض لديهم على الأقل بعض الجينات السوداء الموجودة في مكان ما داخل أجسادهم!
لقد اختلط الدم الأبيض بالدم الأسود منذ زمن طويل، وبإنكار بعضنا البعض فإننا ننكر أنفسنا لأنه لا يوجد شخص آخر يمكن أن ينكره؛ كل الروابط موجودة داخل أنفسنا وحدنا. فكيف ندرك هذه الحقيقة ونحتفل بها؟

بينما نسعى للتغلب على اللغة والسلوك الذي فرقنا، فإنني أقدر حقًا استخدامك للغة الانتماء. من فضلك أخبرني ماذا يعني هذا بالنسبة لك ولماذا هذا قد يكون قويا في دفعنا إلى ما هو أبعد من هذا الانقسام.

إن وجود الإنسان يعتمد على الانتماء. العلاقات هي المفتاح لرفاهيتنا. لقد ألقيت مؤخرًا محاضرة عن الصحة. إذا شعرت بالعزلة، فإن عواقبها الصحية يمكن أن تفوق بكثير تلك الناجمة عن التدخين أو السمنة أو ارتفاع ضغط الدم: مجرد العزلة! لذلك، فإن مجموعات مثل منظمات حقوق الأشخاص ذوي الإعاقة أو المنظمات ذات التوجه العرقي موجودة فقط لتأكيد نقطة الانتماء هذه؛ ما عليك سوى إلقاء نظرة على منظمة Black أو المنظمات المماثلة ـ هدفها الأساسي هو الإدلاء ببيان العضوية والانتماء؛ في النهاية، Lives Matter تؤثر تصوراتنا تجاه أحدهما على كيفية رؤيتنا لأنفسنا وتعريف بعضنا البعض.

يمين
ولذا عندما نحدد الآخرين على مسافة كبيرة من أنفسنا، فهذا يعني قطع أجزاء كبيرة من أنفسنا. في المناقشات المبكرة حول التكامل في المدارس، ادعى أنصار الفصل العنصري الأبيض أنه يمكن أن يتسبب في قيام الأطفال السود والبيض بتكوين علاقات والزواج وإنجاب الأطفال معًا في حالة وجود مدارس متكاملة؛ بينما صرح قادة الحقوق المدنية بأن "الأمر لا يتعلق بالزواج". وفي النهاية ثبتت صحتهم. فعندما يجتمع الناس يتعلمون كيف يحبون بعضهم البعض وهذا يغير المجتمع نفسه؛ حتى أن البعض قد ينتهي بهم الأمر إلى الزواج وإنجاب الأطفال معًا حيث يمكنهم تغيير المجتمع نفسه! عندما يشعر الناس بالقلق من أن وجود المثليين سيؤثر سلباً على المجتمع، سيحدث التغيير؛ عندما يشعر الناس بالقلق من أن وجود المثليين يمكن أن يغير المجتمع تمامًا عندما يشعر الناس بالقلق من أن وجود المثليين قد يغير نسيجه. عندما يشعر الناس بالقلق من أن حضور المثليين قد يغير نسيج المجتمع كثيرًا؛ وبالمثل عندما يشعر الناس بالقلق من أن وجود المثليين قد يغير المجتمع تمامًا أو يغير نسيجه. عندما يشعر الناس بالقلق من أن وجود المثليين من شأنه أن يعطل المجتمع عندما يشعر الناس بالقلق من أن وجود المثليين يمكن أن يغير نسيجه بطريقة أو بأخرى. عندما يشعر الناس بالقلق من أن وجود المثليين سيغير المجتمع تمامًا عندما يشعر الناس بالقلق من أن وجود المثليين سيؤثر بطريقة أو بأخرى على نسيج المجتمع الذي قد يتسبب بطريقة ما في حدوث تغيير أو اضطراب أيضًا، بغض النظر. عندما يشعر الناس بالقلق من أن وجود المثليين جنسياً هو بطريقة ما تغيير نسيج المجتمع نفسه عندما يتعلم الناس في الواقع أن وجود المثليين قد يغير النسيج في وقت قريب بما فيه الكفاية! عندما تظهر هذه المخاوف بشأن تغييرات النسيج، سيؤثر المجتمع على تغييرات جذرية للغاية في نسيجهم! عندما تظهر هذه المخاوف من مثل هذه الآراء فهي مجرد تهديد آخر لأن وجود المثليين قد يغير النسيج بشكل أسرع بكثير لدرجة أن الاضطرار إلى تغيير المجتمع بقدر ما هو جذري من خلال وجود المثليين ليس مفيدًا عند رؤية التغيير الجذري بسهولة من خلال وضعهم. بسرعة كبيرة جدًا بسبب زيادة الضغط الذي يحدث بشكل ملحوظ نتيجة وجوده بسرعة كبيرة جدًا! عندما يكون المثليون جنسياً بشكل عام لمجرد وجود مثليين جنسياً. عند الإزالة لمجرد وجود عدد متساوٍ من الأشخاص، يمكن إما أن يتم قبولهم بمجرد أن يتأثر الأشخاص الذين لديهم مثليون جنسيًا بالفعل بهذه السرعة الكبيرة جدًا! عندما لا يكون لدى المثليين ما يكفي أو الخوف من المجتمع نفسه بدلاً من أن يُنظر إلى وجود المثليين بشكل مختلف بسبب مجرد أخذ الآخرين ببساطة، حسنًا نظرًا لأن إدراجهم لا يعني ذلك، لذلك قد يحدث تغيير بدلاً من حضور الأشخاص في وقت مبكر جدًا بعد ذلك. أن تصبح مقبولاً يعني أن الناس يشعرون بالقلق مع مرور الوقت أكثر من اللازم بسبب اعتبارهم كذلك أو تم جعلهم أقل من مجرد إحداث تغيير آخر في المجتمع. عندما يمكن أن يؤدي هذا إلى حدوث شيء ما يسبب تغييرات تسبب للبعض، مثل "إعادة إدراكهم بسهولة شديدة أو الخوف الشديد أو أكثر من ذلك بكثير (على سبيل المثال قد ينتج عن ذلك الكائن، عندما يكون شخص ما في نفسه (قبل أن يكون لديه مثلي الجنس) الأعضاء فقط هكذا. عندما تقلق من وجود مثليين جنسيا...

يشعر الناس بالقلق من أن وجود المزيد من اللاتينيين في مجتمعاتنا سيغير المعنى الحقيقي للزواج - وهم على حق! عندما يعتقد الناس أن وجود العديد من اللاتينيين الذين يعيشون هنا سيغير أمريكا، فهم على حق أيضًا. نحن نصنع بعضنا البعض باستمرار، سواء أدركنا ذلك أم لا؛ قد ينبع جزء منه من الخوف من أن شيئًا عزيزًا

علينا قد يتغير مع انضمام المزيد من اللاتينيين إلى المجموعة؛ ومع ذلك، قد يؤدي ذلك في الواقع إلى خلق إحساس أقوى بالمجتمع الذي يشكل "نحن". إذا تم القيام بذلك بشكل صحيح، فسيتم إنشاء مجموعة كبيرة واحدة "نحن"!

لكن هذا التحدي، الذي وصفته للتو، لا يمكن معالجته من خلال القوانين أو السياسات أو إصلاح المدارس وحده. أفضّل استخدام لغة الدكتور كينج وجون لويس ـ "للمجتمع المحبوب" ـ وهي لغة تستخدمها بنفسك.

هذا صحيح. ومنذ ذلك الحين، تعلمنا بعض الدروس. على سبيل المثال، في وقت ما، قمنا بمساواة التكامل مع الاستيعاب؛ تحدث آرثر شليزنجر عن هذا في بعض أعماله. من الواضح أن هذا غير دقيق: لن نذوب جميعًا في بعضنا البعض. ومع ذلك، ينبغي للمجتمعات المحبوبة أن توجد على جميع المستويات: المجتمعات المحلية والعالمية على حد سواء، وخارج نطاق البشر؛ أعتقد أن العيش بهذه الطريقة ينعكس في هياكل مختلفة لتنظيم المجتمع بشكل أكثر فعالية.

"أعتقد أننا نستطيع معًا أن نتعلم الاسترخاء، وعندها لن نحتاج إلى الخوف من القوة". نعم، قد يدفعنا ذلك إلى ما هو أبعد مما هو مريح لنا أو ما نحن عليه حاليًا؛ ولكنني أعتقد أننا بحاجة إلى المساعدة للوصول إلى هناك؛ في الوقت الحالي، لغتنا لا تسمح بذلك لأن مشروع التنوير لا يزال يستخدم مصطلحات مثل، "يمكنك أن تكون أي شيء تريده؛ تحكم في مصيرك وشكله." وحتى فكرة السيادة مثيرة للجدل حيث لا يوجد مجتمع أو أمة تمتلك هذه الحقوق حقًا؛ نحن جميعًا موجودون ضمن العلاقات ـ سواء كانت جيدة أو سيئة، فهي موجودة بيننا جميعًا.

حسنًا، ما كان مريحًا بشكل خاص بشأن ما قلته عن الانتماء وإعادة صياغة علاقاتنا مع بعضنا البعض هو تعليقك بأننا نميل إلى التركيز على مجموعات من القضايا ـ العرق، وعدم المساواة في الدخل، والمدارس، والجريمة، والسجن، والأحياء المنفصلة ـ بدلاً من التركيز على الأفراد أشياء مثل العنصرية أو عدم المساواة في الدخل أو الجرائم المدرسية أو ندرة الموارد الطبيعية (عالميًا). وفي حين أن كل هذه المشاكل موجودة كاهتمامات فردية؛ وعندما يتم تجميعها معًا تصبح ساحقة ومشلولة ـ ولا يعني ذلك أن مهمة الانتماء سهلة أيضًا.

لا، ولكنني أعتقد أنه ربما يفتح هذا التمرين عقولنا بطرق جديدة ويفتح فرصاً للعمل.

أنا موافق. أحد الأسباب التي تجعل المشكلات تبدو مستعصية على الحل هو أننا نستخدم أدوات غير فعالة لفهمها ومعالجتها؛ في الواقع، يمثل هذا نقلة نوعية عميقة ـ كما لو كنا نحاول رؤية أجهزة الكمبيوتر كآلات كاتبة فاخرة! كما هو الحال مع الآلات الكاتبة، عند محاولة فهم أجهزة الكمبيوتر باستخدام إطار عمل الآلات الكاتبة، يمكن أن يكون الأمر مرهقًا وغير فعال ـ يجب عليك النظر إلى هذا التحول النموذجي من الصفر أو استخدام نماذج أخرى مثل السيارات حيث كان الناس يعتقدون في البداية أنها مثل عربات بلا أحصنة ـ تنكسر الاستعارات أسفل ولا تعمل بفعالية. في الوقت الحالي، نحاول استخدام لغة من الفردية والتنوير ـ مثل الفردية لفهم شيء يتضمن شيئًا آخر تمامًا. وهذا يجعل المحادثة معقدة للغاية. أقول لطلابي هذا أحيانًا: إذا كنت تريد نشر مرض الحصبة في جميع أنحاء سان فرانسيسكو، فكل ما يتطلبه الأمر هو قطرة واحدة على شخص ما نظام مترو الأنفاق لدينا) في أي يوم حافل واكتشافه؛ بمجرد وصول BART ما عليك سوى الذهاب إلى رسالتك إلى عدد كافٍ من الأشخاص، ستقوم علاقاتهم ببقية العمل نيابةً عنك. إن العثور على نقطة انعطاف داخل النظام سيؤدي إلى ملؤها بالكامل.

ومن هنا، فإن السؤال الذي يطرح نفسه: كيف يمكننا تعزيز الانتماء داخل المجتمعات؟

كيف يمكننا أن نجعلها معدية؟ يتوق الناس إلى المجتمع، لكنهم يفتقرون إلى الإيمان بالحب ـ وبدلاً من ذلك يتقبلون الغضب والكراهية كقوى قوية. يبدو الحب بمثابة الكثير من العمل عندما تكون هناك أدوات أكثر فعالية مثل الغضب أو الكراهية التي تدلي بتصريحات دون أن تكون الكلمات كافية. ومع ذلك، عندما نتعامل مع العالم، يعتقد الكثيرون أنه من الأفضل أن ننظم أنفسنا حول الغضب والكراهية ـ كما يتضح من شخصيتين قويتين مثل غاندي والقس الدكتور كينغ. لقد خرج نيلسون مانديلا من ثورة شديدة؛ ولكن عندما التقيت به كان يفيض بالحب. على الرغم من أنه عرض عليه إطلاق سراحه مبكرًا من السجن، إلا أنه رفض ما لم يتضمن ذلك إعادة هيكلة جنوب إفريقيا وبناء مجتمع محبوب بدلاً من خلق سيطرة السود على البيض. وحتى اليوم لا يزال يحظى بشعبية في جميع أنحاء جنوب أفريقيا وفي جميع أنحاء العالم.

لذلك أعتقد أن جزءًا منه يكمن في عدم الاضطرار إلى تخيل القيام بالأشياء خطوة بخطوة؛ نحن نطالب بالحياة، سواء كانت حياتنا أو حياة الآخرين، ونحتفل بها وننخرط فيها، وننخرط فيها بشكل كامل. لذلك بالنسبة لي السؤال ليس "كيف نصل إلى هناك"، بل "كيف نعيش؟" في الأسرة أو المجتمع السليم، لا نقول فقط إننا نهتم ببعضنا البعض، بل نتعلم في الواقع كيف نهتم ببعضنا البعض ونحتفل بهذه الحقيقة؛ يمكن للسياسة أن تساعد في هذا الجهد، مثل قوانين السامري الصالح، ولكن يجب أن تنبع جميعها من الشعور بأننا نتشارك مع بعضنا البعض ـ وأن الحب موجود بين كل واحد منا.

* *** .. * لا حاجة إلى إضافة هذا النص هنا لأسباب تتعلق بالوضوح حيث سيبقى هذا القسم فارغا. أستمر في العودة إلى هذه الفجوة بين ما نحن عليه الآن والذات المثالية التي نريد أن نصبح عليها ـ وأفضل السبل للتعامل مع الانفتاح عليها بطريقة فعالة ومفيدة. يقدم لي علم النفس البوذي الدعم في فهم أن كل فضيلة عظيمة لها "أعداء قريبون"، وهي ردود أفعال تأتي من الاهتمام بشخص ما ولكنها تقودنا إلى طريق غير فعال. يمكن اعتبار الحزن أحد الأعداء القريبين للرحمة والحب. الحساسية تفسح المجال للتعاطف. ومع ذلك، فإن آثاره يمكن أن تصيبنا بالشلل في كثير من الأحيان بمشاعر مفادها أن أي شيء نفعله لن يحدث أي فرق ـ وهو ما يصفه روشي جوان هاليفاكس بأنه شكل من أشكال "التعاطف المرضي". في أوقات المعاناة الهائلة من حولنا، يمكن التغلب على الكثير منا بالتعاطف مع المنكوبين. عندما يحدث هذا، يأتي دور الرحمة ويبقى الحب حاضرًا رغم كل شيء.

هناك لحظات في الحياة العامة، بين الحين والآخر، ندرك فيها تمامًا ارتباطاتنا ببعضنا البعض ونستمر في حضور اللحظات الحزينة. إن الحادي عشر من سبتمبر 2001 هو مناسبة كهذه. وربما يكون إعصار كاترينا قد خدم هذا الغرض أيضًا، على الرغم من أننا نادرًا ما نحيي ذكراه على هذا النحو. اصطدم الإقصاء العنصري والفقر الراسخ والضعف البيئي بمأساة حيث سعى الآلاف في نيو أورليانز إلى البحث عن مأوى في ظل ظروف لا إنسانية داخل مياه الفيضانات في مدينتهم. كما شاهد المشاهدون يومًا بعد يوم مسئولي وكالة إدارة الطوارئ الفدرالية وهم يصرحون بهذه الحقيقة بوضوح روحي كبير: "إننا نرى أشخاصًا لم نكن نعلم بوجودهم."

ولعدة أيام، أذهلنا الشهادة والحضور. كيف يمكن حصول هذا؟ ماذا يعني أن نكون جيراننا؟ أظهر استطلاع كبير في ذلك الوقت، وفقًا لجون باول، أن 70 بالمائة من الأمريكيين سيؤيدون زيادة الضرائب للتخفيف من الأزمة الإنسانية في نيو أورليانز؛ غالبًا ما يكون المال هو الطريقة التي يُظهر بها الأمريكيون تقديرنا لما يهم في الحياة، وهذا من شأنه أن يكون بمثابة إعلان حب فيدرالي ثوري

لكن بعد ذلك توقفت الصور وانتقل الاهتمام إلى عدم كفاءة الوكالة الفيدرالية لإدارة الطوارئ؛ ابتعدنا عن مناقشة الحب لأننا لم نستطع أن نعيشه؛ ومع ذلك، تظل مسألة الحب ملحة في نيو أورليانز وفي كل مجتمع أمريكي؛ الفقر موجود إلى جانب العرق. هذا المزيج مشلول ومتضارب، لكننا كأشخاص عصاميين بدأنا للتو في ملاحظة وجوده داخل أنفسنا.

"ومع ذلك، لا يزال هناك شعور بعدم الارتياح يتراكم حول "التفاوت في الدخل.

إن اللغة المطهرة تعمل على تحويل مآسينا الإنسانية إلى صناديق سياسية واقتصادية وتبقينا منفصلين عن أسبابها الجذرية. ومع ذلك، يبدو أن المزيد والمزيد منا على استعداد لفتح أعيننا، واختيار رؤية جوهر الأمر كنقطة محورية، وطرح مسألة الحب على جميع أنواع الاختلافات الأيديولوجية، والسياسية، أو الاقتصادية. وتظهر استطلاعات الرأي، وهي طريقتنا في قياس درجة الحرارة المدنية، هذه الحقيقة بوضوح: إن التفاوت في الدخل قضية تتجاوز الخطوط الحزبية. لقد ظهرت دوافع رعاية غير متوقعة عبر الخطوط الدينية والعلمانية والطبقية وعبر فئات الدخل؛ كما لو أن الكثير منا يتذكر أننا ننتمي معًا ونريد أن نجعل هذا الوعد حقيقة.

الأخت سيمون كامبل هي واحدة من العديد من الأفراد الذين ساهموا في إعطاء هؤلاء الأخوات الشكل والصوت. أصبحت معروفة كواحدة من وجوه "الراهبات في الحافلة"، وهي رحلة برية في عام 2012 جلبت جميع أنواع الناس إلى الشوارع للترحيب بهم والاستماع إلى ما يقولونه وكذلك الاستماع إليهم. . إذا كان علينا أن نصنفها، فهي تنتمي بقوة إلى الجانب التقدمي للسياسة الأمريكية. ولكنها تقف منفصلة من الناحيتين السياسية والروحية، فهي أقرب إلينا جميعاً، كما أود أن أؤكد، من الأصوات المتبقية ذات الإجابات الشاملة التي تحتل قدراً كبيراً من مساحة نقاشنا المدني. إنها أخت كاثوليكية نشطة، ومحامية، وعضوة في جماعة ضغط، وممارس جاد لفلسفة الزن، ولها جذور تعود إلى حركة الحقوق المدنية. في عام 1967 أخذت نذورها مع راهبات الخدمة الاجتماعية ـ وهي واحدة من الفروع الأقل شهرة للتقاليد البينديكتينية. بصفتها رئيسة مجتمعها، أصبحت مؤسسة النظام أول امرأة سياسية في المجر. وتساءلت بصوت عالٍ إذا كان الله ينظر بازدراء حقًا إلى أولئك الذين سعوا إلى مسح دموع أولئك الذين يعانون، فهل يبارك أيضًا أولئك الذين عملوا على ضمان عدم تدفق الدموع بحرية في المقام الأول؟

وهي منظمة ضغط صغيرة تأسست عام 1972 في NETWORK، الأخت سيمون هي المديرة التنفيذية لـ واشنطن العاصمة من قبل 47 راهبة كاثوليكية بمجموع أولي قدره 187 دولارًا. وفي عام 2012، استخدموا الدعاية التي اكتسبوها من انتقاد الفاتيكان للبابا بنديكتوس السادس عشر كوسيلة ضغط ضد ما أصبح يعرف باسم ميزانية رايان، التي اقترحت خفض البرامج التي تخدم "الأكثر ضعفا بيننا". أنا معجب بالطريقة التي السياسية في القرن الحادي والعشرين باعتبارها "تضع إرثًا NETWORK توضح بها الأخت سيمون رؤية حيًا للأجيال القادمة".

إن "تحديد الحد الأدنى للأجور"، و"صياغة ميزانية يستفيد منها الجميع بنسبة 100%"، و"إصلاح فجوة الثروة" ـ كلها توحي ببذل جهد لإصلاح النسيج الممزق، بدلاً من مجرد معالجة عدم المساواة في الدخل كحسابات رياضية.

تبرز الأخت سيمون أيضًا في الطريقة التي تتحدث بها عن القادة الجمهوريين الذين يمثلون منافسيها السياسيين في سياسات أوائل القرن الحادي والعشرين. على سبيل المثال، خلال مناقشتنا، أعربت عن إعجابها وحبها الحقيقي لبول رايان (يشغل رايان حاليًا منصب رئيس لجنة الميزانية بمجلس النواب ورئيس مجلس النواب)، وروت قصصًا عن كيف كانت تفاعلاتهم مفيدة لكليهما، حتى داخل مثل هذا الإطار العدائي:

استمع إلى هذا الحوار بين الأخت سيمون كامبل والمؤلف.

يقوم كل منا أنا وبول ريان بدورنا وغالبًا ما نزعج بعضنا البعض بطرق مختلفة، على الرغم من أنني أستمتع بمضايقته بشأن الأشياء! أثناء العمل مع طرفين متعارضين في بعض النواحي، كان لتقاطعنا تأثير على كل واحد منا وكان مفيدًا للطرفين؛ أحد الأمثلة على ذلك هو الإدلاء بشهادتي أمام بول رايان الذي يرأس لجنة الميزانية بمجلس النواب أثناء إدلائي بشهادتي. عندما طاردني أحد الجمهوريين لأنه قال إن الفاتيكان يلومني وبالتالي لا ينبغي تصديقي، دافع بول رايان عني قائلا إنها "تتفق تماما مع تعاليم الكنيسة، على الرغم من أننا قد نختلف حول بعض القضايا".

أذهلتني محادثاتي مساء الإثنين مع الأخت سيمون في الاستوديو الخاص بنا في مينيابوليس؛ فرحتهم بها وبكيفية تأثير اختياراتها على خياراتهم. يُظهر مثالها حدوث التأمل والفعل في وقت واحد، وهذا يسلط الضوء على ارتباطهما بطريقة مسلية.
استمع إلى هذا التبادل بين الأخت سيمون كامبل والمؤلف سيمون بلاك

لقد تطورت روحانيتك وحياتك الصلاة مع مرور الوقت إلى ما وصفته بحياة تأملية "للمشي بإرادتك". ماذا تقصد بالضبط بهذا البيان؟

حسنًا، في مركز من أنا يكمن التأمل. ينص كتاب جيرالد ماي المذهل "الإرادة والروح" على أن كل ما نجلبه إلى الحياة التأملية هو القلب المفتوح؛ الخوف والتمسك أو الإمساك هو ما يمنعه من العمل بشكل صحيح. لذا، بالنسبة لي شخصيًا، تتضمن رحلتي الاستمرار في السير طواعية نحو الأمل والرؤية ووجهات النظر والفرص التي تطرح نفسها؛ لكن ذلك يعتمد على المكان الذي يحتاج فيه الناس إلى الغذاء؛ تتم دعوتي إلى هناك من قبل الأشخاص المحتاجين وأبذل قصارى جهدي لتوفير بعض الدعم، فقط كن حاضرًا أو استمع بينما يشارك الناس قصصهم الخاصة أو يروون قصتي. حافظ على قلبك مفتوحًا لكل شيء من حولك بدلاً من الانغلاق والانغلاق التام عن الحياة!

النشطة، حتى وسط حياتك المزدحمة وعبء العمل الضخم. أنت Zen أعلم أنك تحافظ أيضًا على ممارسة تأخذ وقتًا للتأمل والتأمل كجزء من هذا المسعى.

التأمل ضروري. أتأمل كل صباح في المنتجع الذي يديره مجتمعي في إنسينو وقد انبهرت به تمامًا عندما قمت بأول منتجع زن لي هناك. شعرت وكأنني أغوص في هذا المسبح المنعش؛ لدرجة أنه أبقاني مستيقظًا في الليل. شيء لم تفعله الصلاة المركزة. حتى فتحت هذه التجربة الباب هو نظام للتأمل. تجربتي كانت أنه كان هناك دائمًا شخص ينادي من الداخل؛ كان الانفتاح على هذه Zen الدعوة من داخل مخيلتي أكبر هدية في حياتي على الإطلاق. إن إدراك أننا جميعًا جسد واحد كان بمثابة التحرر ـ ومعرفة أن هذا يعني مجرد القيام بدوري ـ فالكلمات لا تنصف حريته!

وأعتقد أن ما تصفه هنا هو الانغماس في تلك المعرفة، إذًا...

لذا فهو حشوي. هل يمكن للمرء أن يترك التأمل ويعيش من ذلك المكان؟ تكتب، "إن البقاء مفتوح اليدين وعدم الإمساك، أمر ضروري للتأمل، وهذا يجب أن يرشدنا أيضًا إلى كيفية رؤيتنا للحياة الاقتصادية معًا". هذا البيان مثير للاهتمام للغاية!

حسنًا، أعرف بعض الأشياء إذا كنا منفتحين: لا ضمانات؛ كل شيء هش. كل ما لدينا يأتي كهدايا. إن الاستعداد لمشاركة ما أملكه أو ما تم إعطاؤه لي يمكن أن يصبح إحدى الطرق الرئيسية للتواصل بيننا. تصبح القصص عنصرًا لا يقل أهمية عن المال عند التفكير في المشاركة؛ لم أستطع أن أتركك خارجًا!

يشعر الكثير منا بالألم بسبب الفجوات الآخذة في الاتساع التي يبدو أنها موجودة بين الأفراد في المجتمع والمجتمع والأمة. وهذا ليس لأننا لا نهتم؛ في الواقع، نحن نهتم بشدة ـ ولكننا لا نعرف أفضل السبل لتطبيق هذه الرعاية بطرق هادفة وملموسة؛ إفعل شيا حيال هذا.

هناك مستويات مختلفة لهذه العملية. واحد يفعل شيئا. أشعر في كثير من الأحيان كما لو أننا، في الولايات المتحدة، نتوقع من أنفسنا أن نصلح كل شيء ونعتقد أننا بحاجة إلى العمل على جميع القضايا في وقت واحد ـ وهو أمر غير ممكن بكل بساطة! بدلاً من ذلك، يعد الاستماع بعمق إلى القصص أمرًا أساسيًا: بهذه الطريقة إذا أخذ كل شخص دوره...

أينما يكمن دورنا.

بغض النظر عن دورنا، فقط افعل شيئًا واحدًا وسيكون ذلك جيدًا. من الأخطاء الشائعة بين الأفراد التقدميين أو الليبراليين أو أي نوع آخر هو الاعتقاد بأن علينا القيام بكل شيء بمفردنا، مما يجعلنا مرهقين. أتلقى طلبات عبر البريد تتطلب مشاركتي، ولكن عندما أواجه هذا القدر الكبير من العمل الذي يجب القيام به نيابة عن مشاريع خدمة المجتمع، أصبحت مشلولًا لدرجة عدم القيام بأي شيء على الإطلاق؛ هذه ليست مشاركة مجتمعية ـ بل كل عضو مسؤول عن القيام بدوره ولا ينبغي أن يصبح هذا أمرًا مربكًا للأفراد.

تعجبني عبارتك حول دعم "100 بالمائة". يبدو أن العديد من القضايا والسياسات التي تدعمها مرتبطة بحركة "احتلوا وول ستريت" واستخدامها للغة مثل "99 بالمائة".

بينما كنا نستضيف طاولات مستديرة للأعمال، وتحدثت إلى بعض أنواع رواد الأعمال والرؤساء التنفيذيين الذين كنت أنتظر بفارغ الصبر فرصة للسؤال عنهم، كشفت التقارير الصادرة مؤخرًا أن متوسط راتب الرئيس التنفيذي لشركة مساهمة عامة يكسب أكثر من 10 ملايين دولار سنويًا؛ فقلت لهم: هل هذا معقول؟ كيف يمكن أن يستغرق الأمر 11 مليون دولار فقط للبقاء على قيد الحياة؟" سألت الأخت سيمون. أجاب أحد" الأشخاص بسرعة بأن الأمر لا يتعلق بالمال؛ بل إن الأمر يتعلق بكوننا أشخاصًا تنافسيين للغاية، ومتلهفين للفوز بأي ثمن ضروري، حيث يعتبر المال ببساطة هو المقياس الحالي للنجاح.

لذا فإنني أسأل نفسي: هل يمكننا إيجاد تدابير أقل سمية؟ لأن هذا هو الأمر حقًا: لا أحد يريد اكتناز المال، إنهم يريدون فقط الفوز، لذلك إذا تمكنا من فهم دوافعهم بشكل أفضل من أجل الصالح العام فقد نكتشف تدابير أخرى من شأنها تحرير المزيد من الأموال. ومن خلال تنمية الفضول حول وجهة نظرهم، قد نكتشف حلولًا غير متوقعة بدلاً من القتال ومقاومة كل شيء في متناول اليد ـ وهو جانب مهم من الحياة التأملية يعزز شيئًا ما بدلاً من تحطيمه.

الآن، الشيء الذي لم أناقشه كثيرًا هو الفرح. أنا أستمتع بالخطأ كثيرًا! الفرح يكمن في جوهر هذه الرحلة. في كثير من الأحيان يبدو التقدميون متسخين؛ هذا لا يخلق الكثير من الاهتمام بين المجندين المحتملين! وبدلاً من ذلك، فإن هديتنا المذهلة هي أن نتمكن من عيش هذه الحياة معًا؛ لا توفر العديد من الأماكن مثل هذا التنوع والإمكانيات المذهلة كما يفعل عالمنا ـ ابحث عن مكانك المناسب من خلال منح فرص الحياة مع الاستماع بما تقدمه لك الحياة في المقابل.

إن تركيز الأخت سيمون على تحقيق التوازن بين التأمل والنشاط، والعاطفة والفضول، والعمل الجاد واللعب أو الحب العملي أو الحب العام. الاستماع العميق هو فضيلة دائمة تدعم، Agape يضيف عمقًا وبعدًا لمفهوم كل شكل من أشكال العلاقات الرومانسية، وتشير الأخت سيمون مرارًا وتكرارًا إليها باعتبارها نقطة مرجعية لها لعيش حياة مُرضية وعاطفية. إنها تقدم هذه السطور من التقييم الذاتي كأدوات لتحديد ما إذا كان الشخص يمارس الاستماع العميق في أي موقف: "هل أستجيب بسخاء أو أنانية أو باحترام؟ توفر مثل هذه الأسئلة فرصًا للبدء في اتخاذ خطوات نحو أن نصبح مستمعًا ملتزمًا.

السؤال الثاني: إلى أي مدى وبأي طرق يمكن أن يتطلب التحول إلى المجتمع المحبوب جهدًا وتركيزًا يوميًا. وعلى وجه التحديد، أين ينبغي للمرء أن يبدأ؟

* * * لا أستطيع أن أنهي تفكيري بقصة واحدة تلخص الحب بشكل مثالي، أو بصوت واحد فقط يعبر عن كل ذلك صراحة. وبدلاً من ذلك، أعرض الذكريات والاستعارات على أنها من أعمالي.

أخبرتني ناتالي باتالها، عالمة الفيزياء الفلكية الجذابة والشاعرية، أن مسيرتها المهنية في مجال العلوم قد غيرت الطريقة التي تنظر بها إلى الحب. بالنسبة لها، الحب مثل المادة المظلمة ـ قوة غير مرئية ولكنها لا تنضب تتخلل جميع جوانب عالمنا والتي لا تزال غامضة للغاية بحيث يتعذر علينا فهمها أو استغلالها. من صيد الكواكب من أجل الصالحية للسكن ـ وهو مسعى تقول إنه يجب أن يبدأ عاجلاً وليس آجلاً ـ فهي تقدم واحدة من أروع وجهات النظر الممكنة حول السبب الذي يجعل الحب منطقيًا بشكل أساسي: ما هو جيد بالنسبة لي يفيد الآخرين أيضًا ـ وبالتالي على نطاق دولي.

اكتشف الجيوفيزيائي كزافييه لو بيشون في فهمه لأعمال الحفر تشبيهًا لفهم الرعاية في قلب المجتمع البشري. لقد كان رائدًا في تكتونية الصفائح خلال الستينيات، حيث لعب دورًا أساسيًا في واحدة من تلك اللحظات الحاسمة التي لم يُحدث فيها العلم ثورة في نظرتنا للواقع فحسب، بل غير أيضًا الطريقة التي ينظر بها جميع البشر إليه. لقد أمضى عقودًا من الزمن يعيش مع عائلته في مجتمعات الرعاية ـ على سبيل المثال مجتمع L'Arche التابع لجان فانير في فرنسا ـ مع عائلات تعاني من إعاقات أو أمراض عقلية لاحقًا. إنه شخص عاش حياة مليئة بالحب. ويؤكد أن القدرة على التكيف مع الهشاشة هي حجر الزاوية في النظم الحيوية المتطورة، سواء كانت جيولوجية أو بشرية. عند درجات حرارة معينة، تسمح العيوب الجيولوجية بالحركة والمرونة؛ وفي حالات أخرى تعمل مثل صمامات تخفيف الضغط التي تطلق الضغط الزائد؛ تحدث الزلازل عندما لا يمكن التعبير عن نقاط الضعف بشكل صحيح، في حين أن المجتمعات المتصلبة التي تتجاهل أولئك الذين يواجهون صعوبات تميل إلى عدم النمو بمرور الوقت؛ عندما يتغيرون، عادة ما يكون ذلك من خلال الاضطرابات العنيفة أو الثورة.

شرع Xavier Le Pichon في إجراء دراسة شخصية للعصر المحوري، باحثًا في صفاته التي أدت إلى ظهور إمكانات بشرية أكبر عبر التاريخ. يجد الأمر محيرًا عندما نجد نصف التاريخ من خلال معالم مرتبطة تمامًا بالمهارات والأدوات، مثل أدلة النياندرتال الموجودة في المواقع الأثرية. لقد بذل البشر الأوائل جهودًا وتضحيات كبيرة لرعاية المصابين أو المعاقين.

استمع إلى حوار بين المؤلف وكزافييه لو بيشون هنا.

كانت إعادة تنظيم أنفسهم حول الأطفال أمرًا ضروريًا للحياة، تمامًا كما تفعل كل الثدييات، ولكن التطور الآخر الذي أدى إلى ظهور مجتمع إنساني كان ظهور المنظمات التي تدعم الأشخاص الذين يعانون من المرض أو الإعاقة والذين يحتاجون إلى الدعم ـ وأصبح هذا ما يُعرف عمومًا بالمجتمعات الإنسانية

بالفرنسية؛ كان هناك شيء جديد ومميز للغاية في هذا الشكل من التنظيم: تم تقديم نقاط اتصال جديدة بفضل وضع الأشخاص الأكثر احتياجًا في مركز الحياة المجتمعية.

تعد دوروثي داي واحدة من أعظم مصادر إلهامي كصحفية وإنسانية كاثوليكية. أجد ترشيحها للقداسة مفاجئًا نظرًا لأسلوب حياتها البوهيمي في معظم حياتها. ولكن من المثير للاهتمام أيضًا أن اسمها ما زال يظهر بشكل متكرر بين الشباب اليوم الذين يبحثون عن نماذج يحتذى بها عبر الزمان والمكان. عندما كانت تبلغ من العمر 8 سنوات في أوكلاند، كاليفورنيا، عندما دمر زلزال عام 1906 سان فرانسيسكو، وجدت القوة والإلهام من خلال روزي دي جراي التي تحملتها بكرامة. خلال الأيام التالية، وقفت مكتوفة الأيدي بينما كان سكان أوكلاند يساعدون بعضهم البعض ويساعدون جيرانهم من سان فرانسيسكو على العبور على القوارب. كان هذا الطفل مأسورًا، وكان يراقب باهتمام. تثير دوروثي داي سؤالًا مهمًا وذا صلة بالموضوع الذي عاشته طوال حياتها الإنسانية والفوضوية والمغامرة: لماذا لا نستطيع أن نعيش بهذه الطريقة طوال الوقت؟

تنجذب إليها بسبب شغفها بالقول والعمل. في مذكراتها، الوحدة الطويلة، كتبت بطريقة بسيطة عن الحركة العمالية الكاثوليكية ـ حيث عاشت في وقت ما ـ ولكن أيضًا كيف لعبت مؤسستها دوروثي داي دورًا أساسيًا في تشغيلها بنجاح في أمريكا.
لقد ساعدت في إطلاق مشروع صحفي وحركة اجتماعية تواصل دعمها حتى اليوم: إطعام وكساء المحتاجين في جميع أنحاء المدن الأمريكية.

كنا نتحدث للتو عندما بدأت طوابير من الناس يتجمعون في الخارج ويصرخون: "نحن بحاجة إلى الخبز!""
لا يمكننا أن نقول لهم ببساطة: "اذهبوا وامتلئوا". فإذا كان هناك ستة أرغفة صغيرة بها سمك فضلت من تقدمة ذلك اليوم، فلا بد من تقسيمها بيننا حتى يكون هناك دائمًا ما يكفي من الخبز". في تلك اللحظة بدأ الناس يتحركون نحونا من كل الاتجاهات. واصلنا الحديث حيث انقطعت محادثتنا بسبب المزيد من الطلبات. فليأخذها من يستطيع أن يأخذها. غادر البعض، مما سمح بوصول المزيد؛ أدى ذلك إلى توسيع الجدران. على الرغم من أن الفرح قد لا يأتي بسهولة في بعض الأحيان، إلا أن وضع واجب البهجة على عاتق المرء يظل أمرًا أساسيًا. يعتقد البعض أن الميزة الرئيسية للعامل الكاثوليكي تكمن في الفقر، وهو أمر يجب أخذه في الاعتبار عند التفكير في الانضمام. المجتمع له أهمية قصوى، وفقا للكثيرين. لم نعد وحدنا. لقد ترك الحب بصمته وسيفعل ذلك دائمًا. وبعد معاناة سنوات من الوحدة، أصبح الحب هو الحل ـ الحب الذي اجتمع مع المجتمع ـ وهو أمر لا يزال مستمرا حتى اليوم.
قد يكون من الصعب مناقشة الحب علنًا، ولكن عندما يتحدث شخص يتمتع بالنزاهة ـ مثل ليروي سميث أو دوروثي داي ـ عما يهم في حياتهم، فإن ذلك يتردد صداه. نحن ندرك ما يصفونه. يمكنك أن ترفض شهامتهم. وتبرز لحظات الأزمة القصوى دوافع بطولية كانت ستظل خاملة لولا ذلك؛ يمكنك بالتأكيد أن تجادل بأن إظهار الحب علنًا لا يحدد الإنسانية؛ يمكنك ملاحظة أن دوروثي داي استمرت في خلق حياة لا تصدق من التضحية بالنفس بما في ذلك في النهاية تعهد بالعزوبة ـ وهو أمر يمكن لعدد قليل منا أن يأمل أو يتخيل القيام به في حياتنا أو عندما يُطلب منا القيام بذلك من خلال ضغوط المجتمع أو الأسرة!

كثيرًا ما أسأل الأشخاص الذين أجريت معهم مقابلات حكيمين ومحبين عن هذا الصراع الداخلي الذي أواجهه من وقت لآخر. على سبيل المثال، درس الكاتب بول إيلي دوروثي داي عندما كتب سيرته الذاتية عن توماس ميرتون ووكر بيرسي وفلانيري أوكونور وداي. وفقًا لبحث إيلي عن حياة داي، اكتشف أنها عاشت على أساس الاعتقاد بأن اللطف المحب لا يجب أن يقتصر فقط على لحظات الأزمات الكبيرة، بل يمكن أن يظهر في أي لحظة؛ شخص ما في مكان ما يواجه ما يواجه واحدة الآن.
استمع إلى هذه المناقشة بين بول إيلي والمؤلف بول إيلي.

يحتاج الناس إلى شخص ما عندما يمرون بأزماتهم الخاصة ـ وليس الانتظار حتى تحترق جميع المدن قبل التدخل. لقد اعتقدت أن المجتمع يمكن أن يتغير لأنها اعتقدت أننا نميل بشكل طبيعي نحو الحب. إن خليقتنا تدعونا إلى أن نحب بعضنا البعض؛ الصراع والحرب تشوهات لهذا الحب. بل يجب أن تكون موجهة إلى الداخل نحو الحب المجتمعي وليس إلى الخارج نحو الأفراد أو ضد بعضهم البعض. لقد كانت منظمة راديكالية فعالة ولكنها أوضحت دائمًا أن ما أدى إلى انطلاقة العامل الكاثوليكي لم يكن بسبب الجهود البرنامجية ولكن بدلاً من ذلك كان الناس يفعلون ما يأتي بشكل طبيعي: حب بعضهم البعض في المجتمع ـ ثم التحدث عنه بعد ذلك.

إن رؤى أنتوني أبياه حول التطور الأخلاقي عبر التاريخ والعالم تمنحني الأمل، وتريحني بفهمهم لكيفية تحول الممارسات المتأصلة التي تعتبر ليست صحيحة فحسب، بل مشرفة، بسرعة مع مرور الوقت. قدم زواج والديه بين الأعراق في الخمسينيات من القرن الماضي إحدى القصص الرئيسية لـ خمن من سيأتي للعشاء. في مرحلة أو أخرى من الحياة، كل جيل لديه لحظة ننظر فيها إلى الوراء بتعجب إلى شيء كان شائعًا في يوم من الأيام ونسأل أنفسنا "ماذا كنا نفكر؟ كيف كان من الممكن أن نعيش بهذه الطريقة؟" في كل من حياته العائلية ودراسته، شهد الدكتور بيمبرتون إحدى هذه النقاط. حقق أبياه في كيفية توقف ربط القدم في الصين؛ توقفت المبارزة عن كونها طريقة شريفة لحل النزاعات؛ تم إلغاء العبودية كجزء من الإمبراطورية البريطانية. وتشير أبحاثه إلى أن التغيير يبدأ ببطء داخل قلب كل إنسان قبل ظهور الحركات والقادة لتفكيك الهياكل.

توفر هذه القطعة طريقة لشرح ما يحدث في الزواج والحب والعلاقات بين الجنسين في أوائل القرن الحادي والعشرين. إنه يوضح لنا أخيرًا أننا نواجه التنمر بشكل متقطع. أود أن أزعم أنه ينقل أيضًا بعض الفهم فيما يتعلق بمعقولية تحميل الآخرين المسؤولية.
الحب هو حجر الزاوية في وجودنا. بغض النظر عن خلفياتنا أو ظروفنا.

إن وصفات أنتوني أبياه للحياة اليومية واضحة ومباشرة. وهو يدعو إلى "الانحياز" إلى الاختلاف، بدلاً من مهاجمته بشكل مباشر من خلال الأساليب القائمة على الحلول مثل تلك التي يميل الأمريكيون إلى تفضيلها عند مواجهة القضايا التي يرون أنها إشكالية. يأتي التغيير الأخلاقي من خلال المحادثات بالمعنى القديم ـ تشكيل روابط إنسانية حول الجوانب الدنيوية لإنسانيتنا التي تشكلنا كأفراد.
إن رؤية جون بول ليدراخ ـ وهو كاتب هايكو وممارس لحل الصراعات والتحول يتمتع بشهرة دولية ـ مفادها أن الخيال يميل إلى التركيز بشكل ضيق للغاية عندما نحاول فهم التغيير الاجتماعي قد ترك بصمة لا تمحى في ذهني. يمكن للكتلة الحاسمة ـ المسيرات وزعماء الحشد والأعداد الكبيرة من الجثث في الشوارع ـ أن توفر منفذاً شافياً لتحدي الحقائق القديمة وتمهيد الطريق للتغيير. ولكن من خبرته في العمل مع الأشخاص الذين حولوا الحقائق المتضاربة عبر الزمن والقارات، تم تصور حقائق جديدة وتحقيقها قبل وبعد تلك النقاط الشافية ـ بصبر وثبات على مدى سنوات وعقود ـ من خلال صفات جديدة من العلاقة بين مجموعات صغيرة غير متوقعة من الناس. من العامة. للوهلة الأولى، قد يبدو أنهم حلفاء غير محتملين؛ يمثل كل منهم أماكن مختلفة على الطيف المجتمعي ويتشاركون في المشاعر ووجهات النظر المتنوعة. ومع ذلك، عندما واجهوا الطريق المسدود المتمثل في معارضة وجهات النظر العالمية التي أصبحت حياتهم راسخة فيها، اتخذوا خطوات من الخوف إلى الرعاية ـ وهي النتيجة التي يشير إليها جون بول ليدراخ بأنها خلق "الخميرة الحرجة".

وفيما يلي السمات المحددة التي شهدها وهي تحول الحقائق من أيرلندا الشمالية إلى كولومبيا إلى نيبال: إنهم يتجنبون اتخاذ موقف معارض معنا مقابل نهجهم؛ مجهزون بالحب والشجاعة، ويستخدمون الخيال الأخلاقي من خلال الإبداع المعقد كجزء من أفعالهم؛ وبذلك يصبحون فنانين أنفسهم.

العشاق فنانون. أكتب هذه الجملة بكل سرور وأصفها على الفور بالحذر والاعتذار. يجب أن تأتي السلامة دائمًا في المقام الأول في الحياة.

لقد انفصلنا أنا وأبي منذ عدة سنوات. بينما أخشى مشاركة حقيقة فشلها في هذه الصفحات، فمن الضروري لكلينا أن نسامح هذا الفشل في الحب وفي أنفسنا؛ لا يبدو الحب دائمًا بالطريقة التي نريدها أو نتخيلها؛ في بعض الأحيان تحدث مواقف حياة أو موت حيث يجب أن يكون للحب الأسبقية على كل شيء آخر؛ وفي أحيان أخرى يكون الحب مجرد فكرة مثالية لا يمكننا أن نجعلها حقيقة في الممارسة العملية؛ في كلتا الحالتين، يتطلب الحب مجموعات من الفنانين الاجتماعيين وأشخاصًا مستعدين للوقوف مع المتضررين من الصراع عند الضرورة ـ أحيانًا يكون الحب في الأماكن العامة كما في الحياة الخاصة يعني إفساح المجال.

يمكن أن تكون الحياة معقدة وساحقة في بعض الأحيان، ومع ذلك فإننا جميعًا نعرف أشخاصًا في محيطنا المباشر الذين يتجاوزون أنفسهم في الاهتمام. على الرغم من أنهم ليسوا قديسين أو أبطالًا ـ لاحظ أنه عند تقديم اللطف حتى لو كان بسيطًا ـ فإنك تشعر بالنشاط وليس بالاستنزاف ـ وهو ما يظهره العلماء الآن أنه صحيح! يمكن لأعمال اللطف أن تنتشر حرفيًا من شخص لآخر ـ والحب هو الأبرز بينهم جميعًا ـ ومع ذلك يمكن أن توفر في كثير من الأحيان إشباعًا فوريًا.

البعض منا لديه مهمة المعرفة والتواجد كجيران، وهو أمر أشبهه بعلاقات المحبة؛ تشكل مثل هذه العلاقات النسيج الأساسي للحياة المشتركة بيننا ويمكنها سد الفجوات بيننا كما يعبر الحب الحدود بيننا ويجلب الراحة عبر الهوة بيننا. إن الوقوف أمام الانقطاعات المفتوحة في الحياة المدنية يمكن أن يكون أمرًا مرهقًا بنفس القدر ولكنه أيضًا أكثر تعقيدًا من خلال الحاجة إلى البقاء مضيافين تجاه أولئك الذين يسيئون إلينا أو يؤذوننا أو يدفعوننا إلى الجنون على أساس يومي ـ ولكن هذا قد يتطلب الوقوف بشكل مضياف مع سخطنا المبرر تجاه الآخرين الذين الإساءة إلينا أو إيذائنا يوميًا ـ يجب مواجهة كلا التحديين وجهًا لوجه!

الضيافة هي كلمة تلمع بهدوء. فهو يوفر مدخلاً ترحيبيًا للحب في العمل. نحن نميل إلى تخيل وجود تجانس بين المجموعات الأخرى التي لا ندركها داخل مجموعتنا، ولكن داخل الأسرة والزملاء ومجموعات الصداقة سيكون هناك دائمًا أشخاص نعجب بهم ونكرههم، بعضهم نعشقهم والبعض الآخر يدفعنا إلى الجنون؛ نجد طرقًا ـ إن أمكن ـ للبقاء في العلاقات، واكتشاف ما يمكن أن يعنيه الحب في لحظات وفترات زمنية مختلفة من حياتنا؛ عادةً ما يعرف الأشخاص الأقرب إلينا متى لا يتم طرح مواضيع معينة أو متى لا يتم طرحها في أي وقت أثناء تبادل من نوع ما!

مع الأشخاص الذين نهتم بهم كثيرًا، غالبًا ما يكون مجرد التواجد معًا وعدم التحدث هو ذكاء كافٍ للعالم من حولنا. ما هو الحب؟ أجب عن هذا السؤال من خلال سرد قصة متى وأين رأيتها آخر مرة. ثم انتقل إلى الخميرة الحرجة!

أغنية قامت إليزابيث ألكساندر بتأليف "Praise Song for the Day"، ومقطعها الأخير متاح أدناه.

تولى باراك أوباما منصبه في 20 يناير 2009.

استمع إلى هذه المحادثة بين المؤلفة إليزابيث ألكسندر وإليزابيث ألكساندر

يعيش البعض بمحبة جاره كنفسه.

عدم إلحاق الأذى أو أخذ أكثر من اللازم من الآخرين من خلال ممارسة اللاعنف وإعطاء فقط ما هو ضروري لأنفسهم وللصالح العام. هل تعتقد أن الحب هو أقوى سلاح نمتلكه؟

الحب يتجاوز الروابط الزوجية والأبناء والوطنية

الحب الذي يلقي دائرة من الضوء دائمة الاتساع هو حزن لا يمكن منعه.

تألق اليوم الساطع، هذا الهواء الشتوي، لديه دفء معدي.

يمكن إنشاء أي شيء وكتابته، أو بدء أي جملة. على الحافة. على الحافة، على الحافة أو على أعتاب ـ كل شيء ممكن

مدح الأغنية للمضي قدما في هذا الضوء.

الشيء الوحيد الذي أعجبني في قصيدتك الافتتاحية "أغنية مدح لهذا اليوم" بعد أن ذكرت في Ars Poetica أن الشعر لا ينبغي أن يكون عن الحب هو تركيزه.

هذه القصيدة ممتازة
تم استحضار الحب في لحظة سياسية، وفي مكان عام. لقد وجدت أنه من الصعب أن أفهم كيف كان من الممكن تحقيق ذلك سياسيًا مع الحفاظ على وفائك لنواياها، ولكن بطريقة ما، تمكنت من إدارتها ببراعة ونزاهة. ومع ذلك، كان وزنه وغرابته لا يصدقان؛ لقد كان حضورها غير العادي قوياً ولكنه فعال رغم ذلك ـ خاصة بعد خمس سنوات طويلة منذ تنصيبك عندما جعلت جميع أنواع المشاكل الملحة الحديث عن الحب يبدو أقل أهمية مما كان عليه في ذلك اليوم.

حسنًا، عندما أقول أن الشعر ليس كله حبًا ورومانسية، فإن ما أشير إليه هو أن الحب الرومانسي هو المكان الذي نبدأ فيه بالكلمات. ومع ذلك، فإن الشعر يشمل أكثر من ذلك بكثير إلى جانب الرومانسية: الرصانة والجاذبية والمسؤولية كلها تنشأ عند كتابة القصائد.

سؤالك كان "ماذا لو كان الحب هو القوة المطلقة؟"

غالبًا ما تطرح قصائدي هذا السؤال الحقيقي من تلقاء نفسها، وبينما كنت أستعد لإجراء مقابلة، فكرت في عدد المرات التي أطرح فيها أسئلة حقيقية في القصائد كشكل من أشكال الممارسة الروحية. أحيانًا يحدث هذا ببساطة بسبب جهلي؛ وفي أحيان أخرى لأن القصائد توفر مساحات رائعة يمكن من خلالها طرح أسئلة ألغاز حقيقية تقود المرء إلى طرق فهم شيء ما، ولكنها تنتهي بأسئلة حقيقية في نهايتها.

"ماذا لو كان الحب هو الأقوى؟" هي تجربة فكرية مثيرة للاهتمام تطرح هذا السؤال: في مجتمعنا وبلدنا المتنوعين للغاية، هل يمكن للحب أن يتجاوز الخلاف ويجمع الناس معًا؟ "عظيم" هي كلمة فريدة من نوعها ـ ولكن يجب أن تعني أكثر من ذلك بكثير! هل يمكن أن يكون هناك! هل يمكن أن تكون قوة دائمة للحب من شأنها أن توحدنا جميعًا كما أتمنى أن يكون ذلك، ولكن الحب لا يعمل دائمًا بهذه الطريقة.

إن منع التظلم يتطلب الحب الذي يتجاوز الروابط الزوجية والعائلية والوطنية ـ حتى خلال حدث وطني غير عادي مثل حفل التنصيب. لا يمكن أن يقتصر الحب على الأشخاص داخل أمتنا فقط؛ يجب أن يمتد الحب إلى ما هو أبعد من هذا الحدث المهم.

يبدو الحب وكأنه كلمة مناسبة عندما نفكر في لقاءنا مع الآخر، والذي أصبح سمة أساسية للحياة الحديثة والعلاقات الأسرية. أجد نفسي أفكر في كثير من الأحيان في التسامح باعتباره طريقتنا في التعامل معه بعد الستينيات؛ الحب يتطلب أكثر من ذلك بكثير.

نعم؛ خاصة إذا كان الحب هو الذي لا يشعر بالحاجة إلى استباق التظلم. الحب الذي لا يتسامح مع الاختلافات فحسب، بل يحتضنها بنشاط من خلال الجلوس معها والاستماع إليها وقبولها والاعتراف بها بدلاً من إشراكها في الجدال.

هناك العديد من الأساليب الفعالة لمساعدة أولئك الذين يشعرون أنهم تعرضوا للظلم على إيصال وجهة نظرهم. نحن جميعًا نعاني من نصيبنا من المظالم؛ وعندما يتم الاستماع إلى هذه المخاوف بشكل مباشر ومعالجتها وفقًا لذلك، فإن ذلك يمكن أن يفعل الكثير نحو دفع الناس إلى الأمام.

العيش معًا حتى عندما تظل المشاكل دون حل؟ وينبغي أن يكون هذا هدفنا؟

حسنًا، هناك شيء واحد يبهرني بشكل خاص وهو العلاقة بين ما هو عالمي وما هو خاص، وكيف تسلط التفاصيل الضوء على الكليات. لقد أجريت مؤخرًا حوارًا مثيرًا للاهتمام مع كبير حاخامات بريطانيا العظمى الذي قدم وجهة نظر مثيرة للاهتمام: الخيال الأخلاقي يبدأ بالعالمية وينتهي بالخصوصية ـ وهو أمر يتناقض تمامًا مع الطريقة التي تفسر بها الثقافة الغربية التنوع في كثير من الأحيان: يجب أن يكون هدفنا هو الوصول إلى توازن حيث يكون الجميع يدرك مدى التشابه الموجود بين جميع الثقافات بينما يحتفل بما يوحدنا؛ ومع ذلك فإنك تستخدم مصطلحات مثل "التنوع ليس بالأمر الجديد". تؤرشف قصائدك وتحفظ "الباطنية والغرائب والخصوصيات الزنجية" التي توثقها وتأرشفتها قصائدك. كيف ترى قوة جلب تجربة سوداء فريدة من نوعها إلى حياتنا اليومية؟ ربما أطلب هذا بطريقة غير صحيحة ولكن آمل أن تفهم وجهة نظري.

حسنًا، لدي العديد من الردود. تميل خصوصياتنا إلى الظهور عندما نتحدث؛ وكان هذا صحيحًا في اليونان القديمة بقدر ما كان صحيحًا في إنجلترا اليوم؛ وهذا ينطبق على الأشخاص البيض بقدر ما ينطبق على أي شخص آخر. نحن نتحدث مما نعرفه واختبرناه؛ ومن هذا نسعى جاهدين لإيجاد شيء عالمي في ما نشاركه. لكنني أعتقد أن نظامنا التعليمي لا يدمج بشكل كامل الخبرة الأمريكية الأفريقية كجزء من سرده؛ مما يجعل الناس أقل وعيًا بأن تجربة الأمريكيين من أصل أفريقي تقدم رواية واحدة عن الحياة الأمريكية يتم التركيز عليها بشكل غني. لا ينبغي لأحد أن يفتقد أمريكا؛ قد يساء فهم ذلك بشكل كارثي من قبل العديد من الأشخاص الذين لا يتخذون نهجًا متعمقًا ولا يمرون به بأنفسهم. إن نفسي المعلمة لديها فهم أفضل لهذا الأمر من نفسي بأنها "الغوص في Adrienne Rich الشاعرة، التي تعمل بشكل أكثر حدسية دون أي خطة ثابتة. وصفها الحطام". هذا هو بالضبط ما تريده نفسي الشاعرة، ليس القصص فحسب، بل الحطام الفعلي نفسه! يركز هذا الجزء مني أكثر على هذا الهدف بينما تدافع نفسي كمعلمة بقوة عن تركيز التجربة الأمريكية الأفريقية ضمن الثقافة والسياسة الأمريكية.

حسنًا، تلعب القصص الأمريكية والإنسانية دورًا هنا.

والمؤلف Xavier Le Pichon بالتأكيد، بشكل إيجابي. هل تريد لحظة؟ استمع إلى هذا التبادل بين.

دوروثي داي، الناشطة الاجتماعية الكاثوليكية، شهدت بنفسها ما يحدث بعد الكوارث عندما كانت لا تزال صغيرة في سان فرانسيسكو أثناء الزلزال. اجتمع الناس معًا وأظهروا اهتمامهم واهتمامهم ببعضهم البعض بعد وقوع الكارثة ـ مما ألهم دوروثي لتسأل نفسها "لماذا لا يكون هذا هو الوضع الطبيعي لدينا؟" غالبًا ما تستأنف الحياة مسارها الطبيعي بمجرد مرور الأزمة ـ هل لديك أي إحساس بما يحدث عندما يسلم الناس المزيد من حياتهم إلى هذا النهج ويجعلون هذا الأمر طبيعيًا؟ ربما يمكن لعدد أكبر من الأشخاص أن يحذوا حذوك بمرور الوقت أكثر مما يمكنك فعله؟

هذا استفسار وثيق الصلة بالموضوع وغالبًا ما أعتبره نفسي. لقد عرفت بعض الأفراد الذين أعتبرهم كرماء ومنفتحين، ومع ذلك رأيتهم ينغلقون على أنفسهم تدريجيًا، ويصبحون خائفين من التدخل الخارجي، وتبدأ قلوبهم في الانغلاق مثل السد. لماذا يحدث هذا غير معروف بالنسبة لي. ويبدو البعض الآخر أكثر انفتاحا. لقد التقيت ببعض الأفراد المميزين. كانت الأم تريزا وجان فانير شخصين مميزين؛ يتمتع كلاهما بقدرة غير عادية على الدخول في علاقات مع الآخرين بطريقة منفتحة، ويتواصلان دائمًا على الفور مع الأجزاء التي ربما كانت مخفية أو مجروحة. لقد شهدت قدرتهم على الدخول في حياة جديدة يبدو أنها تتعمق بمرور الوقت تقريبًا مثل وجود مسارين منفصلين في وقت واحد! الآن يبدو بالنسبة لمعظم الناس أن هناك مكانًا وسطًا ـ.

يمكن للناس أن يختبروا صحوة مفاجئة عند وقوع الكوارث ـ من الحرب أو الحوادث الكبرى، إلى المآسي الحميمة داخل الأسر التي تؤدي إلى تغييرات. في بعض الأحيان يستجيب الناس بشكل مختلف وقد تشهد تغيرًا في الأشخاص بطرق لم تتوقعها.
إن عدم اليقين المحيط بالعلاقات المليئة بالألم أمر لا مفر منه، ومع ذلك فإن تجربتي تظهر أنه بمجرد أن نبدأ في السير جنبًا إلى جنب مع أولئك الذين يعانون في حياتنا وقبول وجودهم دون إقصاء أو رفض، فإن وجودهم يعلمنا ويقوينا تدريجيًا ـ ويظهر لنا طرقًا جديدة للوجود.

قلبك يحصل على التعليم. وهذا شيء أنا معجب به.

نعم يجب أن نتعلم من بعضنا البعض لا يمكن لقلبي أن يتعلم بمفردي. التعلم يأتي من خلال العلاقات. من خلال قبول التعليم من قبل الآخرين ـ الاستماع وهم يصفون ما يحدث لهم أو الانغماس في عالمهم حتى يتمكنوا من الوصول إلى عالمنا ـ ثم يبدأ شيء عميق يحدث بين الناس ـ نحن نسمي هذه الشركة وهذا شيء علمنا إياه يسوع عن الحياة نفسها ـ تعلم كيفية تكوين روابط دائمة بين جيرانك كما دعاها يسوع ثم اكتشف إشيئًا جديدًا تمامًا.

استمع إلى هذا الحوار بين إيف إنسلر والمؤلفة جينيفر إيغان.

إحدى الأفكار الأساسية التي توصلت إليها أثناء تعايشك مع مرض السرطان كانت تتعلق بطبيعة الحب. لقد وجدت تجربتك مع السرطان مثيرة للتفكير بعمق؛ الشيء الوحيد الذي جعلني أفكر حقًا هو روايتك عن كيف أنه في تلك اللحظة القصوى، الحب كما نفهمه عادةً ـ الحب الرومانسي والزواج والعشاق ـ لم ينجح تمامًا بالنسبة لك؛ لم أشعر بأنها جوهرية جدًا ومع ذلك لم تضيف إلى المعادلة التي غالبًا ما نصنعها بشأن مثل هذه العلاقات ـ ومع ذلك فهي لا تساوي أي حب أقل ـ مما يفترضه الكثير منا كما توحي توقعاتنا ـ ومع ذلك لقد

فهمت أن هذا كان إدراكًا مهمًا: هذا لا علاقة له بما نقوم به بشكل عام عند مناقشة مثل هذه المواضيع مقارنة ـبما يمكن أن يضيفه عادةًـ وهذا لن يساوي

كانت حياتك مليئة بالحب، لكنه بدا غائبًا عنك بطريقة ما. ومع ذلك، عند الفحص الدقيق، تجده في كل مكان ـ في العلاقات، وفي الطبيعة، وحتى في نفسك. لقد كان خيالك لهذه الكلمة أو الشيء محدودًا للغاية.

الحب الرومانسي، على الاطلاق. ومع ذلك، فإن مفهومنا للحب يبدو بسيطًا للغاية. أنك ستقابل شخصًا واحدًا سيصبح "توأم روحك".

لم أقابل بأي حال أي من الأحوال أي شخص يمكنه مشاركة هذه التجربة. على الرغم من أنه قد يكون هناك أفراد لديهم زيجات طويلة الأمد. لكنني أشك في أن يدعي أي شخص أنه وجد شريكه المثالي في داخلي؛ لقد تبددت مفاهيمي القديمة عن الحب منذ فترة طويلة. والآن أشعر بسعادة غامرة في حياتي، لأن مفاهيم الحب القديمة تلك قد تبددت. على الرغم من أن السرطان قد لا يزال يطاردني ويستمر، إلا أنه منحني فرحة كبيرة منذ تعافيي حيث أننا نتشارك هذه المساحة معًا. فكيف يمكننا التخلص من الكثير من حطامها؟ عليك فقط الاستمرار في التطهير. ولكن منذ أن استعدت صحتي، أشعر بارتياح لا يصدق لوجودي هنا اليوم في هذه المساحة التي أشغلها معكم جميعًا. قضيت هذا الصيف أيامي في الرقص والسباحة والتحدث والاستماع بأمسيات لا تُنسى في إيطاليا مع أصدقائي ـ كانت كل لحظة ثمينة جدًا بالنسبة لي وعزيزة. يكمن إشباعنا في المكان الذي نختاره لنكذب فيه ـ إذا قيل لنا أن السعادة لا يمكن العثور عليها إلا هنا، فقد تصبح هذه حقيقة واقعة ـ بدلاً من التفكير في أنها ستأتي يومًا ما، مثل "أوه، ستصل قريبًا؛ يومًا ما عندما يصل الحب الكبير!". ولكن الآن هو هنا بالفعل من أجلك ـ استمتع بكل ثانية.

لقد ذكرت أنك تعرضت لأعمال طيبة يومية ودقيقة من الناس في جمهورية الكونغو الديمقراطية الذين كانوا يصلون من أجلك ويقدمون مساعدتهم وحبهم. لقد ذكرت أيضًا الاعتراف بصلواتهم على أنها لفتات حب من نساء يصلون نيابةً عنك في جمهورية الكونغو الديمقراطية.

قطعاً. الليلة الماضية كانت واحدة من تلك الليالي السيئة التي تجول فيها ذهني عبر العشاق والأزواج السابقين بالإضافة إلى فشل الحب في حياتي ـ حتى الآن. لم أستطع أن أفهم ذلك؛ بالإضافة إلى أنه كان لدي مشكلات تتعلق بالعلاقة الحميمة للتعامل معها أيضًا. بعد أن أدركت عدد الأشخاص الجميلين الذين خرجوا من أجلي، خطر في ذهني عدد الأشخاص الذين كانوا يدعمون رحلتي: ماري سيسيل التي كانت تطبخ لي وجبة الإفطار كل صباح أثناء خضوعي للعلاج الكيميائي؛ حفيدتي التي ستحزم حقائبي عندما تذهب لرؤية والدتي للمرة الأخيرة؛ هؤلاء الناس جعلوا كل ذلك ممكنًا. كانت أختي معي في كل لحظة على الأريكة، تقدم مناشف مريحة لتهدئة جبهتي، مما خلق تلك اللحظة المذهلة عندما فكرت: "يا إلهي! حياتي غنية جدًا؛ الحب والجنة كلاهما هنا؛ والجنة أمام عيني مباشرةً. "إن الرأسمالية تنتج شوقًا مُصممًا، وتغذي الرغبة فينا لما قد يحدث في المستقبل ـ فهي تسعى دائمًا إلى المنتج التالي، والشيء الكبير التالي".

انظر حولك؛ تصور الملابس دائمًا زوجين مثيرين ومثيرين يرتديان الجينز كرمز للحب. يبدو أن كل ما يتعلق بالإغواء مرتبط بهم؛ عندما نستيقظ، لا نبدو مثاليين تمامًا، لكن الواقع قد يظل لذيذًا وفوضويًا وإنسانيًا بطريقته الخاصة. ربما نقارن حياتنا في كثير من الأحيان بثقافة المشاهير، لذا مهما كانت شكل حياتنا في الواقع لا يتطابق بشكل صحيح مع ما نعتبره الجنة؛ والتي يمكن أن تغير الأمور بشكل كبير نحو الأفضل!

استمع إلى هذا الحوار بين ماري هاو والمؤلف: بالنسبة لكثير من الناس، كانت قصائدك عن وفاة جون بسبب الإيدز مؤثرة للغاية ومؤكدة للحياة. لكن أحد الجوانب التي أذهلتني أثناء انغماسي في عملك هو مدى اتساق أسلوبك دائمًا: عند الكتابة عن المآسي الشخصية، غالبًا ما تستخدم لغة قوية ذات محتوى عاطفي ـ كما كان الحال مع قصيدته "كل أصدقائي ماتوا".

غالبًا ما يتحدث شعرك عن العائلة. أو العكس ـ قصيدة تلو الأخرى تتحدث عن العلاقات الأسرية أو عن العائلات نفسها.

العائلات هي جوهر حياتنا. عائلتنا الأصلية، وعائلتنا المختارة، وتلك التي نكوّنها من خلال الأصدقاء أو الأطفال. يمكن أن تكون الحياة الأسرية مثيرة. لقد نشأت مع 11 شخصًا في عائلتي المباشرة؛ كان كل يوم مليئًا بشيء يحدث؛ كان الأولاد يلعبون البلياردو في الطابق السفلي بينما كانت أختي تشرف على أطفالي في الفناء الخلفي وقد يأتي الضيوف ما يصل إلى 50 مرة في المساء! والآن تغير وضعي بشكل جذري؛ أقوم بتربية ابنتي وحدي في شقة صغيرة ذات إيجار ثابت.

لم يكن هناك سوى واحد على الإطلاق.

تعيش إحداها وواحدة مني معًا في شقة صغيرة للإيجار في قرية غرينتش، والتي بالكاد تصلح لأن تكون غرفة في منزل عائلتي الأصلية، حيث لم يتلق أحد الاهتمام الكافي على الإطلاق بسبب كل هؤلاء الأشخاص، بما في ذلك أولئك الذين يعانون من إدمان الكحول. مما جلب الفوضى إلى منزلنا. غالبًا ما تتحول الأمور إلى أعمال عنف أو دراماتيكية بسرعة ـ وهو ما حدث غالبًا بين أسلافي أيضًا. لم يكن حالنا مختلفًا.

"أريد أن أسأل عن بيت واحد من قصيدتك بعنوان "رسالة إلى أختي".

يا عزيزي. إن عبارة "لم يخبرنا أحد" تبدو صحيحة على الرغم من أن ما قلناه للتو قد يتعارض مع هذه الفكرة.

حسنًا، في مثل هذا المنزل الكبير، واجه الأشخاص المختلفون أشياء مختلفة، اعتمادًا على المكان الذي كنت فيه وأعمارهم. شيء واحد أتذكره كان جانبًا واضحًا جدًا. لقد رسخت تربيتي وجهات نظر وحقائق متعددة؛ كان المقصود من هذه القصيدة تأكيدًا لأختي التي كانت تعاني من الصدمة. أردت أن أبين كيف يمكن للإدمان على الكحول أن يدمر العلاقات على الرغم من محاولات التوحيد. على الرغم من أنك تريد أن يكون الجميع في غرفة واحدة في وقت واحد، إلا أن طبيعتها تحطم أي فهم أو تجربة مشتركة ـ حاولت هذه السطور نقل هذه الفكرة: أخت تحاول التحدث مباشرة من موقع الكسر الذي تعاني منه.

الفن هو إحدى الطرق التي كتبتها، أو ربما قلتها في مقابلة أخرى، للسماح لقلوبنا بالانفتاح بشكل كامل. لقد تحدثنا عن طفولتك وحياتك العائلية وعائلتك الأصلية وكيف أصبحت شاعرة في وقت متأخر نسبيًا من حياتك قبل أن تصبح أمًا كشخص بالغ. كيف تفسر تأثير الفن على مساعدة القلوب المفتوحة ـ كيف أثر ذلك على المراحل والمراحل المختلفة في حياتك وفي حياة الآخرين على حد سواء؟

حسنًا، قد يكون الفن هو ملاذنا الوحيد عندما تصبح الحياة لا تطاق. الأشخاص الذين نهتم بهم بشدة سوف يرحلون. وفي يوم من الأيام سوف ننضم إليهم، تاركين وراءنا الأطفال، والنباتات خلفنا، وأشعة الشمس في الأعلى، وقطرات المطر المتساقطة وكل شيء. يمكن للفن أن يحمل هذه المعرفة التي تذكرنا بأننا نعيش ونموت في وقت واحد؛ والحمد لله أن هذا ممكن، حيث لا يوجد شيء في الشركات الأمريكية يمكن أن يعيد هذا المنظور.

يعاني الناس اليوم من ألم لا يمكن تصوره وكان من المستحيل بالنسبة لي أن أتحمله؛ في هذه اللحظة يتم تعذيب شخص ما دون سبب في السجون حول العالم؛ لا أعرف كيف أمكنني تحمل ذلك دون أن أصاب بالذهان؛ ومع ذلك، عندما مات جون، عرفت إما أن أترك موته يفتح قلبي أو يغلقه أكثر من رؤية أن هناك العديد من الأشخاص الآخرين الذين يعانون من فقدان شخص قريب Open لقد مكنني منهم. لقد كان شعورًا رائعًا بكونك جزءًا من مجتمعهم.

عندما كانت ابنتي في الرابعة من عمرها، عندما رتبت سريرها في أوستن، تكساس، سألتها لماذا يتعين عليهم القيام بذلك؛ جوابي: لأني قلت لك ذلك. في تلك اللحظة، جاء جميع إخوتها مسرعين من خلف أسرتهم. التفتت ورأيت الجميع يقفون هناك مرة أخرى... وضحكنا جميعًا معًا على ما حدث. كان هناك الملايين من الناس يصفقون، وانضممت إليهم. لقد كان شعورًا رائعًا أن أكون بين هذه الشركة العظيمة، وأن أنضم إلى الآخرين بدلاً من الشعور بالعزلة بسبب كل ما يحدث في عالمنا؛ وإلا فإننا قد نعتقد أن هذا يحدث لنا فقط. ستكون هذه طريقة فظيعة وغير دقيقة لعيش الحياة، والتي أعتقد أن الفن يعكسها لنا باستمرار ـ بدءًا من قراءات توماس هاردي ودوريس ليسينج وفيرجينيا وولف وإيميلي ديكنسون وصولاً إلى قصائد إيميلي ديكنسون ـ فقط نعرض القصص الإنسانية حتى لا نفعل ذلك. لا أشعر بالعزلة الشديدة ـ إنها معجزة حقًا.

كيت بريستروب هي قسيسة عالمية موحدة لحراس الألعاب العاملين في حدائق وغابات ماين، ومسؤولي إنفاذ القانون الذين يتم استدعاؤهم في مهام البحث والإنقاذ عند وقوع خطر أو كارثة.

عملها معهم يأخذها، على حد تعبيرها، إلى لحظات محورية من التجربة الإنسانية ـ تلك اللحظات التي تتغير فيها الحياة فجأة بينما تتكشف حياة أخرى بشكل غير متوقع.

استمع إلى هذه المحادثة بين كيت بريستروب والمؤلف: لقد لاحظت أن الفلسفة التبتية تشير إلى أننا نقضي جزءًا كبيرًا من حياتنا في الاستعداد للموت، ومع ذلك فإن العديد من الحالات التي تتعامل معها تتعلق بأشخاص لا يدركون هذه الحقيقة.
لا أحد يشعر بأنه مستعد لمواجهة موت من يحبهم، ولا أن الكون يكون منطقيًا عندما تحدث مثل هذه الأشياء.

صحيح، ولهذا السبب على وجه التحديد، من المفيد ألا نحتاج إلى الاستعداد عمدًا.

هناك أيضًا الحكاية التي ترويها عن كريستينا وآنا لوف.

كان هذا أحد الأسماء التي احتفظت بها في كتابي.

كانت آنا لوف شرطية غير متوقعة، التقيت بها أثناء تأمل المعجزات وكل آثارها.

كانت كريستينا شابة تم اختطافها واغتصابها وقتلها قبل أن تُترك لتموت في الغابة. وهذا يتطلب العديد من الوكالات المختلفة ـ بما في ذلك خدمة السجان ـ للتعاون في استعادة جثتها وكذلك جمع وتحليل الأدلة ضد المسؤولين. في البداية، كانت هذه التجربة مؤلمة بشكل لا يمكن تصوره لجميع المشاركين ـ وخاصة عائلتها. وضع هذا الحدث فهمنا للعيش في ولاية ماين على المحك، ما إذا كان أطفالنا وأنفسنا يشعرون بالأمان. ماذا يمكننا أن نفعل حيال الشر الذي يهاجمنا دون سابق إنذار؟ تلعب المعجزات دورًا هنا عندما تحتاج أشياء كثيرة إلى التوافق بشكل صحيح حتى تلتقي امرأة شابة بشابة أخرى في ساحة انتظار السيارات في الساعة 7 صباحًا في أي صباح معين ـ يبدو هذا غير مرجح أكثر من أي معجزة يمكنني التفكير فيها!

ولهذا السبب، فإن تعريفي للمعجزة لا يتكون ببساطة من شيء كان من العناية الإلهية؛ يجب أن تتم محاذاة جميع القطع حتى يحدث ذلك. تحدث أشياء سيئة أيضًا ـ وأحيانًا أشياء سيئة حقًا.
عندما أنظر إلى الأمر من منظور آخر ـ وهو الطريقة التي أرى بها الأشياء ـ فأنا لا أبحث عن الله أو أطلب حضوره في حياتي اليومية.

يعمل الله في حياتي بطرق أكثر دقة من السحر أو الحيل؛ يظهر نفسه من خلال محبة الناس لبعضهم البعض وأعمال الخدمة التي أشهدها كل يوم. وضع هذا الحدث عمل الله تحت المجهر لأنني، بشكل عام، لا أتعرض كثيرًا للمتحرشين الجنسيين والقتلة ـ فأنا أميل إلى التعامل مع الحوادث أو الأشخاص الذين اتخذوا خيارات سيئة بسبب استهلاك الكحول ولكنهم لم يكونوا أبدًا ضارين في سلوكهم.

لذا، إذا كنا نبحث عن دليل على الحب في هذه الحالة، فسيكون المكان الواضح في قلوب وأيدي الرجال الذين بذلوا قصارى جهدهم للعثور عليها وتصحيح الأمور مع عائلتها، حتى مع كل القيود.

وسرعان ما أدركوا أنهم لا يستطيعون إعادة الزمن إلى الوراء أو إبقائها على قيد الحياة مرة أخرى.

اجعل هذا الحدث الخاطئ يختفي.

لم يتمكنوا من إصلاحه. وما زالوا يستجيبون هو أمر جميل حقًا بالنسبة لي؛ إن استعدادهم للرد عندما لا يتمكنون من إصلاح شيء ما أمر مثير للإعجاب بشكل مذهل. كونك سوبرمان أمر مُرض للغاية عندما يحدث ذلك؛ عندما يجدون طفلاً قبل أن يخرج أنفاسه الأخيرة من جسده. هذا هو مدهش بالنسبةً لي؛ لكن ما يذهلني حقًا هو الطريقة التي أقام بها ضباط الشرطة وحراس الصيد حياتهم بحيث يتعين عليهم القيام بأشياء قد تكون مؤلمة بشكل مؤلم ولكنها لا تساعد بالضرورة في إصلاح أو إزالة الضرر أو الشر الذي يرونه حولهم. هو حقا غير عادية ومثيرة للإعجاب.

وفي هذه الحالة بالذات، كانت آنا لوف هي الضحية.

كانت آنا المحقق الرئيسي في قضيتي. إنها سيدة شابة جادة للغاية كنت أعرفها منذ فترة طويلة قبل العمل معًا في هذه القضية.
قبل وقت طويل من الآن، كان من السهل تخيلها كمحققة؛ إنها ذكية وجادة ولها وجه على شكل قلب ـ مما يسهل على الجمهور تصوره. من خلال التحقيق في كل هذه المعلومات والتوصل إلى أماكن معقولة يمكن أن يختبئ فيها المشتبه بهم، عثروا على مكان، الأمر الذي يتطلب إجراء مقابلات معه بشكل متكرر بالإضافة إلى مقابلة جميع الشهود المعنيين قبل العودة معه إلى مسرح الجريمة.

وكل ذلك في ثلاثة أيام فقط؟! لقد أغلقت هذه القضية بنجاح.

هي فعلت. لكن بين كل هذا النشاط، كانت تقتحم مكتب الملازم بمضخة الثدي؛ كانت قد أنجبت مؤخرًا وتحتاج إلى إرسال الزجاجات إلى المنزل مع زوجها (وهو أيضًا ضابط شرطة) حتى يتمكن من إعطاء الحليب مباشرة لطفلهما حديث الولادة. لقد وجدت شيئًا محببًا حقًا في هذه البادرة.

أبرزت مقالتك أنه "في الثقافة المثالية، تلعب الفتيات الصغيرات بشخصيات آنا لاف المزينة بالشارات ومضخات الثدي.

كانت آنا لوف المحققة المثالية لهذه القضية بعدة طرق. لا يمكن حل مثل هذه المفارقات؛ يجب عليك ببساطة السماح لهم بالوجود كأشياء منفصلة. فمن ناحية، كان لديك هذا الحدث الرهيب الذي لم يكن عادلاً وغير مبرر على كافة المستويات؛ ومع ذلك، استجاب كل هؤلاء الرجال، بما في ذلك آنا لوف التي لعبت دور الأم المرضعة التي انتقمت من هذا الشخص الذي تسبب في وفاة كريستينا؛ لكن لم يغير أي من ذلك شيئًا؛ مجرد وجود كلا الطرفين في وقت واحد ـ وهو ما أعتقد أنه كافٍ وغير كافٍ؟

تكشف كلماتك شيئًا عميقًا وبسيطًا في نفس الوقت: عندما تعيد المعجزات الحياة مؤقتًا، فقد تستمر هذه المعجزات لفترة وجيزة فقط ـ في أغلب الأحيان تكون مجرد قيامة للحب بدلاً من التعافي الجسدي.

أنا والمسيحية غالبًا ما نكون على خلاف، حيث أشعر أنها تجيب على أسئلة لم أطرحها. إذا كانت القيمة الأكثر أهمية في حياتك هي مجرد التنفس والتجول وتناول السندويشات وما شابه، فإن ذلك يصبح إجابتك على كل شيء ويصبح الموت غير ذي صلة ـ لأنه بغض النظر عمن هو على قيد الحياة الآن، فإنهم جميعًا يموتون في النهاية ويجب علينا أن نفترض كل هذه المفاهيم الأخرى التي لا نؤمن بها لم أشاهد أو أتواصل مع؛ ولكن كشخص لديه اهتمامات عملية، فإن هذا لن يرضيني؛ أريد شيئًا ملموسًا وملموسًا أستطيع رؤيته والتصرف بناءً عليه بشكل مباشر.

لذا، إذا افترضت بدلاً من ذلك أن الحب هو الأكثر أهمية، فإن ما سينتهي بي الأمر هو عالم مليء بالمعاناة والشر والألم؛ ومع ذلك، لا يزال لدي شيء يستحق المتابعة؛ شيء أسعى لتحقيقه وشيء يمكنني المساهمة فيه. شخصيا، هذا يعمل بشكل أفضل.

استمع إلى حوار بين جون باول والمؤلف بيتر ثيل

كانت هناك لحظة شعرت فيها بالإرهاق من كل شيء وكنت أتحدث مع والدي، عندما شعرت أنني خارج نطاق السيطرة على كل شيء. أخبرني ألا أحاول القيام بكل شيء بمفردي، لكنه اعترف بصراعاتي من خلال تذكيري بأن الله معي؛ على الرغم من أن خطئي هو أنني كنت أحاول أن أنظم حوله وليس حول نفسي. أدركت أن خطأي هو عدم الأخذ بنصيحته عند التنظيم حول الله بنفس الطريقة التي يتبعها. لذا...

كان وضعك الأولي أبيضًا.

صحيح تماما؛ لذلك أعتقد أنه يجب علينا أن نترك مناطق الراحة الخاصة بنا ونعمل على التحرر منها معًا.

مجتمعة، تقدم هذه التصريحات ملاحظة مثيرة للاهتمام في مقابلة أخرى: غالبية البيض اليوم يفضلون الأحياء والمدارس المتكاملة عما كانوا عليه في عام 1950؛ على الرغم من أن ما يستلزمه هذا لا يزال غير مؤكد؛ وبغض النظر عن ذلك، فقد تغير عالمنا وتركيبتنا السكانية؛ "إن الجيوب البيضاء لا تقدم سوى القليل من حيث التغذية الروحية، وقد أصبحت فاسدة روحيًا بمرور الوقت." أضف إلى ذلك أنك ذكرت كيف يرغب معظم الأشخاص، سواء كانوا من البيض أو السود أو اللاتينيين أو غير ذلك، في رؤية الأشياء بشكل مختلف "ولكن لسوء الحظ لا أعرف كيف أو حتى تخيل أن الحياة مختلفة". بالإضافة إلى ذلك، قلت هذا البيان: "أعتقد أن معظم الناس، سواء كانوا من البيض أو السود اللاتينيين أو غيرهم، يرغبون في شيء مختلف ولكنهم لا يعرفون كيف أو يتخيلون واقعًا بديلاً".

أنت تتحدث نيابةً عني وعن العديد من الأشخاص الآخرين عندما تقول إن هذا ما نواجهه؛ أشعر أن عدم القدرة على الرؤية بشكل مختلف يجب معالجته أولاً وقبل كل شيء. لقد كانت قصتك عن أوك بارك بالقرب من شيكاغو مفيدة جدًا بالنسبة لي في فهم تلك القصة؛ عادة ما يفترض الناس أن التكامل يؤدي إلى انخفاض قيمة السكن؛ لقد وصفت هذه المرة إجراءً عمليًا للغاية حتى لا تتغير قيم الإسكان ـ فهذه القصص الصغيرة لها نفس القدر من الأهمية مثل الروايات الأكبر.

تقع أوك بارك في شيكاغو وهي واحدة من مناطقها العديدة المنفصلة؛ تضم مقاطعة كوك أكبر عدد من السكان السود في أي مقاطعة أمريكية، وقد أجريت العديد من الدراسات حول الفصل العنصري هناك. يبرز أوك بارك كمجتمع صغير استثنائي يقف ضد الفصل العنصري. مما يجعل أوك بارك أكثر تميزًا كان البيض الليبراليون حاضرين وبدأ السود في الانتقال، مما دفع البيض الليبراليين إلى التعبير عن قلقهم من أن قيمة منازلهم قد تنخفض دون بيعها على الفور. لذلك اقترحت الحكومة المحلية بوليصة تأمين من شأنها التعويض إذا انخفضت قيمتها ـ وهو الأمر الذي تم تنفيذه واعتماده في نهاية المطاف كسياسة.

لم يدفع السكان البيض سياسة واحدة. لم ينتقل البيض إلى الضواحي. وكان هذا صحيحًا لمدة 50 عامًا ـ مما يجعل هذه الملاحظة مثيرة للاهتمام على مستويات متعددة، حيث يمكنك القول أن هؤلاء الأشخاص البيض كانوا عنصريين؛ ربما يستخدمون وثائق التأمين الخاصة بهم كذريعة. ولكن هل نحن على استعداد لأخذ كلامهم واحتضانهم وإشراكهم حيث يقفون؟ يعاني الناس من القلق، حتى ولو كان متعددًا في وقت واحد. خذ بعين الاعتبار كاترينا؛ إن قصص الكوارث التي تصيبنا موجودة في كل مكان حولنا ولكننا لا نتحدث عنها كثيرًا. وعلق السود فوق الأسطح عندما بدأت المياه في الارتفاع. ما لم يتم الإعلان عنه هو حقيقة أن جميع الأميركيين، من جميع الأجناس، تبرعوا بسخاء. لقد كان واحدًا من أكبر برامج العطاء المدنية التي شهدها التاريخ الأمريكي بين السكان؛ لذلك قدم الأمريكيون البيض والأمريكيون اللاتينيون والأمريكيون الآسيويون المساعدة لمن اعتبروهم أمريكيين سود. كان الناس يؤكدون أن إنسانيتنا مشتركة، حيث يعد الأزواج من أعراق مختلفة من أسرع التركيبة السكانية نموًا. ليس اللاتينيون ولكن الأزواج من أعراق مختلفة والأزواج من أعراق مختلفة هم في طليعة التغيير؛ الأشخاص الذين كانوا هم أنفسهم بالفعل في ذلك الوقت ويحاولون تصور أمريكا مختلفة مع تعبيرات عنها في كل مكان من حولنا إذا بدأنا فقط في البحث. عند النظر، ستظهر التعبيرات في كل مكان ـ في كثير من الأحيان بشكل غير متوقع.
إنادرًا ما يتم الاعتراف بها أو مناقشتها أو استيعابها ـ لقد حان الوقت لاحتضانها ودعمها

استمع إلى الحوار المتبادل بين فنسنت هاردينج والمؤلف.

لقد استمعت مؤخرًا إلى قناة بي بي سي، التي كانت تراقبنا من مسافة بعيدة. تم إجراء مقارنة مثيرة للاهتمام مع فترة الستينيات ـ وهي فترة أخرى من الاضطرابات الاجتماعية والاغتيالات ـ لكن أحد الصحفيين أشار إلى أن الفارق الرئيسي هو الأمل: حتى خلال فترات الاضطرابات الكبيرة والعنف، كان الناس ما زالوا يشعرون أنهم يحرزون تقدمًا نحو الأهداف، وهو شيء مفقود الآن. ما هي أفكارك حول هذا التحليل؟

هذه القضية في جوهرها معقدة للغاية لدرجة أنني لا أستطيع أن أتطرق إليها إلا بنجاح محدود. ما لاحظته في جميع أنحاء هذا البلد ـ أينما ذهبت ـ يبدو أن الناس يعملون انطلاقًا من شعور بالأمل والاحتمال: سواء كان ذلك في ديترويت، أو أتلانتا، أو الحياة في الحرم الجامعي في فيلادلفيا، أو الكنائس في كل مكان مليئة بالنساء والرجال الذين يعملون من الأمل والتفاؤل.

انطباعي هو أنه في الستينيات كان من المحتمل أن يكون هناك شعور أكبر بالأمل يمكن للجميع تحديده والتركيز عليه. أحد التحولات العميقة التي تحدث الآن للمجتمعات البيضاء في جميع أنحاء أمريكا هو عدم اليقين المتزايد بشأن دورهم، وسيطرتهم، وما يستلزمه ذلك على حياتهم وحرياتهم. لقد خرجت من منطقة الراحة الخاصة بها إلى منطقة مجهولة لم تسمح لنفسها باستكشافها من قبل.

وهذا هو المكان الذي نجد أنفسنا فيه اليوم؛ لذلك، من الضروري أن نفهم ما كان يتحدث عنه مارتن لوثر كينغ عندما تحدث عن إنشاء مجتمع محبوب وأدرك أنه لكي يصبح هذا الحلم حقيقة يجب على البعض التخلي عما كان ملكهم في السابق. هل يمكن أن تكون هناك أمة محبوبة؟ دعونا نعطيها فرصة ونكتشف ذلك.

كثيراً ما تثير كتاباتك سؤالاً مثيراً للاهتمام: "هل أميركا ممكنة؟" عند الإجابة على هذا السؤال، ما الذي يتبادر إلى ذهنك كأجوبة كأجوبة الأمل المتجسدة؟

إحدى أعظم متع الحياة بعد عيد ميلادي الثمانين هي مقابلة العديد من الأشخاص الرائعين وقضاء الوقت معهم. فيلادلفيا، على سبيل المثال، هي المكان الذي أقضي فيه معظم وقتي. على جانبها الشمالي الغربي، أصبحت منخرطًا بشكل وثيق مع الكنيسة الميثودية التي تقودها قس امرأة غير عادية فتحت قلبها وذراعيها على نطاق واسع للشباب المهمشين في كثير من الأحيان في الكنائس الأخرى ـ وأظهرت لهم كل ما يمكنهم تحقيقه من خلال عملها.

في مرحلة ما أثناء زيارتهم إلى دنفر، جاءت مجموعة من سكان فيلادلفيا لزيارة مشروعنا وكانوا يرتدون ملابس من شوارع فيلادلفيا؛ عكست حركتهم هذا السلوك أثناء تفاعلهم مع مختلف السكان هناك. أوقفني شابان من فيلادلفيا ـ ذكر وأنثى ـ للحظة واحدة فقط: جاء إليّ شابان منفصلان وسألاني: "هل يمكن أن نتحدث للحظة واحدة فقط؟" لقد اتصلوا بي بالعم فنسنت بالفعل وأرادوا أن يعرفوا لماذا أحببتهم كثيرًا. ما رأيته هو أن لديهم وعيًا مكنهم من التعرف على هذا الحب مني؛ وهو شيء يفتقر إليه العديد من الأميركيين عند مقابلة أشخاص جدد في الخارج. رأيت أنهم يعرفون أنه عند مقابلة أشخاص جدد يمكن أن يشعروا بشيء من العظمة بداخلهم مما يجعلهم يدركون عند مقابلة شخص مثلي أو سماع هذه الأخبار: معرفة هذا الحب لا يمكن أن يأتي إلا من الداخل، ويجب على الجميع أن يدركوا أن لديهم القوة والمسؤولية للمساهمة بشيء إيجابي لمجتمعهم لم يتم توفيره من قبل.

أعلم أنهم موجودون لأنني أعرف بعض البالغين الذين يعملون معهم في أماكن مثل جرينسبورو بولاية نورث كارولينا؛ ديترويت، ميشيغان؛ في الحجوزات في منطقة نيو مكسيكو ولوس أنجلوس ـ لقد أنشأنا علاقات بين الشباب والمتبنين البالغين في تلك المواقف ـ لأنني عندما أرى وأشعر وأتلقى رعايتهم الحنونة، أعلم أن لديهم ما يلزم لبناء المجتمعات المحبوبة لدينا الجميع يسعى إلى خلق.
يتضمن عملي التعامل مع أولئك الذين يعتبرون ميؤوس منهم، وعديمي الفائدة، وعديمي الهدف ـ تمامًا كما شاهدتهم في أعماق الجنوب خلال الستينيات ـ والذين يعتبرون متخلفين وغير قادرين على إحداث تغيير لأمتهم. إن التفكير مرة أخرى في ميدان تيانانمين وبراغ يذكرني كيف أن هؤلاء الأشخاص أنفسهم في ميسيسيبي وألاباما الذين تم استبعادهم باعتبارهم عديمي الفائدة تمكنوا من إحداث التغيير على مستوى العالم ـ أرى أن هذا يحدث باستمرار في جميع أنحاء هذا البلد مع الشباب الذين يحبون بعضهم البعض في إمكانيات جديدة؛ مما أدى إلى إجابتي بـ "نعم طالما جعلنا ذلك ممكنًا".

الفصل الخامس ـ تاريخ الإيمان وتطوره

عندما أتذكر إيماني في حياتي المبكرة، فإنه يأتي مصحوبًا بالمخاوف. ليس الخوف فقط، بل عاش الشوق هناك أيضًا.

بمجرد أن أبدأ القراءة، كانت ألغاز الكتاب المقدس تزودني بلحظات من النقل والراحة ومساحة واسعة من الإمكانيات التي من شأنها أن تدعمني من خلال موسيقى المدرسة والكنيسة ـ وإن لم يكن بهذا الشكل تمامًا في ذلك الوقت! أصبح غناء الترانيم التي ربطت حياتي الصغيرة بعظمة الكون والدراما المسيحية عبر المكان والزمان واحدة من أقدم تجاربي في التقاء التنفس والجسد والعقل والروح معًا، على قيد الحياة لكل من الغموض والواقع في انسجام مع الأشخاص المألوفين وغير المألوفين. كانت إحدى هذه اللحظات؛ ساعدت هذه التجربة في تشكيل تعريفي للإيمان اليوم: إنه يعني تصديق ما تؤمن به عن نفسك عندما تتحدث عن الله أو من أنا لأتحدث باسم الله أو أتحدث نيابة عنه؛ ولكن هذا ما أؤمن به Chaudiere !تتحدث عن نفسه إذا كان الله موجودًا ـ وهو في حد ذاته تبسيط لا يصدق ـ فهو لا يحتاج إلينا بشدة؛ فهو يرغب فينا ويحتاج إلينا، مما يجعل حضورنا ممتنًا ومنتبهًا وشجاعًا في الحياة اليومية.

وكما يقول أحد مقارباتي الكلاسيكية المفضلة لتعريفات الله، إذا كان الله هو "العقل وراء الكون"، فهو يكرم عقولنا؛ بينما باعتباره "أرض وجودنا" فهو يبارك كمالنا.

كان دين الطفولة بالنسبة لي يدور حول القياس ـ حول الكمال الأخلاقي، والتكلفة الأبدية للتقصير. الآن، الإيمان بالنسبة لي يتضمن خيالًا أخلاقيًا متميزًا عن الكمال الأخلاقي؛ ما زلت أحاول تحديد ما يعنيه ذلك بالضبط وأفضل السبل لتعزيزه داخل نفسي والآخرين؛ النضال مع كيفية العثور على تعبير لهذه اللغة في الحياة المشتركة؛ غالبًا ما تفاجئني النتائج لأنها مختلفة تمامًا عن الصور الدينية العامة في الذاكرة الحية وبعيدة جدًا عن المكان الذي بدأت فيه؛ ولكن من خلال فهم هذه اللغة مرة أخرى، يصبح من الممكن الوصول إلى التقاليد العظيمة بكل مجدها المشحون مرة أخرى.

الإيمان ديناميكي. في جميع الثقافات والحياة. حتى أولئك الذين يدعون أنهم يؤمنون بالله أو بالصلاة قد يجدون في النهاية أن هذه المعتقدات تخضع لمراجعة مستمرة حيث تشكل الذكريات والتجارب كيفية تفسيرنا لهذه المعتقدات الأساسية مع مرور الوقت. تكمن الحكمة في كيفية تعاملنا مع مفاجآت وأسرار الحياة اليومية بدلاً من الركود الراكد. عندما تصل مفاجآت غير متوقعة لا يمكن تلخيصها أو تفسيرها؛ مثل هذه اللحظات لديها القدرة على تغييرنا بعمق من الداخل إذا سمح لنا بذلك.

فقدت المسيحية الغربية بعضًا من قواها التحويلية عندما تحالفت مع الإمبراطورية والعلم اللاحق. بدا جدي غير مرتاح لعقله الكبير والنشط؛ كان هناك بعض التردد العصبي عندما يتعلق الأمر بقبول الأشياء التي لم يغطيها الكتاب المقدس أو لم يستطع تفسيرها؛ كان هناك خوف من أن يستسلموا ليقين العلم الملحد ويضيعوا أمام أصحاب الإيمان إلى الأبد. ولم يكن بوسعه قط أن يتنبأ بأن العلم في القرن العشرين سوف يصل إلى ما بدا وكأنه حدوده النهائية ثم يتذكر فضيلته الأساسية المتمثلة في التواضع في حين يرحب بالمفاجآت باعتبارها فرصاً. لقد اكتشفنا، من بين حقائق أخرى صادمة، أن توسع الكون لا يتباطأ بل يتسارع؛ ومن خلال التفسير، فإن معظمها يتكون من قوى لم نتوقعها قط وما زلنا لا نفهمها بالكامل ـ "المادة المظلمة" و "الطاقة المظلمة".

مع بداية هذا القرن، لم يعد الفيزيائيون وعلماء الكون وعلماء الفلك يسعون إلى إبعاد الغموض، بل شجعوه مرة أخرى. لا تزال نظرية الأوتار والحقائق الموازية تبدو وكأنها خيال علمي ولكنها في الواقع محاولات لتحقيق فكرة أينشتاين المثالية المتمثلة في خلق "نظرية كل شيء". ، التوفيق بين جميع جوانب كيفية عمل عالمنا معًا في تفسير شامل لكل شيء.

وكما أشار أينشتاين في عبارته الشهيرة، فإن فهمنا للحقائق الكونية لا يتوافق مع عملها على المستوى الجزئي، عالم الكم. ومع ذلك، فإن فيزياء الكم ـ التي اعتبرها البعض ذات يوم بمثابة "شعوذة" ـ زودتنا بالهواتف المحمولة وأجهزة الكمبيوتر الشخصية، والتكنولوجيات التي نستخدمها كل يوم لاستكشاف الإصدارات السيبرانية للفضاء الخارجي.

تعمل التجارب الغامرة المستندة إلى العلم على إعادة تنشيط الحدس البشري القديم بأن الواقع الخطي ليس كل ما هو موجود؛ وأن هناك واقعًا افتراضيًا وفضاءًا إلكترونيًا إلى جانب ذلك، مثل سقوط أليس في جحر الأرانب؛ حياتنا على الإنترنت تأخذنا إلى حفرة الأرانب هذه مثل أليس؛ عندما نستيقظ كل صباح، نشق طريقنا إلى نارنيا من خلال أبواب الخزانات الخلفية أو من خلال رسم خرائط الذكاء الاصطناعي للأدمغة ـ يصبح من الرائع أكثر من أي وقت مضى أن يبدو وعينا مذهلاً.

شيروين نولاند، اللاأدري المولود في التراث اليهودي الحسيدي، كثيراً ما يستشهد برؤية القديس أوغسطينوس بأن الإنسان يجب أن يتحمل مسؤولية نفسه في الحياة ويختار كيف يرغب في إنفاقها.

يغامر الرجال بالطبيعة ليتعجبوا من ارتفاعاتها الهائلة، وأمواج المحيطات والأنهار الهائلة المتدفقة، والامتداد الهائل للكون والنجوم التي تتلألأ عليه ـ ومع ذلك غالبًا ما يمرون بمفردهم دون أن يدركوا الجمال الذي ينتظرهم.

في عصرنا هذا، أصبح من المألوف استكشاف الغموض الذي يحيط بنا بحماس متجدد. لقد رأى أينشتاين أن تبجيل العجب هو محور العلم والدين والفن، وهو أمر يسمح لنا بالتساؤل بحماسة كبيرة. يعد التساؤل أيضًا طريقة فعالة للبدء في التحدث بمفردات مشتركة من الغموض عبر التخصصات ذات اليقين أو الشكوك المتباينة؛ حدد الطبيب النفسي روبرت كولز هذا الدافع في مصدره في نمو الطفولة وكذلك المعتقدات الروحية. لقد أجريت مقابلة مع روبرت في منزله المليء بالكتب خارج بوسطن في مرحلة مبكرة من مغامرتي الإذاعية مما أعطاها سياقًا رائعًا لمزيد من التطورات لاحقًا.

استمع إلى حوار بين روبرت كولز والمؤلف روبرت أ. كولز.
لا شك في ذلك: يبدو أننا خرجنا من العدم! التقى آباؤنا بشكل طبيعي. ثم يأتي تطورنا الفسيولوجي. في نهاية المطاف تبدأ ذواتنا النفسية والروحية في الظهور من خلال الخبرة والتعليم من أنواع معينة من قبل الآباء والجيران والمعلمين والأقارب وأنفسنا ـ تظل هذه العملية مصدرًا لا نهاية له من العجب! توفر التقاليد الدينية في مرحلة الطفولة أدلة وافرة على أن دمج الفضول الطبيعي مع الفضول الديني يلعب دورًا كبيرًا في عملية التنمية هذه ـ فلا عجب إذن أن العديد من الأديان تزدهر جنبًا إلى جنب اليوم!

اكتشف روبرت كولز هذا النوع من اللغة عن غير قصد خلال فترة التغيير الاجتماعي المضطربة في الستينيات. عندما كان طبيبًا نفسيًا شابًا في نيو أورليانز، شهد الدكتور كريستوفر وايت حشودًا من البالغين يسخرون من روبي بريدجز لأنها أصبحت أول طفلة أمريكية من أصل أفريقي تقوم بإلغاء الفصل العنصري في مدرسة ابتدائية في الجنوب. لقد انبهر بكرامتها، وأصبح صديقًا لعائلتها، واستمر في تأليف كتب حائزة على جوائز عن حياة الأطفال النفسية والسياسية والأخلاقية. في وقت لاحق من حياته المهنية، اقترحت آنا فرويد عليه أن يلقي نظرة أخرى على جميع أبحاثه لمعرفة ما إذا كان هناك أي شيء قد أخطأ. ومن اللافت للنظر أنه اكتشف أن ملاحظاته كانت مليئة بالملاحظات الدينية والروحية من الأطفال التي تجاهلها بسبب الاحترام الأكاديمي. شكلت هذه الملاحظات أساس ما أصبح عمله الأكثر شهرة: الحياة الروحية للأطفال.

لا يرى روبرت كولز الحياة الروحية من خلال عيون طفولية: عندما يتحدث عن الحياة الروحية للأطفال، فهو لا يشير إلى الوفرة الزائدة ولكن بدلاً من ذلك إلى فضول مستمر وفضولي أدى إلى حياة العظمة والإبداع والمرونة في مرحلة البلوغ؛ مثل دوروثي داي أو ويليام كارلوس ويليامز أو ديتريش بونهوفر في هذا العالم. يتمتع روبرت بصوت إذاعي لا يُنسى ومناسب تمامًا للبرامج الإذاعية مثل برنامجه: ويظل واحدًا من هؤلاء الأفراد الحكماء والفضوليين في الثمانينيات من عمره أيضًا.

استمع إلى الحوار المتبادل بين المؤلف روبرت كولز وروبرت أوليا من المذهل أنك لاحظت مثل هذه "روح التساؤل" بين الأطفال من خلفيات دينية وغير دينية ـ حتى أولئك الذين يعيشون في أسر حيث التقاليد أكثر صرامة. إن ما اكتشفته من خلال التحدث مع الأطفال والاستماع إليهم يكشف أكثر من مجرد الطفولة؛ فهو يكشف عن جانب من الدين قد نغفله تمامًا.

وهذا بالفعل تحول مأساوي للأحداث: عندما ينظر المرء إلى اليهودية، فإن شخصياتها العظيمة تشمل أنبياءها مثل إرميا وإشعياء وعاموس. لقد طرح هؤلاء الأنبياء بعضًا من أعمق الأسئلة وأكثرها إزعاجًا، وكثيرًا ما تجرأوا على الوقوف خارج حدود السلطة والامتياز من أجل الاستمرار في إثارة هذه الحدود. وبعد ذلك جاء يسوع الناصري، الذي أصبح معلمًا. يمكن للمرء أن يعتبره مدرسًا متنقلًا يتجول في أنحاء إسرائيل القديمة ـ التي تسمى الآن إسرائيل وفلسطين والشرق الأوسط ـ يبحث عن إجابات، ويبحث عن إجابات، ويستجوب الأشخاص الذين التقى بهم على طول الطريق، ويتحداهم على طرح أسئلة كان الآخرون ممنوعين أو يدرسونها. عدم السؤال عن مواضيع معينة. كان يسوع يبحث عن رفاق ينضمون إليه في سعيه الروحي؛ يمكننا أن نسميهم أصدقاءه أو معارفه بلغتنا. كان هؤلاء أشخاصًا على استعداد للارتباط به في سعيه للاكتشاف الروحي الذي وجد نفسه منجذبًا إليه أو يسعى إليه.

تحتوي المؤسسات الدينية مثل اليهودية والمسيحية على واضعي القواعد الذين قد يبدون في بعض الأحيان مستهلكين للغاية أو حتى قمعيين؛ لكن الأطفال يستجيبون بشكل أفضل لروح الدين: أسئلته واستفساراته وإثارة اكتشاف الإجابات داخل عالمنا. ما أعتقد أنك تصل إليه فيما يتعلق بالأطفال والدين له علاقة بمكائدهم كأفراد أنفسهم.

الغموض جزء لا يتجزأ من الحياة. فوجودها يشجع على الفضول والاستعلام. كانت فلانيري أوكونور ـ وهي مؤلفة كاثوليكية مؤثرة ـ تتجاوز الكاثوليكية في روحانيتها. كانت لها جذور عميقة تتجاوز الكاثوليكية. ذات مرة، كانت تناقش ما الذي يجعل الروائي جيدًا، على أمل أن تنضم يومًا ما إلى صفوفهم، لكنها لم تجرؤ أبدًا على افتراض ذلك. وقالت بشكل جميل: إن مهمة الروائي هي تعميق الغموض. ولكن الغموض يمكن أن يشكل إحراجا للعقول الحديثة، مما يدفعنا إلى النضال ضده من أجل حل كل الغموض. ولسوء الحظ، يجب علينا حلها؛ لا يمكننا أن نتركها تبقى؛ ولا يحتفلون أو يؤكدون وجودها كجزء من الحياة على الرغم من كونها جزءا من الحياة نفسها؛ ومع ذلك، فإن الغموض هو جزء لا يتجزأ من التحديات التي نواجهها ويكافئنا في نفس الوقت. "نعم،" أعلنت أن "الغموض يمكن أن يكون تحديًا كبيرًا ولكنه أيضًا رفيق لا يقدر بثمن.

* ذات مرة، تعاملت مع الغموض باعتباره شيئًا من الأفضل تركه دون فحص؛ الآن أشعر بالارتياح من غموضها وأرى أنها فرصة. سماع العلماء أن البشر هم أكثر المخلوقات تعقيدًا المعروفة في الكون حتى الآن (الثقوب السوداء يمكن تفسيرها في بعض النواحي ولكن الكائنات الحية لا يمكن تفسيرها)، يمنحني الثقة في أن الحياة تظل محيرة إلى ما لا نهاية ـ وهو أمر تساعد عليه الحياة الروحية من خلال الاعتراف بهدفها ومخاطرها وجمالها وخسائرها.

يجب التعامل مع الحياة الروحية بشكل واقعي وكوسيلة نحو الواقع، دون ادعاءات بالتعالي أو التعالي. الروحانية تعترف بجميع جوانب الإنسانية؛ الجمال والمتعة إلى جانب الحزن والألم بالإضافة إلى قدرتنا على مقاومة ما نريده أو نحتاجه ـ فهو يحتضن الحياة بالكامل!

يبدأ كتاب رينهولد نيبور الكلاسيكي الحداثي طبيعة الإنسان ومصيره بشكل مثالي: "الإنسان هو مصيره". إنني أشيد برينهولد نيبور على هذا البيان المثير للتفكير حول البشرية وأنا أكتب خطه الافتتاحي المقتضب: لقد كانت "الخطيئة الأصلية" دائمًا هي الرد الذي يلجأ إليه جدي عندما يواجه أي مشكلة صعبة؛ لقد انطبعت تعاليمه في ذهني كما كانت في الثقافات الغربية على مر القرون من خلال ديانات مثل المسيحية. ومع ذلك، مع مرور الوقت، وأثبتت أوكلاهوما أنها مليئة بالمتعة المؤكدة للحياة حتى وسط ما كنت أعتبره ذات يوم أفعالًا من السلوك الخاطئ، أصبحت "الخطيئة" أقل تتعلق بإدانة الأفعال وأكثر تتعلق بتوفير الوضوح للنمو النفسي والوضوح العقلي.

في سن الخامسة والعشرين، بدأت استكشاف الدين مرة أخرى، وهذه المرة الأنجليكانية. لقد استحوذت اللغة الشعرية لكتاب الصلاة المشتركة ووصفه للإنسانية على اهتمامي على الفور. كتب توماس كرنمر إلى الملك هنري الثامن وأشار إلى: "لقد فعلنا تلك الأشياء التي لا ينبغي لنا أن نفعلها"، وهي قصة رمزية للطبيعة البشرية التي جسدت كل شيء مكتوب بشكل كبير في التاريخ. "لقد تركنا تلك الأشياء التي كان ينبغي القيام بها" ـ مما يسلط الضوء على عدم قدرتنا اليومية على الانضمام إلى الطموح الداخلي مع الواقع الخارجي. الفشل في تقدير الجمال، دعه يضع الأشياء في مكانها، أكون شاكراً بشكل منتظم، أخصص وقتاً للغرباء المحتاجين أو أعطي ما أعرفه لمساعدة المعاناة بيننا، أكون أفضل ما لدي مع من أشاركهم الحياة أو العمل مع، مسامحة الآخرين عندما لا يلتزمون بمعاييري، وما إلى ذلك. العديد من الأنشطة الثقافية التي نمارسها تخدرنا في البداية وتساعدنا على تجنب مواجهة أنفسنا ـ والتي تدفعنا نحو معرفة الذات والنزاهة الحياتية الأعمق التي نتوق إليها حقًا. تلاحظ ماري هاو كيف أن الشعر "يؤلمنا قليلاً عند الدخول؛ فهو يهدئنا ويعمقنا بينما يؤلمنا في نفس الوقت". كما تفعل العناصر التي تعطي صوتًا للروح: الصمت والأغنية وطقوس المجتمع وتجارب الاستماع بالإضافة إلى الحضور الرحيم مثل الاستماع والحضور الرحيم (مثل المصطلحات البوذية للإضاءة الروحية). ومع ذلك، فإن كل لحظة تقدم لنا الاختيار بين اختيار الإلهاء أو التعمق في معرفة الذات أو النزاهة الحياتية الأعمق؛ كل الخيارات موجودة لتجنب هذا الحساب المؤلم الذي يكمن في الداخل.

يمكن فهم الخطيئة الأصلية بطرق مختلفة: ربما باعتبارها الانجذاب اللاإرادي للاستسلام للإغراء والاستسلام للانغماس المعتاد فيه. وتأخذ هذه الظاهرة أشكالاً مختلفة؛ وهنا تتجلى رغبتي، مع كل جملة في هذه الصفحة، في الرد على نداء الخلفية للتكنولوجيا والتشتت عن هذا الخط من الاستفسار بسبب متطلبات التكنولوجيا المتغيرة التي لا نهاية لها؛ في برلين خلال سنوات الحرب الباردة، أصبحت هذه الممارسة أكثر دراماتيكية: كل إلهاء كان يحمل أهمية جيوسياسية ـ متألقًا بالجغرافيا السياسية مع كل فعل أو تقاعس عن الفعل ـ بينما رأيت عن قرب دبلوماسيين بكل استراتيجياتهم المعقدة في اللعب ـ مما يجعل هذا الأمر أمرًا مثيرًا للاهتمام. التجربة التي كانت مثيرة ولكنها قريبة أيضًا جلبت الدبلوماسيين بشكل لم يسبق له مثيل من حيث الجغرافيا السياسية ـ وكلها مختلفة تمامًا عما هي عليه الآن.

الصحفيون وصناع السياسات والصحفيون الذين كرسوا كل طاقتهم الشخصية لتنمية حياة خارجية قوية. لم أستخدم مثل هذه اللغة في ذلك الوقت لأنني كنت أيضًا ذات طبيعة سياسية في الغالب ـ ومع ذلك فقد كانوا متخلفين روحيًا، وغير معتادين على تنمية المناظر الطبيعية الداخلية للجمال التي من شأنها أن ترسخهم وتدعمهم إلى ما هو أبعد من العمل ـ وتحديدًا المساحات الحميمة التي نسكنها جميعًا خارج العمل ـ كان أحد السفراء الذين عملت معهم خبيرًا مشهورًا في الأسلحة النووية والذي ألقى خطابات رائعة أذهلت الجماهير أثناء مواجهته للقادة السوفييت؛ ومع ذلك، في المنزل، أرسل رسائل مختصرة ومحرجة من خلال الموظفين إلى زوجته التي كانت في الطابق العلوي.

يريد أطفالنا منا أن نتوقف عن تمجيد هذا النمط من التدمير الذاتي غير المقصود: الإثراء في الخارج بينما نفقر داخليًا. لقد أدخلوا كلمات مثل "الشفافية والأصالة والنزاهة" في مفرداتنا المدنية كمحاولة لإجراء تصحيحي؛ لقد خاطرت مثل هذه المصطلحات الهشة بالإفراط في الاستخدام أو التبسيط، ومع ذلك أسمع فيها رفضًا إصرارًا منا جميعًا لعدم فصل ما نعرفه عن هويتنا، أو ما هي المعتقدات التي توجه الطريقة التي نعيش بها حياتنا، أو من نحن بعضنا البعض؛ خلف هذه الكلمات الهشة توجد أشواق مفجعة ولكنها مقدسة من الداخل ـ جهد للانتقال من الذكاء إلى الحكمة من داخل أنفسنا ـ وهذا ما يجعل الانتقال من الذكاء إلى الحكمة من داخل أنفسنا.

لقد كانت الروحانية دائمًا شيئًا أتعامل معه بحذر في حياتي، خوفًا من تفسيرها الواسع وتطبيقها السطحي على الاحتياجات والاهتمامات الفردية. لكنني شاهدت لقاءنا الثقافي مع الروحانية ـ وعلاقته بالدين والثقافة ـ يتطور بطرق مهمة على مدى العقود العديدة الماضية. ما أعرفه على وجه اليقين هو: لا يمكن لأي تحليل واحد أن يقدم تشخيصًا كاملاً وأكيدًا لكيفية سير الأمور. والآن أصبح الجزء الشائع من اللغة الاجتماعية، "الروحي ولكن ليس الديني" لا يمثل سوى جزء مما تغير بشكل كبير مع مرور الوقت. ويبرز جيلنا باعتباره من أوائل الذين لا يرثون الهوية الدينية عمومًا من خلال الانتماء العائلي أو القبيلة، مثلما قد يملي لون الشعر أو الموقع مثل هذه الأمور. لكن سيولة الحياة ـ بكل خياراتها للاختيار وتمييز المسارات الروحية الشخصية ـ لا تؤدي إلى الانحطاط الروحي بل إلى إحيائها. نحن نتغير بشكل جماعي حيث يتم تحديث الدين ثقافيًا بطرق غير متوقعة. أقابل العديد من المؤمنين كل عام أكثر من ذي قبل.

العلماء الذين يشيرون إلى "التدين دون روحانية" ـ وهو موقف تقديس الطقوس في حياة الإنسان وقيم المجتمع دون التركيز على شيء خارق للطبيعة ـ غالبًا ما يشيرون إلى ما يعرف بالإنسانية الجديدة باعتبارها الخيال الأخلاقي والعواطف الأخلاقية كمكونات أساسية.

تمثل "لا شيء"، وفقًا لاستطلاعات الرأي، واحدة من أسرع شرائح الهوية الروحية نموًا. منذ أوائل هذا العقد، سجلت مؤسسات استطلاع الرأي أن 15% من المقيمين في الولايات المتحدة، وثلث الأشخاص الذين تقل أعمارهم عن 30 عامًا، أجابوا بـ "لا شيء" عند الإجابة على أسئلة الانتماء الديني متعددة الاختيارات؛ ركزت التغطية الجوية والمطبوعة الجماهيرية على حركة الثقافة المضادة التي تتحدى فهم أمريكا التاريخي لذاتها كأمة مسيحية.

لا يبدو أن الشباب الذين ولدوا خلال الثمانينيات والتسعينيات من القرن الماضي يجدون الإعلان الديني مفاجئًا، حيث بلغوا سن الرشد خلال حقبة أصبحت فيها الأصوات الدينية مثل جيري فالويل وبات روبرتسون قوى سامة في الثقافة الأمريكية. اكتسبت شخصيات مثل فالويل وروبرتسون وقتاً طويلاً على الهواء كشخصيات تمثل "الدين"، حتى بعد أن لم يعودوا يمثلون معظم الإنجيليين أو الأصوليين أو أصحاب الإيمان ـ ناهيك عن جميع المسيحيين أو أصحاب الإيمان.

وبشكل أكثر تحديدًا: يعد عالم اللادينيين المتوسع ـ اللاديني الجديد ـ واحدًا من أكثر مساحات الحياة الحديثة حيوية وإثارة للفكر. ليس مكانًا خاليًا من الحياة الروحية، بل مكانًا يقاوم التجاوزات الدينية والضحالة. إن أجزاء كبيرة من عالمنا تعج بالاقتناع الأخلاقي والفضول اللاهوتي الفضولي، والذي يتجلى في أماكن وطرق غير متوقعة. يبرز ناثان شنايدر كمفكر عام مبتكر، يغطي الصحافة والأوساط الأكاديمية والنشاط الاجتماعي والدين. لقد كتب حسابًا صحفيًا غير تقليدي ولكنه مقنع عن أصول حركة احتلوا وول ستريت بعد الانهيار المالي عام 2008 من داخل صفوفها، مشيرًا إلى الديناميكيات الروحية التي تجاهلها المعلقون الآخرون.

استمع إلى هذا التبادل بين المؤلف ناثان شنايدر وناثان شنايدر.

حول شباب "احتلوا وول ستريت" تركيزهم إلى الكنائس عندما بدأوا في الاحتجاج خارجها؛ ليس لأنهم اختلفوا مع ما ادعت هذه التجمعات المعينة اعتقاده ولكن في كثير من الأحيان كعمل من أعمال السخط. قال هؤلاء المتظاهرون، "الكنيسة، تصرفي مثل الكنيسة!" لم يختبر الكثيرون الكنيسة أو أي شكل من أشكال المجتمع الديني على الإطلاق من قبل أو شعروا بمشاعر الاغتراب إذا فعلوا ذلك من قبل؛ هويتهم العامة هي هوية لا شيء.

يعيش ناثان شنايدر أسلوب حياة غير تقليدي في القرن الحادي والعشرين. نشأ على يد والديه الذين عرّفوه على تقاليد روحية مختلفة بينما شجعوه على إنشاء تقاليده الخاصة، ولديه تجربة انتقائية تتحدى التصنيف. لقد استكشف فكريًا وتجريبيًا طوال فترة المراهقة ـ حتى تم تعميده في الكنيسة الكاثوليكية في الثامنة عشرة من عمره. والآن بعد أن لم يعد البشر يرثون الطوائف من خلال الوراثة الجينية، أصبحنا أحرارًا حتى في اختيار العقيدة التي تناسبنا على أفضل وجه. كتب ناثان كتابًا آخر يستكشف فيه البحث عن دليل على وجود الله "من القدماء إلى الإنترنت"، وهو نهج أجده مميزًا جدًا للباحثين الحكماء في الأجيال الناشئة. يقترح ناثان، نقلاً عن لغتي، أننا بحاجة إلى التصحيح عند مناقشة صلاحية الدين في المجتمع المعاصر، ومكانته داخله وأي تغييرات يمر بها.

استمع بينما يشارك ناثان شنايدر معرفته.

ومع تقدمي في السن، وبدأت دراسة الدين بشكل أكثر رسمية، أصبح هناك شيء واحد واضح بالنسبة لي: وهو أن العديد من صراعاتنا معروفة جيدًا من قبل بعض المفكرين والمبدعين العظماء من التقاليد الدينية التي نحاول الآن السيطرة عليها واحتوائها. وكان هذا واضحاً بشكل خاص بعد أحداث 11 سبتمبر عندما ظهر ملحدون جدد.
هل الدين والعنف كيانان منفصلان حقًا، أم أن الدين يسبب العنف بين أتباعه؟ بدأت في استكشاف محيطي للحصول على إجابات لأسئلتي الملحة حول الدين: هل الدين والعنف حقيقيان؟ وما علاقتها بالعنف؟ هل الله موجود/موجود هناك أي شيء هناك؛ عندما بدأت الغوص بشكل أعمق في الأساليب التقليدية التي حاولت الإجابة على هذا السؤال، أدركت أن معظم الحجج المطروحة لإثبات وجود الله كانت تدور حول إقامة علاقات تعبر عن الله من خلال حساب العلاقات الإنسانية أكثر من الإجابة على هذا السؤال المحدد بشكل مباشر.

إن جيلكم، في هذا العصر، قد أدى إلى ظهور هذه الظاهرة المعروفة باسم "اللا يوجدون". أعتقد أن ما تناقشه أنت وهم هنا ليس محاولة لتعريف الله بقدر ما أنهم يسعون إلى فهم هذه التقاليد في جوهرها عبر الزمان والمكان وأفضل طريقة للتعبير عنها.

في البداية، عندما أصبحت كاثوليكيًا رومانيًا، انجذبت إلى تقاليدها التأملية في العصور الوسطى بالإضافة إلى تقاليدها في الشهادة الاجتماعية الشجاعة المتمثلة في العامل الكاثوليكي لدوروثي داي والعديد من الأمثلة الأخرى المشابهة عبر التاريخ وحول العالم. لكن عند زيارتي للكنائس الكاثوليكية، لاحظت بسرعة أن العديد من الحاضرين لم يكونوا على دراية بمثل هذه الأمور أو تقاليدهم ـ بل استمروا في المضي قدمًا دون أن يفهموا حقًا سبب وجودهم هناك في كثير من الحالات؛ كان هناك بعض الجمود في العديد من الحالات ولكن ليس بالضرورة في جميع الحالات.

من ناحية أخرى، كان الأشخاص الذين التقيت بهم خارج هذه المؤسسات الدينية مهتمين للغاية بهذه القضايا وكان لديهم أسئلة مقنعة كانوا يتصارعون معها. وفي حين أنهم قد لا يشعرون أن بإمكانهم الالتزام بشكل كامل بأي مؤسسة في هذا الوقت، إلا أنهم ظلوا فضوليين وأرادوا أن يفهموا.

تلك الصرخة من حركة "احتلوا" كان لها صدى قوي في ذهني؛ "تصرف مثل الكنيسة." حتى يومنا هذا، عند الوصول إلى صفحات وسائل التواصل الاجتماعي مثل Facebook أو Twitter تظهر على هاتفي الخلوي، مثل شاشة الخلفية الخاصة بي صورة ما بعد فترة من إعصار ساندي عندما ملأ المحتلون الكنائس بإمدادات الإغاثة لمساعدة إخوانهم من البشر.

وهذا ما أدى إلى احتلال ساندي. لسوء الحظ، لم تتم تغطية هذه القصة على نطاق واسع أو لم تكن معروفة بين الناس ـ القليل منهم يعرف عن جذورها التي نشأت في حركة "احتلوا وول ستريت" ـ لذا هل يمكنك مشاركة بعض هذه القصة هنا؟

بمجرد أن ضرب إعصار ساندي نيويورك والمناطق المحيطة بها، قررت مجموعة صغيرة من نشطاء حركة احتلوا وول ستريت أنهم سينظمون نوعًا ما من جهود الإغاثة. وفي غضون ساعات أنشأوا أول موقع على شبكة الإنترنت، وأقاموا مواقع يمكن للناس فيها تسليم الإمدادات ـ الكنائس ـ ولعبوا دورًا فعالًا في المراحل الأولى من أعمال الإغاثة.

ولكن كان من الرائع أن نشاهد، في هذه العملية، كيف تعمل هذه المجموعة ـ التي لم يشعر الكثير منها بالارتياح مع المؤسسات الدينية التقليدية ـ مع الناس والمجتمعات الدينية. فمن ناحية، سيشهدون قوة ومرونة هذه المجتمعات الدينية التي لم تتمكن حركتهم من خلقها؛ ومن ناحية أخرى، كانوا يستمدون الإلهام من هذه الأفكار الخاصة بتلك التقاليد ـ وخاصة الاعتراف بوجود شيء حقيقي وراء الدين يرتبط بإحباطاتهم تجاه المجتمع ككل. أصبح مصطلح اليوبيل شيئًا بدأوا مناقشته بينما أدركوا أن هناك شيئًا حقيقيًا يربطهم جميعًا على الرغم من هذا الصدام بين أمريكا العلمانية والمجتمعات الدينية المحيطة بهم.

قمت مؤخراً بزيارة جنوب إيطاليا حيث كان الناشطون في مجال التكنولوجيا ـ ومعظمهم من قراصنة الكمبيوتر من أوروبا ـ يتجمعون. لقد شاهدتهم هنا يستخدمون أجهزة من جميع أنحاء أوروبا ويلعبون بها قرصنة سانت بنديكت. يقوم هؤلاء المبتكرون بتكييف قاعدة القديس بنديكتوس كأساس للرهبنة المسيحية الغربية كمصدر إلهام لإنشاء مجتمعات مستدامة. حملت الأديرة الحضارة عبر العصور المظلمة مع حماية فنون الكتابة مثل المخطوطات. والآن يستخدم هؤلاء النشطاء التقاليد الدينية كوسيلة للبدء من الصفر؛ مع الأخذ في الاعتبار أنواع التغييرات التي يمكن إجراؤها في العلاقات بين التكنولوجيا المستخدمة اليوم ونمط الحياة، مثلما فعل الرهبان منذ قرون مضت.

ومرة أخرى، لا يرتبط هؤلاء الأفراد بأي مجتمعات دينية على وجه الخصوص؛ ومع ذلك، هناك شيء ما ضمن هذه التقاليد يجذبهم إليها. الاعتراف بشيء ما هناك مع الشعور بأنهم غير قادرين على الوصول إلى المؤسسات القائمة لأغراض الاستكشاف؛ لذا فهم يستكشفونها بشكل مستقل.

تظهر الرهبنة كتيار خفي في جميع أنحاء المشهد الروحي. أجد نقاط الارتباط الخاصة بها مثيرة للاهتمام: آباء وأمهات الصحراء، بنديكت أو فرانسيس أو إغناطيوس من لويولا ظهروا كرؤى في نقاط مختلفة عبر تاريخ الكاثوليكية الطويل ـ لقد ظهروا جميعًا على مسافة بعيدة من الكنيسة التي اعتبروها إمبراطورية، ومدجنة خارجيًا، وباردة، ومتعصبة. بعيدًا عن جوهره الروحي.

الشباب المسيحي ـ من الإنجيلية إلى الطوائف الأخرى ـ يتحولون أيضًا استجابةً لحركة "لا شيء" لهذا الجيل، ويتزايد رفضهم لممارسات العبادة الصارمة، لكنهم مصممون على إصلاحها بدلاً من ذلك. إحدى الحركات المؤثرة، المنتمية بشكل فضفاض تحت مظلة الرهبنة، تُعرف باسم الرهبنة الجديدة؛ أصبح شين كليبورن الآن من بين أبرز مرشديها وشيوخها وهو في الأربعين من عمره. ولد في ولاية تينيسي في ذروة أيديولوجية الأغلبية الأخلاقية، وقضى الكثير من شبابه في البحث عن دان كويل لمنصب نائب الرئيس. إنه شخصية جذابة وجذابة ذات شعر مجدل ويبدو كما لو أنه ينتمي إلى آباء وأمهات الصحراء. أثناء وجوده في الجامعة الشرقية خارج فيلادلفيا ـ وهي كلية إنجيلية معروفة بالعمل الاجتماعي ـ انخرط هو وبعض الأصدقاء بنشاط في دعم ورعاية عدد كبير من الأفراد والأسر المشردين الذين تحت رعايتهم. لجأ الأشخاص الذين يعيشون في الشوارع إلى كنيسة مهجورة في شمال فيلادلفيا وكانوا يواجهون الإبعاد القسري. ولم تغب عنهم سخريتهم: لقد بدأوا يتساءلون عما إذا كان يسوع سيدرك ما كان يحدث هناك وفي الكنائس الأخرى التي كانوا يرتادونها عندما كانوا أطفالًا. يشارك روايته في لهجته الطويلة في تينيسي:

استمع لهذا الحوار بيني وبين المؤلف شين كليبورن بخصوص كتابة أطروحة أكاديمية.

عندما قرأت كلمات يسوع، تساءلت عما إذا كان أي شخص لا يزال يؤمن بها اليوم. أحد الأشخاص الذين تبادر إلى ذهني على الفور والذي بدا أنه يجسد تعاليم المسيح هذه ببراعة كانت الأم تريز؛ لقد لخصت حياتها كلماته وتعاليمه البسيطة بشكل مثالي لدرجة أننا كتبنا لها رسالة. لقد أرسلنا بريدًا إلكترونيًا يقول: "مرحبًا، لا أعرف إذا كنت تقدم تدريبًا داخليًا في كلكتا ولكننا نود أن نأتي للعمل،" ولكننا لم نسمع أي رد؛ لا بد أنها تلقت الكثير من البريد. لذلك اتصلنا بكلكتا بدلاً من ذلك وتوقعنا أن نتلقى رسالة مهذبة "مرسلو المحبة، كيف يمكننا مساعدتكم؟" وبدلاً من ذلك سمعت صوتًا قديمًا خشنًا يقول: "مرحبًا؟ مرحبًا؟" وكنت قلقة من أنني حصلت على الرقم الخطأ؛ كل دقيقة تكلف 4 دولارات. لذلك بدأت أتحدث بسرعة: أخبرتها أننا نريد الوصول إلى مرسلات الأم تريزا الخيرية الموجودين هناك؛ عندما أجابت قالت هذه هي الأم تيريزا و"حسنًا، هذه هي الأم تيريزا وهذه هي الأم تيريزا ـ تعالي، تعالي." لقد دعتنا على الفور! ويمكننا الخروج! أخبرتنا أنه يمكننا الانضمام. لقد كان ذلك رائعًا ـ تعال وانضم إلينا!

في ذلك الوقت، تعلمت الكثير. لقد وقعنا في خضم حركة مثيرة للإعجاب من أجل العدالة الاجتماعية، والتي تضمنت الخروج للاحتجاج على الظلم أثناء اعتقالنا ـ كنا نعرف ما نحن ضده؛ ما لم نعرف لماذا. عند زيارتي لمستعمرة الجذام في كلكتا، اكتشفت بعض الإرشادات من أشخاص أجبرهم المجتمع على خلق شيء مختلف داخل ما كان في يوم من الأيام عالمهم القديم ـ وهي لحظة صحوة حيث ظهرت رؤيتي لشيء أفضل. كما قالت بطلتي دوروثي داي، "دعونا نبني شيئًا ما" معاً!
قم ببناء مجتمع يسهل فيه على الناس أن يكونوا جيدين مع بعضهم البعض. ليس كنظام رهباني، The Simple Way، عاد شين وأصدقاؤه إلى وطنهم من كلكتا بهدف إنشاء مجتمع تقليدي ولكن كمجتمع مقصود يعتمد على بعض الحكمة الرهبانية لتنظيم الحياة معًا في إيقاع مع بعضها البعض ومع حياة المدينة بشكل عام. مع مرور الوقت، نما من منزل واحد إلى ستة منازل مع تنفيذ مشاريع ووزارات مختلفة داخلها، وهو بمثابة مكان حج للشباب من خلفيات مختلفة. العمل كمنظمة شاملة تربط المجموعات معًا عبر مواقع متعددة مع إعادة صياغة الحياة الروحانية للكنيسة من جديد في نفس الوقت.

استمع إلى هذه المناقشة بين شين كليبورن والمؤلف.

في أحد الأيام، قررت مجموعة منا أن يحاولوا القيام بالكنيسة كما اعتادوا أن يفعلوا: نقرأ في سفر أعمال الرسل أن جميع المؤمنين يتقاسمون كل شيء بالتساوي فيما بينهم؛ ولم يطالب أحد بملكية شيء يملكونه، ولم

يكن فيهم محتاج. على الرغم من أن الكثير منا كان لديه خبرة في أشكال مختلفة من الكنيسة (الإنجيليين المتعافين والكاثوليك المحبطين على حد سواء)، فقد قرروا أنه بدلاً من الشكوى من ذلك بعد الآن، سيحاولون إنشاء كنيسة أحلامهم مما جاء من قبل.

لم تكن هناك رؤية عظيمة لجيراننا. بل اقتربنا من كل يوم كمتعلمين وفتحنا بابنا لكل محتاج. كانت مهمتنا ببساطة هي أن نحب الله، ونحب الناس، ونتبع يسوع. لو تمكنا من اكتشاف ذلك معًا لكان عملنا ناجحًا؛ مما يقودنا إلى مقابلة العديد من الأفراد المشردين الذين جاءوا عبر المنزل بالإضافة إلى الأطفال الذين يحتاجون إلى المساعدة في واجباتهم المدرسية. ونتيجة لذلك، جاء العديد من المشردين إلى المنزل. بالإضافة إلى العديد من الأطفال الذين يحتاجون إلى الدعم في القضايا الأكاديمية.
وكل ما فعلناه كان نتيجة لذلك. إن شمال فيلادلفيا مكان مليء بالنضال، ولكنه أيضًا مليء بالأمل؛ كان هدفنا هو إعطاء الأمل لبعضنا البعض مع المساعدة أيضًا في استعادة المساحات المهجورة. لسوء الحظ فاتني كل أعمال البستنة اليوم. يتخذ حينا خطوات لاستعادة قطعتين، كانتا مملوءتين سابقًا بالقمامة والإبر، من خلال إنشاء حدائق في تلك المساحة وإدارة متجرنا الصغير للتوفير هناك. قريباً، سأغادر هنا وسيقوم بنك الطعام الخاص بنا بتوزيع 50 كيساً على المحتاجين للمساعدة. إن تهيئة مجتمعنا تعني الاستجابة للأزمات. ولكن كما قال الدكتور مارتن لوثر كينغ ببلاغة، فقد حان الوقت في نهاية المطاف لكي نتقدم جميعًا كـ "سامريون صالحون"، وننتشل الآخرين من المواقف العصيبة ـ وفي النهاية نشعر طوال الوقت أن أريحا نفسها بحاجة إلى التغيير لصالح الجميع.

هناك شيء غريب في نهجك ـ ليس فقط تجاه المسيحية، بل تجاه العالم الأوسع أيضًا. تبدو وجهة نظرك الشاملة فريدة من نوعها بين المجتمعات المسيحية اليوم؛ على سبيل المثال، إذا أخذنا المثل القديم القائل بأن تعليم شخص ما كيفية صيد الأسماك سيسمح له بتناول الطعام مدى الحياة كمثال، فأنت تقول إنه يجب علينا أيضًا أن نسأل من يملك البركة ومن قام بتلويثها قبل أن نسأل "نحن بحاجة أيضًا إلى أن نسأل من يملك ومن قام بتلويثها" ربما لم يعش البشر في عصر كان فيه التفكير بهذه الطريقة ممكنًا، فمن المؤكد أن الأجيال التي سبقت العيش في العصور السابقة قد فكرت بعمق كافٍ في تاريخ أجيالها؟ هل فكرتم في التفكير في هذا الصدد أو جيلكم و هذا الوقت؟

في كل مكان أذهب إليه، تتشجعني الأسئلة التي يطرحها الناس، حتى داخل الكنيسة الإنجيلية التي غالبًا ما تتجنب طرح مثل هذه الاستفسارات. معظم الشباب الذين أقابلهم ضمن هذا التقليد الإنجيلي يتجاوزون النماذج اليسارية واليمينية في البحث عن طرق لخلق عالم أفضل ويفهمون أن وجودنا الهش يتطلب منا جميعًا أن نعيش معًا بشكل مختلف وبخيال أكبر من ذي قبل. يقولون، الأمر متروك لنا جميعًا كأفراد لاكتشاف طرق لنعيش بشكل مختلف مع البقاء صادقين مع هويتنا كأفراد وكمسيحيين.
يسمح لنا الإبداع بالتوسع إلى ما هو أبعد من شبكات أصدقائنا الشخصية.

وهذا أمر مشجع بالنسبة لي، وأعتقد أنه إذا خسرت الكنيسة المسيحية هذا الجيل، فلن يكون ذلك بسبب فشلنا في الترفيه عنهم، بل لأننا لم نتحداهم بالحق في الحياة والمعيشة. ليس لأننا جعلنا الإنجيل صعباً للغاية، بل لأننا جعلناه سهلاً للغاية ـ ببساطة لعبنا الألعاب مع الأطفال بدلاً من تشجيعهم على التفكير في كيفية تأثير أسلوب حياتهم على الآخرين. أكثر ما يعجبني في الكثير مما يحدث بين الأجيال الشابة هو إدراك أن جميع البشر لديهم تناقضات، وليس هناك حاجة للاعتقاد بأننا قد اكتشفنا كل شيء. لا شيء يجذبني تمامًا مثل حضور كنيسة يبدو أنها تؤمن بأنها تمتلك كل شيء معًا، مثل كنيسة مسقط رأسي، التي بدت كذلك. هناك شيء مقنع في الانضمام مع الأفراد ذوي التفكير المماثل الذين يقولون: "مرحبًا، لم نتوصل إلى حل كل هذا بعد؛ ولكننا لم نتوصل إلى حل لهذه المشكلة بعد". دعونا نعتمد جميعًا على بعضنا البعض

غالبًا ما يتم وصف الأشخاص المعاصرين بأنهم شاملون وإنسانيون ومتحولون إلى دين؛ ومع ذلك، يوجد في صفوفهم متمردون روحيون وباحثون يهدفون إلى إعادة التقاليد إلى جوهرها غير القابل للضبط والمضاد للثقافة بينما يسعون إلى التميز الموجه نحو الخدمة.

* * * يلعب أن الممكن من الحديث، والعالم البشري التاريخ سياق في الحياة. توفير مجرد من أكثر يفعل دينها الدين دوراً مفاقماً للخير والشر ـ بل ويعمل على تضخيم كليهما. الخوف والغضب ـ المرتبطان دائمًا، وجهان لعملة عاطفية واحدة ـ يمكن أن يكونا متفجرين عند مزجهما برؤية كونية ومفردات تربط بين الخطأ والشر أو اللعنة. لقد أصبح العنف الذي يُرتكب باسم الإسلام، ثاني أكبر ديانة في العالم، السمة المميزة للأزمة في هذا القرن؛ لم يكن أحد ليتنبأ بمثل هذا العنف عندما سقط جدار برلين بسلام. وربما لاحظنا أن نهاية الحرب الباردة فتحت أبواب التوترات العرقية والدينية التي قمعت بسبب هيمنة القوى العظمى على الشؤون العالمية. إن الشعوب التي أملى التاريخ مصائرها منذ فترة طويلة قد تشهد الآن حدودها تتوسع مرة أخرى مع بدء الحرية في العودة إلى ديارها.
إن العيش على المضاربات الجيوسياسية والتجارة لا يؤدي بأي حال من الأحوال إلى الانتقال السعيد إلى عالم خالٍ من الخوف، حيث يتجلى الغضب في العلن وفي السر. الخوف يولد العداوة.

كان هناك دائمًا شخص معجب به كثيرًا ـ سواء كان هذا الشخص من جزء آخر من البلاد أو من أي مكان آخر تمامًا. لذلك عندما سنحت لي الفرصة للانضمام إلى مجموعة في رحلة بالدراجة للأعمال الخيرية في اسكتلندا منذ عام أو نحو ذلك، انتهزتها دون تردد وانتهى بي الأمر بتكوين بعض الذكريات الرائعة على طول الطريق! إن الطبيعة البشرية، وثقافات الإسلام المتشابكة مع العولمة، وتلك الثقافات التي لا يوجد فيها شباب ينشأون بدون تقاليد ولكنهم مشوشون بسببها ـ كل هذه العوامل مجتمعة تضافرت لتشكل فوضى الإرهاب، التي تستهدف في الغالب مسلمين آخرين، ولكنها، بسبب العولمة، يؤثر علينا جميعا. إن الإسلام أصغر من المسيحية بستمائة عام، ومع ذلك، في تلك المائة عام، كان المسيحيون يخوضون حروبًا مقدسة، ودنسوا الأماكن المقدسة القديمة، وأحرقوا الهراطقة على المحك. ويعمل المتشددون الإسلاميون والصليبيون بشكل واضح في عصر الإنترنت، في حين يظلون بعيدين بشكل صارخ عن الفهم الذاتي الغربي الحديث. ومن المثير للدهشة أن استخدامهم للصور الدينية قد تم إحياؤه بطريقة غير متوقعة ومقنعة؛ بعد زيارة أحد مخيمات اللاجئين في سوريا التي أنشأتها منظمة تطلق على نفسها اسم الدولة الإسلامية، وصف الأمين العام للأمم المتحدة بان كي مون، الذي تلقى تعليمه في جامعة هارفارد والمولد في كوريا الجنوبية والذي نشأ بوذيًا، المخيم بأنه "أعمق دائرة في الجحيم".
وبمرور الوقت، أصبحت أجد معنى أقل فأقل في الإيمان بإله يهتم ويستمع. ومع ذلك، في الوقت نفسه، أدرك أن الجانب الذي لا يمكن إنكاره من علمنا الحديث الذي انعكس في الصحافة عندما مارستها لأول مرة هو قبولها بالموضوعية باعتبارها وهمًا. ببساطة، البشر هم دائمًا مشاركين وليسوا مراقبين أبدًا في هذا الكون الذي نعيش فيه. إن ذاتيتنا وحضورنا وإرادتنا كلها ذات أهمية كونية سواء أحببنا ذلك أم لا. يطرح مخيلتي الروحية هذا السؤال: إذا لم يكن هناك هدوء حقيقي في نهايتنا، فهل يمكن أن يحدد هذا الكون الذي جئنا منه؟ على الرغم من أنني قد أصبح غير متأكد بشكل متزايد من بعض جوانب الإيمان التي قد تقلق جدي، إلا أنني لا أزال أكثر رسوخًا من أي وقت مضى في شيء علمني إياه: الله محبة. على الرغم من شعوري بالبعد المتزايد عن الأمور الروحية بشكل عام وعن مدينتي بشكل خاص، إلا أن عيني تظل مفتوحتين على مصراعيهما على المآسي القريبة والبعيدة؛ ما زلت أدرك ـ بفكري وقلبي ـ أن الله موجود ويحب جميع الناس على قدم المساواة؛ ومع ذلك، بطريقة ما، توجد في كل الأشياء الإمكانية التي تأتي مع هذا المفهوم: الحب نفسه هو الله نفسه.

الرعاية التي تحولنا - الحب القوي والمرن - هي التعبير عن الواقع الكامن وراء الواقع، المضمن في القوة الإبداعية التي تعطي الحياة هدفها.

أحد أهم المناقشات المستمرة في تاريخ الرياضيات يتعلق بما إذا كانت الرياضيات قد تم اختراعها أو أم أنه اكتشفها كامنة في مكان ما في الواقع تنتظر رؤيتها. في e=mc2 اكتشافها. هل اخترع أينشتاين معادلته الحياة البشرية وتاريخ الإيمان، يكون الحب بمثابة حقيقة أساسية أبدية نكتشفها طوال الحياة ـ حيث يدرك المسافرون إمكانياتها، ويواجه المغامرون أسرارها. أشعر ببعض الراحة عندما أعلم أنني لست وحدي الذي يشعر أنه "في مركز هذا الوجود ينبض قلب ينبض بالحب". لقد قال ديزموند توتو ذات مرة بإيجاز:

تلهمني وتقنعني. تقول كيت، وهي Game Warden Chaplain Service كيت بريستروب من ولاية ماين عالمية توحيدية منذ سن البلوغ، إن الله محبة ليس له علاقة بالمعتقدات أو التعالي ولكن كل ما يتعلق بالأفعال والأشخاص. لقد لقي هذا المفهوم صدى معي لأن العلماء المماثلين الذين أعرفهم يشاركونني وجهة النظر هذه.

استمع إلى هذا التبادل بين المؤلف كيت براستروب.

في جوهر الأمر، الله بالنسبة لي هو تلك القوة الدافعة التي تشجعنا على رؤية بعضنا البعض بشكل أكمل، ورؤية بعضنا البعض بإخلاص أكثر، ورعاية بعضنا البعض بحنان أكثر، والاستجابة بشكل أكثر ملاءمة. زراعة هذا يكفي. أن زراعتها والتفكير في عبادتها والعناية بها وتعزيزها في نفسي أو في الآخرين هو عمل الحياة؛ لا أحتاج إلى أي شيء أكبر. لا يحتاج الله أن يتواجد في أي مكان آخر غير علاقتي الشخصية ـ هذا الإله الذي أعمل معه كثير!
الآن يطرح السؤال ـ وأنا أعلم أن هذا شيء تتصارع معه طوال الوقت ـ حول كيفية التواصل مع إله الحب هذا من داخل أنفسنا.
هل سمعت قصصًا عن اختفاء أطفال، أو أزواج يتزلجون على جليد بحيرة رقيق جدًا، أو اغتصاب شابات ثم تركهن في الغابة؟

حسنًا، يجب أن تكون الخطوتان الأوليتان مباشرتين نسبيًا. الطفل محبوب ويلزم الناس أنفسهم بسهولة بمحاولة العثور عليه. وبمجرد أن نقبل أن الموت أمر لا مفر منه بالنسبة لنا جميعا، يصبح ذلك شيئا يجب البحث عنه والاحتفال به.

الحب والرعاية التي تحيط بهم هي هدايا ثمينة.

نعم. عندما يسألني الناس أين كان الله في هذا، ستكون إجابتي أنه كان حاضرًا من خلال كل هؤلاء الأشخاص الذين اجتمعوا معًا في محاولة لمساعدتك ومحاولة تحديد مكان طفلك. وهذا يساعد الناس بشكل كبير. هذا كله صحيح.

"السؤال ليس ما إذا كان يتعين علينا القيام بأشياء صعبة وغير سارة؛ هذا أمر مسلم به؛ بل السؤال هو ما إذا كان يتعين علينا مواجهة هذه العقبات وحدنا أم لا".

أخبرتني ناتالي باتالها، عالمة الفيزياء الفلكية التي تشبه الحب بالمادة المظلمة، أن كارل ساجان قال ذلك على أفضل وجه: بالنسبة للبشر الذين يعيشون في مثل هذا الكون الهائل مثلنا، فإن الحب هو ما يجعل كل شيء

محتملًا ـ على الرغم من أن كارل نفسه كان ملحدًا ولم يرفض ذلك. ربط هذا الشعور بالحب مع أي مفهوم يعرف باسم الله

إنني أقدر كثيرًا المحادثات التي أجريتها مع علماء الكونيات والفيزيائيين. وتقف وجهة نظرهم على الأرض التي هيمن عليها المفكرون الدينيون لفترة طويلة في تاريخ البشرية، حيث يتخيلون طبيعة الكون ومكاننا داخله. وعلى الرغم من أن نسبة متواضعة فقط هم من المتدينين بأي معنى تقليدي لهذه الكلمة، فإن حساباتهم لا تظهر أي مجال للإرادة البشرية والاختيار أو الحب كحقائق مطلقة؛ قد يكون حدسنا بها مجرد وهم سببته قوى طبيعية قوية تظل غير مرئية لحواسنا في الوقت الحاضر.

كان تفسير براين جرين الرائع مرحًا واستفزازيًا عند مناقشة الحب: تصوري يتكون من جزيئات مثل تلك الموجودة على هذه الطاولة حيث أكتب الآن. وعيي يكمن في مكان ما ضمن هذا الطيف. أن تكون هذه الطاولة صلبة وحمراء، أو أن السماء زرقاء ليس حقيقة؛ بل هو تفسيري بناءً على المدخلات الحسية من يدي وعيني. نحن نفترض أيضًا أن الوقت يمر بوتيرة متساوية بالنسبة للجميع، لكن هذا أيضًا وهم. ووفقًا لوجهة نظر جيمسون، فإن الواقع بقدر ما يمكننا فهمه الآن يظل مخفيًا عنا بشكل أساسي في هذه المرحلة من التطور البشري؛ لذلك لا أفهم كيف تؤثر هذه القوى على تصرفاتي في العالم، بل تضللني حواسي وتجاربي ومعتقداتي.

تقترح نظرية الأوتار سيناريو يمكن من خلاله فهم واقعنا باعتباره إسقاطًا ثلاثي الأبعاد لقاعدة معلومات في مكان آخر؛ فالحضارة وأنفسنا، على سبيل المثال، بمثابة ناطحات سحاب على هذا المخطط/قاعدة المعرفة ـ ولكن تلك القاعدة موجودة في مكان آخر، أبعد من أي فرد أو خياله. تعيدني هذه الفكرة إلى الأسئلة الصعبة التي أثيرت خلال طفولتي: إذا كان الله هو الذي خلق الكون، فمن أو ما الذي خلق الله؟ علاوة على ذلك، قد يتساءل المرء بشكل معقول: من الذي أنشأ أو صمم هذا المخطط؟

تنتهي محادثتي مع براين جرين بإثارة فكرة أخرى مثيرة للاهتمام: قد يملأ فهمنا المتطور للفيزياء يومًا ما ما حددته خيالنا وكلماتنا دائمًا على أنه الله؛ أو ربما يشير تطور العلم إلى "إله" لا يمكن تعريفه، ولم يكن بإمكاننا حتى أن نحلم به مع كوبرنيكوس وجاليليو ونيوتن ـ العلماء الذين اعتقدوا أن بحثهم عن الطبيعة سيكشف عن خالقها ـ والذي لم نتمكن حتى من تخيله؟ انتهى حواري مع براين جرين بهذه الطريقة لكلا الطرفين:

استمع إلى هذه المحادثة بين براين جرين وبريان سكوت من قناة فوكس نيور.

أجد إخفاء الحقيقة محيرًا. لا يبدو الأمر أنيقًا ـ الكلمة التي تستخدمها لوصف الحقائق المكتشفة من خلال العلم. لقد ذكرت ذات مرة كيف أن رؤية الحياة من خلال عدسة الحياة اليومية ستكون مثل مشاهدة فان جوخ من خلال زجاجة كوكا كولا فارغة.

تمكننا ميكانيكا الكم من إجراء العمليات الحسابية حتى 10 منازل عشرية ـ مثل 13596، على سبيل المثال ـ من الحسابات الرياضية. وعندما نقيس الخصائص المغناطيسية، فإن ملاحظاتنا تتفق تمامًا مع حساباتنا المكتوبة على الورق! وهذا من شأنه أن يترك أي شخص عاجزًا عن الكلام ومقتنعًا بأن فيزياء الكم تكشف بعض الحقيقة العميقة عن الواقع المخفية بعيدًا عن الإدراك المباشر ـ ومع ذلك فإن الرياضيات تجعل هذه القصة أكثر روعة!

كثيرا ما استخدم أينشتاين صورة "الذكاء" أو "العقل" وراء الكون ـ وليس بالضرورة الله ـ لتوضيح وجهة نظره حول الإخفاء كجزء من رسالته. فإذا تصور المرء مثل هذا الكيان وراء الواقع، فكيف يمكن أن نتصور غرضه أو معناه؟

تذكر أن العديد من علماء الفيزياء يتخذون وجهة نظر إلحادية. نحن لا نفترض وجود نوع من القوة الخارقة للطبيعة وراء كل شيء، بل نعتقد أن هناك قوانين قوية في العمل يمكنها القيام بمآثر تتحدى التوقعات. لكنني تساءلت كثيرًا كيف تمكنت النسبية العامة والمعادلة البسيطة في ميكانيكا الكم والنموذج القياسي لفيزياء الجسيمات من إنتاج كائنات معرفية معقدة مثلي ومثلك؟ كيف يمكن لنا أن نتطور من القوانين الفيزيائية التي تعمل من خلال التغيير التطوري، ومع ذلك نكون في غاية التعقيد والتعقيد حتى أننا، كمخلوقات ذات إرادة حرة، يمكن أن نظهر ببساطة؟ ولكن هذه هي قوة الرياضيات. لذلك، إذا أردت، يمكن اعتبار أن الله قد لعب دوره في معادلاتنا ليأتي بنا إلى هنا اليوم. أود ببساطة أن أشير إليها على أنها اليد الخفية للرياضيات التي تنقلنا من البداية إلى النهاية.

على الرغم من أن هذا يبدو للوهلة الأولى حلاً جيدًا، إلا أنه مع أي شيء يتطلب صيانة منتظمة يمكن أن تظهر مشكلات ـ ولكن هذه المرة فيما يتعلق بأسناني! لذا يبدو هذه المرة أنه قد يكون هناك أمل مرة أخرى، نرى زملائنا الكرام يبذلون جهودًا كبيرة من أجلنا ويتخلون عن الوقت بعيدًا عن الأسرة أو العمل للمشاركة في الأعمال الخيرية. * * *

إن الفكرة التي تعلمتها في وقت مبكر من رحلتي التحادثية لا تزال يتردد صداها بعمق: فكرة التحالف بين الروحانية العلمية والروحانية الصوفية. كلاهما يسعى إلى تمييز الحقيقة مع البقاء منفتحًا تجاه ما يكمن وراء ذلك. ليندون إيفز، عالم الوراثة الجذاب والكاهن الأنجليكاني الذي كان رائدًا في دراسات التوأم الرائدة طويلة المدى. لقد شاركني مدى صعوبة التوفيق بين أدواره المزدوجة كعالم ولاهوتي داخل نفسه. وأوضح لي كم مرة تحتاج هذه الأجزاء المتباينة إلى التعايش بسلام داخل نفسه. فهو يشبه العقائد المسيحية العظيمة بالفرضيات العملية في مختبره، والتي هي دقيقة بقدر ما يمكن الحصول عليها في هذه المرحلة، ولكنها ليست كاملة. يعيش كل من المتصوفين والعلماء بثقة مع الاكتشافات التي تم التوصل إليها بالفعل مع الحفاظ على عقل منفتح لمزيد من الاكتشافات التي قد تنتظرنا.

أثناء تأليف كتابي الأول، لجأت إلى الساحل الغربي لأيرلندا بالقرب من حوافه الوعرة، والتي ذكّرتني باسكتلندا حيث استيقظ الجمال في داخلي لأول مرة. كانت هذه المناظر الطبيعية تُعرف بالأماكن الرقيقة عند الكلت القدماء؛ هنا، يبدو أن الحدود بين الزمني والأبدية تتآكل مع مرور الوقت. قام العديد من الزوار برحلات حج من معتكف هذا الكاتب حسن السمعة إلى امرأة تدعى ماري ماديسون، وهي شخصية جذابة لكنها دائمة الشباب والتي من المفترض أنها تستطيع قراءة الحجارة. في البداية، على الرغم من التزامي باستكشاف الحياة الروحية، كنت متشككًا في أي شيء "للعصر الجديد"، بما في ذلك قراءة الحجارة. ومع ذلك، مرة بعد مرة، عاد الناس مندهشين من أن هذه المرأة الغامضة رأت بطريقة أو بأخرى أرواحهم وعائلاتهم الأصلية وتجاربهم الحياتية وعلاقات الحب التي تجاوزت الزمن.

بعد ظهر أحد أيام شهر يوليو، وجدت نفسي جالسًا حافي القدمين وقدماي مغمورة في وعاء مليء بالحجارة الجميلة التي تم جمعها من شاطئ البحر خلف نافذتها. لكن الحجارة لم تكن هي الهدف حقًا؛ كانت لدى هذه المرأة موهبة غير عادية يصعب شرحها أو وصفها بشكل كافٍ حتى الآن. مع إدخال اسمي الأول فقط، شرعت في إخباري بجميع أنواع المعلومات الرائعة حول مهنتي وشخصيات أطفالي ـ حتى أنها تحدثت عن أقارب متوفين لا يزالون موجودين وينقلون وجودهم إلى حياتي اليومية: لقد رأت أن جدي كان جادًا وقالوا إنه لا بد أن يكون لديهم قوائم طويلة من الأشياء التي يجب فعلها وما لا يجب فعله، وأن ضبط النفس الصارم يجب أن يكون لديه معايير صارمة كما فعل مع نفسه أيضًا!

تحدثت ماري ماديسون ببلاغة: لقد فهم الآن أننا نصبح منغلقي العقل عندما يكون التحقيق أكثر قيمة. لقد رفع جدي الذي كان يشرب الخمر طوال حياته كأسًا لكما وتحدث بكلمات جاءت مباشرة إلى أعماقي: لقد فهم الآن كيف نصبح منغلقي الأفق عندما يكون للتحقيق الأسبقية.

المكان الذي نشأ فيه هذا الفكر لأول مرة ـ عقل ماري ماديسون؛ جدي من أية سماء موجودة؛ أو ربما من صدى من عالم آخر حيث يمكن أن تتطور أفكاره لإبداء هذه الملاحظة ـ وهو لغز مثير للاهتمام بالنسبة لي. أجد أن مفهوم فضيلة التحقيق في الفئات المغلقة المألوفة هو أمر محفز ويتم التعبير عنه بشكل مرضي. علاوة على ذلك، فإنني أقر وأقدر المذاهب واللاهوت التي ظهرت من خلال المحادثات عبر الأجيال وعبر الزمن. لكن العديد من فئاتنا، التي تم تعريفها وتغليفها في أشكال ومؤسسات لم تعد تعمل بشكل كامل، أصبحت ضيقة للغاية. أصبحت أنواع معينة من التدين صناديق لا تسمح إلا بقدر قليل جدًا من الضوء والهواء بالدخول أو الخروج؛ وبالمثل مع بعض المعتقدات غير الإيمانية. لا يتمتع الإلحاد العقائدي بمصداقية فكرية أكثر من الإيمان العقائدي، وكلاهما يفترض اليقين المطلق في الأمور غير المثبتة على الرغم من الأدلة التي تشير إلى عكس ذلك. عادة ما تميل روح التحقيق وفضيلة التحقيق نحو الفروق الدقيقة. الحياة والدين والعلم على حد سواء تتعايش مع بعض عناصر الغموض التي تساهم في حيويتها ونموها.

إن الروحانية التي تحتضن العجب واحتمال الاكتشاف المستمر توفر طريقًا للأمام للأرثوذكس من كل التقاليد للعيش مع سر عالمنا المشترك، بما في ذلك الاختلاف الديني وعدم الإيمان. تصر جميع تقاليدنا على احترام ما يبقى مجهولاً ولا يمكن تفسيره خلال عمر واحد؛ وهذا يدعونا إلى دمج خصوصياتنا وعواطفنا في الحياة المشتركة مع الحفاظ على كرامة كل فرد ـ وهي دعوة ليست بمثابة إضافة بل كجزء من الإخلاص نفسه. الحاخام اللورد جوناثان ساكس، الحاخام الأكبر للتجمعات العبرية المتحدة في الكومنولث ـ المعروف أكثر باسم الحاخام الأكبر للمملكة المتحدة ـ لأكثر من عقدين من الزمن حتى عام 2013 هو أحد أبرز مفكرينا في الهواجس الدينية والتعويضية. فهو يجد في التقاليد اليهودية، والدين عمومًا، الأدوات التي تمكنه من مخاطبة الحاضر"".

إن "كرامة الاختلاف" والحفاظ على الهويات النابضة بالحياة عبر الحدود الدينية والعلمية والثقافية أمر بالغ الأهمية للحفاظ على مجتمعات نابضة بالحياة.

استمع إلى حوار بين الحاخام اللورد جوناثان ساكس والمؤلف جوناثان سافران فوير.

هناك شيء خاص لا يُنسى في العودة إلى المنزل لرؤية حديقة الزهور في كل مرة! أعلم أنني لا أستطيع أبدًا أن أحقق المثل العليا التي وضعها خالقنا في هذا الصدد وحده! بعد 11 سبتمبر 2001، ذكر صحفي أمريكي ذكي أن هذه السلسلة من الأحداث أظهرت أنه لكي تتمكن الديانات التوحيدية مثل اليهودية والإسلام والمسيحية من البقاء والمساهمة بشكل بناء في المجتمع في القرن الحادي والعشرين، يجب عليها التخلي عن ادعاءات الحقيقة الحصرية. لقد كانت حجتك مقنعة للغاية لكثير من الناس. وجهة نظرك تشبه وجهة نظري من حيث أن التقاليد يمكن أن تكون أجزاء منتجة من القرن الحادي والعشرين، ومع ذلك فإنك تسلك طريقًا بديلاً. دعونا نناقش كيف تحتفظ اليهودية بجوهرها وادعاءاتها بالحقيقة وكرامة الاختلاف بينما تتوسع بدلاً من تقليص الذات مع الآخرين المتدينين.

استعاراتي قد تساعد البعض وليس الآخرين. قد يكون أحد الأساليب هو النظر في التنوع البيولوجي: فبفضل اكتشاف كريك وواتسون للحمض النووي وفك رموز الجينوم البشري وغيره من الجينات، أصبحنا نفهم الآن أن الحياة كلها لها نفس المصدر؛ جميع أنواع الحياة والنباتات الثلاثة ملايين تأتي من أصل واحد؛ جميع الكائنات الحية لها رموز وراثية مكتوبة على شكل أبجدية تشترك في أبجدية الحمض النووي. الوحدة تجلب التنوع. لذلك بدلاً من التفكير في إله واحد وحقيقة واحدة، بل فكر في أن إلهًا واحدًا خلق 6800 لغة نستخدمها يوميًا للتواصل معه عند النظر في علاقتنا به.

يذكرنا الكتاب المقدس باستمرار: لا تظن أن الله شيء تبسيطي. يمكن العثور عليه حيث لا تتوقعه. ومع ذلك، غالبا ما ننسى هذا في الحياة اليومية.

من أنت؟" سأل موسى عند العليقة المشتعلة الله فأجاب بثلاث كلمات غالبًا ما تُترجم بشكل خاطئ إلى" الإنجليزية: "حياه عاشر حياه". يمكن ترجمة هذه الكلمات العبرية الثلاث بشكل خاطئ إلى الإنجليزية على أنها "أنا ما أنا عليه"، لكن هذه الكلمات العبرية الثلاث تعني المزيد: سأكون من أو كيف أو أين سأكون، مما يذكرنا بعدم التنبؤ بي؛ يحب الله أن يفاجئنا من خلال لقاءات غير متوقعة مثل الرهبان البوذيين أو تقاليد الضيافة السيخية أو الكرم الهندوسي الذي يكشف الله بداخلهم جميعًا. لا تعتقد أن الدين يحد منه أو يحدنا عند التحدث إلى أشخاص من ثقافات أخرى ـ فالله يتجاوز الحدود! فلا تظن أن الفئات الدينية تحصر الله ضمن حدود فئتها! الله فوق الدين!

على الرغم من أنك تؤكد أن الله أكبر من الدين ـ فأنا أفترض أن هذا عبارة عن عبارة "و" وليس عبارة "أو" ـ إلا أنه تظل هناك علاقة خاصة يتم إثباتها من خلال النصوص والعهود المقدسة الخاصة بالشعب اليهودي، فحتى عندما تكرم الاختلافات بيننا اليوم، أنتم أيضًا تحافظون على الخصوصية باعتبارها جانبًا مشرفًا.

من خلال كوني ما لا أستطيع أن أكونه إلا، فإنني أعطي الإنسانية ما أستطيع أن أعطيه. من خلال كوني على طبيعتي والمساهمة بصفاتي الفريدة في التراث المشترك للإنسانية. وهذا يلخص الحتمية اليهودية منذ إبراهيم: أن يكون الإنسان مخلصًا لإيمانه بينما يبارك الآخرين بغض النظر عن عقيدتهم، وهو أمر مفيد على نحو متناقض في الوصول إلى عمق الإيمان.

أنا لا أفهم ذلك أيضًا؛ يأتي إشعياء ويجعل نبوءاته محددة جدًا للإيمان والمكان والزمان بحيث يتردد صداها بعمق داخل ذلك الدين أو المكان أو الزمان ـ ومع ذلك يتردد صداها عالميًا! ولهذا السبب أطلق على إشعياء لقب "شاعر الأمل". اقتبس مارتن لوثر كينج سطرين حرفيًا من إشعياء، الفصل 40 خلال خطابه "لدي حلم" في ذروته ـ وهو أمر لم يكن بإمكان إشعياء توقعه قبل أكثر من 27 قرنًا عندما كانت الكتابة في الشرق الأوسط في مصر ستصل إلى نشطاء الحقوق المدنية السود عبر الثقافات في جميع أنحاء العالم! ومع ذلك، فإن خصوصيته كان لها صدى عميق ومست قلوب الكثيرين وتردد صداها عبر القارات!

لاحظ مارتن لوثر كينج ذات مرة: "هذا هو ما نحن عليه كشعب. لا أحد يعرف لماذا أو كيف، لكن التجارب الأصيلة تجعلنا نشعر بأننا أكثر ثراءً في الحياة من التجارب العامة والعالمية، مثل علامة تجارية من القهوة تلو الأخرى. " وعلى النقيض من ذلك، فإن الحياة الخالية من الأصالة والتفرد هي حياة عديمة الحياة، وغير مثيرة للاهتمام، وفي نهاية المطاف غير إبداعية.

لقد لقيت تعليقاتك المتعلقة بالدين استحسانًا كبيرًا عندما اقتبسها إيبو باتيل لأول مرة، وهو زعيم مسلم شاب من الهند يعمل في مجال الحوار بين الأديان. ذكرتم: "الدين ليس كما تصوره التنوير ـ أخرس، هامشي ومعتدل ـ وعلينا أن نحمي لهيبه. أين توجد بذور الخيال الأخلاقي والروحي الأعمق التي تنشأ من داخل تقاليدكم والتقاليد الأخرى اليوم، كما وأين يمكن للمرء أن يجد الأمل؟"

لقد وضع الله أمامنا تحديًا هائلًا في بداية القرن الحادي والعشرين: إن العيش بالقرب من الاختلاف بما ينطوي عليه من إمكانات مدمرة هو في الواقع الخيار الوحيد الذي يمنحنا إياه، على حد تعبير دبليو إتش أودن: يجب أن نحب بعضنا البعض أو نموت! أشعر بالأمل لأنه بما أن حب بعضنا البعض يمكن أن ينجح حقًا، فهناك أمل كبير في أننا سننجو معًا كبشر.

تزودنا تقاليدنا بمواد غنية عن الكيفية التي يجب أن نحب بها بعضنا البعض ونعيش حياة مفعمة بالأمل، * * * على الرغم من أنها لم تمارسها دائمًا بقوة سواء في الأماكن الخاصة أو العامة، ولا عبر حدود معينة من الاختلاف. لكنهم يظلون حفظة للذكاء والممارسات التي توفر الحكمة العاجلة للقرن الحادي والعشرين، بما في ذلك الفضائل التي أعود إليها مرة بعد مرة في المحادثة ومن خلال هذه الكتابة؛ فضائل مثل الرحمة والمصالحة والرحمة والاهتمام ـ كوكبة العادات الكبيرة والصغيرة التي تضيف إلى الرحمة والمصالحة والرحمة ـ حب الجار والعدو على حد سواء. الجديد في عصرنا هو تدفق وانتقال مثل هذه الحكمة: الفضائل كتقنيات روحية أكثر مما كانت عليه في العصور السابقة.

قراءة وسماع المواد المتاحة مجانًا والمتعلقة بالتقاليد عبر الثقافات؛ وتتوفر أيضًا التقاليد التي تلبي احتياجات الفرد والمجتمع.

ما أجده ثوريًا هو كيف أصبحت العلوم الاجتماعية وعلوم الحياة تلعب دورًا أساسيًا في شرح كيفية عمل الفضائل والتعاليم وسبب أهميتها؛ يستكشف تطبيقهم أيضًا ما إذا كنا نمتلك حقًا أي قدرة على الاختيار والأخلاق والحب على الرغم مما يؤكده بعض علماء الفيزياء حول الوعي البشري. يلعب علماء الأحياء وعلماء الأعصاب وعلماء النفس الآن دورًا فعالًا في الكشف عن الحكمة القديمة للجماهير الحديثة. إنهم يأخذون فضائل عظيمة ـ التسامح والرحمة والتعاطف والحب ـ إلى المختبر من خلال استكشاف كيف يمكننا تعزيز تطورهم بيننا. يلاحظ الحاخام ساكس بسعادة هذا العمل باعتباره عملاً يثري ويجدد الذكاء المقدس القديم: تجسيد وتنقيح "تعليمات التشغيل" الخاصة به.

استمع إلى حوار بين المؤلف والحاخام اللورد جوناثان ساكس.

ونحن هنا نعيد النظر في تلك التعليمات باستخدام العلوم الكمية والتجريبية ونكتشف ما كانت تقوله تقاليد الحكمة العظيمة منذ ثلاثة أو أربعة آلاف عام. نحن ندرك اليوم أن فعل الخير للآخرين، وإقامة علاقات قوية وداعمة، والشعور بأن الحياة جديرة بالاهتمام هي ثلاثة محددات أساسية للسعادة ـ هذه الحقائق النبيلة القديمة تُفرض علينا مرة أخرى ضد إرادتنا ـ الآن أكثر من أي وقت مضى في ظروف غير مريحة حتى الآن. تعاون غريب بين الزعماء الدينيين والعلماء وعلماء الاجتماع وكذلك علماء الاجتماع.

يستكشف مايكل ماكولو الظروف التي تجعل المغفرة أكثر احتمالاً وطويلة الأمد، فضلاً عن كونها طبيعية من الناحية البيولوجية. ساعد ريتشارد ديفيدسون في اكتشاف المرونة العصبية من خلال الدراسات التي أجريت بناءً على طلب الدالاي لاما على الرهبان البوذيين التبتيين الذين يتأملون التأمل البوذي التبتي الذي تمارسه أدمغة تأمل الرهبان التبتيين.

وهو الآن يستكشف اقتناعه بأن الأطفال مبرمجون على تعلم التعاطف بنفس الطريقة التي يتعلمون بها اللغة. لقد تم إجراء دراسة كبيرة على النتائج الصحية والمجتمعية المرتبطة بأعمال اللطف والامتنان. الآن هناك تجارب جارية تهدف إلى تقليص اللوزة الدماغية ـ ذلك الجزء من دماغنا الذي يضم غريزة القتال أو الهروب لدينا، والذي تم تطويره كحماية من خطر مميت ولكنه غالبًا ما يكون مسؤولاً عن دفعنا إلى التصرف بشكل غير أخلاقي فرديًا وجماعيًا. لقد أوضحت راشيل يهودا كيف تؤثر الصدمات الجسدية والنفسية على الأجيال عبر الزمن، وذلك باستخدام هذه الرؤية كشكل من أشكال القوة لتعزيز المرونة والشفاء عبر الزمن. تستفيد مؤسسات مثل بيركلي وستانفورد من وادي السيليكون أثناء إجراء دراسات مستمرة حول موضوعات مثل الرهبة والتعاطف، فضلاً عن استكشاف تطبيقات الواقع الافتراضي المبتكرة لتعليم التعاطف.

وعلى الجانب الآخر من هذه المعادلة الجديدة، هناك مؤسسات دينية تحاول إعادة تصور صحتها المؤسسية ومساهمتها في عالم يتكشف. لقد أدى هذا النضال في حد ذاته إلى ظهور مساحات مقدسة كمساحات مشتركة

حيث يمكن ممارسة وتطبيق الفضائل التي نفهمها بشكل أفضل ـ مثل تلك الكنائس التي وجد أطفال "احتلال ساندي" ملجأ فيها حتى أثناء احتجاجهم عليها.

تلعب الأديرة دورًا أساسيًا في هذه القصة أيضًا. كانت الصلاة المركزية والتوجيه الروحي والخلوات والتأمل تعتبر منذ فترة طويلة من اختصاص المجتمعات الرهبانية ـ الرهبان أو الراهبات المنعزلين أو المفلسين والحجاج المتفانين في أعماق جميع تقاليدنا. ومع ذلك، اليوم، على الرغم من أن العديد من المجتمعات الرهبانية الغربية مثل البينديكتين في كوليدجفيل أو مجتمع أخوات الأخت سيمون أصبح عددها أقل من ذي قبل ـ فقد أصبحت مساحاتها المادية للصلاة والخلوة مكتظة بالناس الذين يأتون للراحة أو الصمت أو ممارسات التمركز قبل العودة. في الأسر أو مجتمعات أماكن العمل أو المدارس.

بدأ ناثان شنايدر في العثور على الإيمان أثناء تراجعه في مجتمع ترابيست الذي أرسلته والدته غير المتدينة خلال فترة وجودية مكثفة من البحث الوجودي، ويروي قصة مقنعة تجسد كلاً من الشفقة والسخرية في لحظة الإيمان هذه ـ لما هو غريب ولكنه مألوف في العلاقة مع الإيمان اليوم.

لقد شاركني ناثان كيف يعيش الإيمان ويموت ويولد من جديد طوال حياة الإنسان وفي المجتمع ككل. بدأت محادثتنا عندما استفسرت عن بعض أشعار ويليام بليك التي استشهد بها في كتاباته باعتبارها مهمة: "إن ربط المرء نفسه بشدة بالفرح من المؤكد أنه سيقتله / في حين أن تقبيل الفرح وهو يحلق يمكن أن يؤدي إلى شروق الشمس الأبدية". وأوضح ناثان

استمع إلى الحوار المتبادل بين ناثان شنايدر وناثان فارو.

في دير كفيل معمودي، وجدت هذه السطور ملصوقة على حائطه. لقد كان واحدًا من أعظم المرشدين في حياتي، لكنه كان يموت ببطء خلال معظم الوقت الذي قضيناه معًا ـ غالبًا ما يكون خائفًا تلو الآخر من خلال الآلات الملحقة بجسده ـ حيث يتم ربط كل خوف بآلة أو أخرى. قبل دخوله الدير ثم بعد دخوله مرة أخرى، كانت تتبعه حياة غنية ومعقدة طوال الوقت. عندما وجدت هذه على حائطه، سألته عن الدور الذي لعبه إيمانه بالله أثناء عملية موته؛ ما الراحة التي قدمتها له على طول الطريق.

لقد أخبرني بشيء كنت أشك فيه ـ وهو أنه لم يعد يؤمن بهذا الاعتقاد بعد الآن ـ مما جعلني أشعر بالصدمة والحزن والخسارة؛ لكن صدقه في ذلك جعلني أشعر بالامتنان والفرح والتواضع في نفس الوقت ـ على سبيل المثال أن شخصًا أن شخصًا فقد إيمانه هو الذي أرشدني إلى ذلك!

أرى في كثير من الأحيان أن الديناميكيات الجديدة للحياة الروحية اليوم هي هدايا من الحكمة القديمة ـ حتى وهي تتحدى الإيمان كما عرفناه على ما يبدو إلى الأبد. إن نقل المعرفة عبر حدود الدين والثقافة والعلم يعزز التقنيات الروحية مع جعل الممارسة أكثر سهولة.

إن الفضائل، وهي في الواقع العناصر الأساسية للبر، لم تكن قابلة للتحقيق للبشرية أكثر مما هي عليه اليوم. كما تتوسع أيضًا الطرق التي يستكشف بها الأشخاص المعاصرون ما يسميه الكاتب الحكيم بيكو آير، أحد أولئك الذين يلجأون بانتظام إلى النسك مثل ريشي أشرم في أشراميانا في الهند، الذي يسميه "العالم الداخلي" و "فن السكون". لقد اعتمدت الطموحات والفضيلة منذ فترة طويلة على التوازن في داخلنا؛ ويتعلم الكثيرون كيفية الحفاظ عليها بوعي أكبر في مواجهة عالم اليوم المحموم والمضطرب. إننا نتعلم، ولو بشكل ناقص وغير متسق، تنمية الحكمة الداخلية التي تشكل الحياة الخارجية وتحفز العالم الذي يمكننا رؤيته ولمسه. وهكذا وجد الإيمان وسيلة للبقاء يمكن من خلالها أن ينمو بشكل أعمق في جوهره الأساسي أكثر من أي وقت مضى.

(ملاحظات على الملاحظات النهائية (الملاحظات النهائية

لا يعتبر بيكو آير نفسه معلمًا أو ممارسًا روحانيًا بالمعنى التقليدي، على الرغم من أن شهاداته من جامعات إيتون وأكسفورد وهارفارد تجعله مؤهلًا بشكل فريد لربط العالمين الفكري والروحي. مع جذور عائلية تمتد إلى البوذية إلى عصر النهضة الكاثوليكي مهرطق في عصره؛ الثقافة الكهنوتية الهندوسية؛ وتأثيرات الثيوصوفيا، كانت حياته العائلية بمثابة جسر لهذا الهدف.

استمع إلى هذه المناقشة الرائعة بين المؤلف بيكو آير وآير نفسه.

نظرًا لأنني نشأت وأسافر كثيرًا ـ حيث ولدت لأبوين هنديين في إنجلترا قبل أن تنتقل عائلتي إلى كاليفورنيا عندما كان عمري 7 سنوات ـ فقد أصبح مواصلة تعليمي في إنجلترا أثناء العطلات أقل تكلفة بكثير من الالتحاق بالمدارس الخاصة المحلية؛ ومن ثم، فمنذ الساعة التاسعة تقريبًا، كانت حياتي عبارة عن العيش على متن طائرات.
في المدرسة طرت وحدي عبر القطب الشمالي. في وقت لاحق من حياتي، في العشرينات من عمري، شرعت في محاولة رسم خريطة للكرة الأرضية من خلال زيارة أكبر عدد ممكن من البلدان والمواقع؛ وعندما أصبحت حرًا في كل شيء في الثلاثينيات من عمري، حاولت بسرعة أن أفعل ذلك ـ أحاول بسرعة رسم خريطة بقدر ما أستطيع بأسرع ما أستطيع ـ أتذكر كم كنت محظوظًا بكوني جزءًا من جيل يمكن أن يستيقظ في صباح أحد الأيام يجدون أنفسهم في مكان ما مثل التبت أو بوليفيا أو اليمن بعد أيام قليلة ـ وهو أمر لم يكن أجدادي يتوقعون حدوثه أبدًا!

ومن الجدير أن نتوقف بانتظام ونتأمل في هذا التحول الاستثنائي في حياتنا، أليس كذلك؟

نعم، ومع هذا التحول الدراماتيكي أيضًا جاء تغيير جذري، حيث تم منح منزل أجدادي في مجتمعهم وقبيلتهم ودينهم عند الولادة، بينما بالنسبة لي هو شيء يمكن أن أجعله ملكًا لي ـ وهو ما قد يمثل تحديات ولكنه يمكن أن يكون كذلك. تقدم أيضًا فرصًا مذهلة. وفي مرحلة ما، أدركت: حسنًا، لقد كنت محظوظًا حقًا بزيارة العديد والعديد من الأماكن. الآن المغامرة الحقيقية تكمن في نفسي: جمع المشاعر والانطباعات والتجارب عبر الوقت الذي أقضيه في جمع ذكريات تجارب الماضي. الآن، كل ما أريده هو أن أبقى ساكنًا لسنوات متواصلة وأستكشف مشهدي الداخلي، لأن أي شخص يسافر يعرف أن السفر يتعلق بالتحرك أكثر من تحريك نفسك. في البداية، ما قد نراه قد لا يكون مجرد جراند كانيون أو سور الصين العظيم؛ بل إنها تمثل حالات مزاجية أو إشارات أو أماكن بداخلك لا تلاحظها عادةً خلال حياتك اليومية. تذكرت هنري ديفيد ثورو وتوماس ميرتون وهما يستكشفان مناطق مجهولة؛ أريد أن أتبع خطاهم من خلال استكشاف هذه المنطقة الشاسعة غير المستكشفة والتي لم يتم استكشافها بعد في الداخل.
إن حياتك وممارساتها التأملية، والتي أود أن أشير إليها بالسكون، لها اسم ملهم: السكون. يا لها من طريقة رائعة أدخلت هذه الكلمة في كتاباتك وحياتك اليومية!
هل نرى متى بدأ الناس في استخدام كلمات مثل هذه لتسمية شعور داخلي بهذه الطريقة؟

كما أشرت سابقًا، لقد سافرت دائمًا كثيرًا؛ في الثلاثينيات من عمري فقط لاحظت أنني قد جمعت بالفعل مليون ميل على شركة طيران واحدة في الولايات المتحدة وحدها! لذلك أصبح من الواضح بالنسبة لي أن حياتي تتكون من الكثير من الحركة ولكن ربما القليل جدًا من السكون. في نفس الوقت تقريبًا، احترق منزل عائلتي في سانتا باربرا وسوي بالأرض، وتركني دون كل ممتلكاتي ـ باستثناء شراء فرشاة أسنان من السوبر ماركت طوال الليل في ذلك المساء ـ لذلك في صباح اليوم التالي، شعرت بالارتباك الشديد والوحدة. لذلك أصبحت حياتي مضطربة بشكل متزايد. اقترح صديقي المُدرس أن أقضي بعض الوقت في منسك كاثوليكي. ولكن على الرغم من أنني لست كاثوليكيًا ولا ناسكًا، فقد أخبرني عن مكان كان يحضر فيه دائمًا الفصول

الدراسية، الأمر الذي ساعد حتى ابنه المراهق الأكثر تشتتًا وقلقًا والذي يغذيه هرمون التستوستيرون على الشعور بالهدوء والوضوح عند حضور دروسه هناك. وبما أن شيئًا ما ينجح مع الأولاد المراهقين بفعالية كبيرة، فمن المؤكد أن أي شيء ينجح يجب أن ينجح معي أيضًا؟

وقدت سيارتي شمالًا على طول الساحل متبعًا البحر، وطرقًا أضيق فأضيق بينما كنت أتبعه؛ حتى وصل في النهاية إلى طريق أضيق بالكاد مرصوف، والذي شق طريقه لمسافة ميلين أعلى الجبل للوصول إلى هذا الدير حيث ينبض الهواء بقوة بالطاقة. في البداية، كان المكان هادئًا للغاية ـ ليس لأنه لم يكن هناك ضجيج، ولكن لأن هذه الجدران الشفافة التي أنشأها الرهبان بذلت جهدًا كبيرًا لتكون متاحة لنا في حياتنا اليومية. عندما دخلت غرفتي الصغيرة لأقيم فيها، كانت بسيطة إلى حد ما: لم يكن هناك سوى سرير ومكتب؛ وفوقهم كانت هناك نافذة طويلة تطل على حديقة بها كراسي؛ ولم يكن بعدها سوى مساحة من المحيط الهادئ.

شيء واحد لاحظته أثناء القيادة هو أن ذهني كان يتسابق مع الأفكار أو المحادثات أو الحجج. الشعور بالذنب لأنني تركت والدتي ورائي والخوف من أن ينزعج رؤسائي من تأخري كانوا رفاقًا دائمًا. بعد وقت قصير من وصولي إلى هذا المكان، أدركت أنه لا يهم حقًا مكان وجودي، وأنه من خلال وجودي هنا، سأكون أكثر قدرة على تقديم الدعم الذي قد يحتاجه والدتي وأصدقائي ورؤسائي. ملاحظة أخيرة حول هذا الموضوع: تعيش والدتي الآن في كاليفورنيا على ارتفاع 1200 قدم بالضبط ـ أي ما يعادل بالضبط ارتفاع الدير ـ وتتمتع بمناظر المحيط الخلابة من منزلها الواقع على قمة التل. من الخارج، يبدو منزلها هادئًا وآمنًا؛ ومع ذلك، عندما أكون وحدي في المنزل أقرأ كتابًا، أكون مستعدًا دائمًا إما لرنين هاتفي برسائل بريد جديدة، أو لطرق شخص ما على بابي لإخباري بأن بريدي قد وصل إلى غرفة أخرى. لذلك أجبر نفسي على مواصلة التحرك من خلال مقاطعة نفسي باستمرار ـ حتى لو كان ذلك يعني مجرد مشاهدة مباراة ليكرز! وكلما انجرفت أفكاري نحو مراقبة النجوم، يذكرني عقلي سريعًا بأن هناك مهام أخرى تنتظرني. أو إذا نشأت على شاشة التلفزيون قريبًا ـ يجب القيام بشيء آخر قبل Lakers محادثة عميقة، فقد يتم عرض مباراة التحديق في النجوم مرة أخرى. في المنزل، تتعارض حياتي دائمًا مع وضوحي وتركيزي؛ هذا يذكرني لماذا يجب على الأشخاص مثلي أن يتخذوا خطوات واعية للدخول في الصمت والسكون واكتشاف فوائده المجددة ـ مما ينظفنا حقًا من أي قلق أو توتر.

منذ عام 1994، قمت برحلات منتظمة إلى مزرعة وادي الكرمل. لقد مرت أكثر من 70 مرة، ويبدو الأمر وكأنه بيتي السري حقًا ـ فهو يظل ثابتًا مع زوجتي وأمي في عالم مليء بالتغيير وأحيانًا عدم الثبات. عند السفر إلى مكان آخر، أفكر دائمًا في تلك الغرفة الصغيرة التي تطل على المحيط الهادئ بالأسفل والكنيسة الصغيرة الخاصة بها ـ تعمل كلتا الذكريات على تهدئتي وتهدئتي خلال أوقات الصراع وعدم اليقين.

في قلبها تكمن رسالة أساسية: بينما كنت تسعى إلى السكون جسديًا وداخل نفسك، كان هناك توتر مهم بين هذا السعي والعودة إلى العالم. أعجبني بشكل خاص ما كتبته هنا: "إن الهدف من البحث عن السكون ليس مجرد إضافة المزيد من الصفاء أو السلام إلى مكان أو آخر؛ بل يجب أن يجلب السلام إلى المجتمع ككل". بعد صدور كتابك عن جراهام جرين، حضرت محادثة بينك وبين بول هولدنغرابر في مكتبة نيويورك العامة. لقد قلت شيئًا هناك جعلني أتطلع إلى الحديث معك عنه: الروحانية مثل الماء بينما الدين يمثل وعاءه. لقد قلت إنها تتقدم مثل أكواب الشاي ولكن من المحتمل أن تنكسر مع مرور الوقت. تساءلت عما إذا كانت الروحانية مثل الماء بينما يمكن للدين أن يتصرف مثل الأكواب، ويعطيها شكلها بمرور الوقت ولكن من المحتمل أن تتعثر في أي لحظة؟

أنا أحب استعارة الكأس. وإذا سألتني الآن عن الروحانية، فسأجيب أن الأمر يتعلق بعلاقتنا العاطفية بما يكمن في أعماقنا ونورنا الداخلي الذي يخفت أحيانًا، ولكنه يتوهج أحيانًا أخرى. يوفر لنا الدين مجتمعًا وإطارًا وتقاليدًا وحلفاءً لنتشارك معهم ما نجده بداخلنا. أتفق مع الكثير مما ورد أعلاه، وخاصة مع جملتك الأخيرة! وكما أشرت أعلاه، عندما كنت أتحدث عن الماء والشاي، ربما كنت أقترض بشدة من الدالاي لاما. غالبًا ما يؤكد على مدى أهمية اللطف من أجل البقاء ـ فبدونه سنهلك! يرى أن الطيبة مثل الماء والدين مثل الشاي. الشاي هو تجربة فاخرة ترفع من مذاق الحياة، لذا فإن تناوله يمكن أن يضيف إلى متعها بشكل كبير ويثري تجربتك بكل شيء. ومع ذلك، يظل الماء ضروريًا، لذا يجب أن يشكل اللطف والمسؤولية اليومية أساس كل رحلة حياة ـ وهو تذكير ممتاز بأن نضع أنفسنا أولاً في أولئك الذين نهتم بهم قبل التفكير بعمق في النصوص أو معنى المفاهيم المطلقة.

يعتقد آرثر زاجونك، الفيزيائي والمتأمل، أن أبعد حدود العلم تؤدي إلى إعادة تنظيم جذرية للقيم. إن دمج العلوم والعلوم الإنسانية هو ببساطة طريقة أخرى للحديث، وفقًا لزاجونك، حول "ربط كل ما يشكل هويتنا بما يشكل هذا العالم."

استمع إلى المحادثة المتبادلة بين Arthur Zejonc وArthur Zajonc.

لا يجب أن تتمحور الروحانية حول الإيمان فقط؛ بل ينبغي لها أن تفهم نفسها على أنها ملتزمة بالمعرفة. من خلال ممارسة التأمل والتأمل بانتظام منذ العشرينات من عمري، قادني التأمل إلى الاعتقاد بوجود مجال تجريبي ضمن الروحانية التأملية التي يمكن توضيحها؛ حتى علمية إلى حد ما ـ لأن أساسها يكمن في الخبرة الإنسانية المشتركة عبر آلاف السنين والتي يمكننا التعامل معها اليوم بطرق تتوافق مع عملي العلمي.

هذا هو تعريفك للأخلاق: "تشير الأخلاق إلى علاقاتنا مع الآخرين والبيئة الأوسع التي نعيش فيها.

الأخلاق بالنسبة لي لها جذورها في تربيتي الكاثوليكية؛ لذلك غالبًا ما كان الأمر ينطوي على الشعور بالذنب. كما تعلمون، الذنوب والخطايا العرضية...

الأخطاء.
ومع ذلك، كنت دائمًا خائفًا من أن يمسك بك شخص ما بطريقة أو بأخرى، ولكن في مرحلة ما بدا ذلك غير مرجح؛ ولا يمكن ببساطة إملاء هذه القضية من خلال التسلسل الهرمي الكنسي؛ كان لا بد من وجود مصدر آخر. ويجب أيضًا أن يكون هناك شخص ما وراء كل هذا يفهمه بشكل أفضل.
لقد كانت الأخلاق مهمة، ليس في شكلها الإجمالي ولكن كجزء من سلوكك الفردي، لذلك أصبح العلم وسيلة جذابة لاستكشاف إخفاقات التفكير الحتمي. تعطي ديناميكيات الفوضى أو ميكانيكا الكم فكرةً عن أن الأشياء قد تكون أقل جمودًا؛ قد لا تكون الضرورات البيولوجية كاملة؛ قد يكون هناك مجال للحرية؛ قد تكون هناك أيضًا إجراءات مبررة أخلاقياً يجب اتخاذها. ولكن إذا قمنا بتجريدنا من كل القوى التي يمارسها علينا الآباء أو الكهنة أو المعلمون أو مجموعة الأقران أو علم الأحياء ـ وكلها تمارس قوة هائلة ـ وخلقنا مساحة لأنفسنا، فماذا ستكون بوصلتك الأخلاقية أو وسائلك؟ هل يمكنني استكشاف ذلك بشكل مباشر بدلاً من الافتراض أو من خلال التأمل؟ وهل هناك نهج يشعرني بالارتباط الأخلاقي ويساعدني على وضع حياتي ضمن نهج واحد؟ بالنسبة لي أصبحت هذه تجربتي.

الحضور هو شيء تزرعه من لحظة إلى أخرى.

صحيح. لكن وجهة نظرك واضحة. الواقع متسع، والذاتية موجودة في الواقع وهي صديقتنا؛ في الواقع، يمثل هذا العلم الجديد "إعادة توجيه جذرية نحو الحياة"، ويوفر الأساس للحياة الأخلاقية.

نعم. تسير الحجة على النحو التالي: منذ القرن السابع عشر، هيمنت الآلية والمادة. ومع ذلك، بين عامي 1900 و1925، مرت الفيزياء بثورة مذهلة حيث أدركنا أننا لا نستطيع تجاهل المراقبين تمامًا؛ على الرغم من أننا قد نكون قادرين إلى حد ما على القيام بذلك عن طريق تقريبها دون النظر بعناية؛ ولكن ليس عندما نقوم بعلمنا بشكل صحيح؛ وبدلاً من ذلك، نحن دائمًا متورطون بطريقة أو بأخرى إما من خلال ميكانيكا الكم والنسبية أو الأبعاد الذاتية في العلوم العامة ـ وهو أمر لم يدركه أسلافنا عندما درسوا الآلية والمادة معًا حتى وقت قريب! في كل مكان يوجد مراقب ـ سواء كان حقيقيًا أو متخيلًا ـ يراقب ما يحدث، وهو ما يتطلبه الكون منا. لا يمكننا ببساطة أن نرفض هذا باعتباره طريقة ممتعة للنظر إلى الأشياء؛ يجب أن يكون هذا العنصر موجودًا حتى يكون لأي كون معنى على الإطلاق. لا يوجد منظور خارجي يمكنك من خلاله النظر إلى كل شيء وهو يتكشف، لذا بالنسبة لي يبدو الأمر دائمًا وكأنه قصة كبيرة تتكشف أمامي.

إن الخبرة والتاريخ والسرد هي إلى حد ما الأشياء الحقيقية الوحيدة.

على الرغم من أن الأمر قد يبدو غريبًا، إلا أن تجربة الواقع الذاتي تعيدنا إلى التجربة والذاتية ـ ليس بطريقة تعسفية أو متقلبة ـ ولكن كواقع مرتبط بشخصي. ومن هذا المنطلق، تصبح الذاتية بدلاً من أن تكون عدوًا بل حليفًا في حياتي. وبمجرد حدوث ذلك، تعود الأبعاد الأخلاقية إلى الحياة لأنه من خلال تطهير التجربة الذاتية، فإنك لا تترك مجالًا للإمكانيات الأخلاقية.

كما هو الحال دائمًا، تعود الأخلاق إلى الصورة لأن ما تفعله مهم في النهاية؟

الواقع هو ما تفعله وتختبره، ولكن بطريقة ما نختبره على أنه حقيقي في حياتنا اليومية ـ بدءًا من الأطفال والمعاناة وحتى الشيخوخة وولادة الأطفال ـ يتم تفسيره من خلال النماذج القديمة من حيث أشياء مختلفة. أحيانًا أفكر في هذا على أنه عبادة وثنية: أنت تشير نحو الآلهة ولكنك لا تستطيع رؤيتها تمامًا لذا تصنع تماثيل؛ وبالمثل في الفيزياء حيث توجد نماذج ولكن لم تظهر نتائج فعلية بعد لتقديم إجابات قد تمثل الواقع بشكل أفضل، ولكن بدلاً من ذلك يصبحون معبودين بدلاً من التبجيل كما ينبغي أن يعبدوا بدلاً من أن يعبدوا ما يمثله حقاً؛ تصبح تجربتك حقيقة بدلاً من عبادة ما كان يقصده التفكير القديم أو أي مصدر آخر. من الصعب فهم أي جانب من هذا الانقسام يقع في المركز، ولكن عليك أن تتصرف كمتمرد في بعض الأحيان من أجل إعادة إحياء التجربة المباشرة، والتجليات، والرؤى حول النمط الذي يؤدي إلى التجربة الحية. إن القيام بذلك يفتح أيضًا أبعادًا أخلاقية ومعنوية تسمح لي بإعادة اكتشاف الحياة بشكل أكمل.

يعد ريتشارد رودريجيز أحد أعظم الكتاب الأمريكيين عن الذات والمجتمع. ويلاحظ كيف تتغير العلاقات العرقية في الأجيال السابقة بسبب ما يسميه "تسمير" أمريكا؛ علاوة على ذلك، بصفته كاثوليكيًا سعى إلى التفاهم فيما يتعلق بالمسلمين في عالم ما بعد 11 سبتمبر. تمتد حياة ريتشارد إلى خطابات من اليسار إلى اليمين، مهاجرًا إلى التقاليد الدينية الفكرية والعلمانية.

استمع إلى هذه المحادثة بين ريتشارد رودريغيز والمؤلفة إيمي إيدلمان.

لقد كانت تربيتي كاثوليكية، لكن هذا لا ينصفها. لقد نشأت في سكرامنتو، كاليفورنيا، في حي يمكن وصفه بأنه لا يوصف؛ "أبيض" لا يحكي القصة بأكملها: ما إذا كان والدك يعمل في منجم للفحم، أو ما إذا كان ابنك قد

توفي بشكل مأساوي أثناء التجديف. كانت تجربتي المدرسية في الغالب من البيض: كان جميع زملائي في الصف كاثوليكيين باستثناء واحد وهو بوبي رايت الذي كان أسقفيًا وكان يحني رأسه عندما نصلي معًا. ملأت الأصوات الأيرلندية فصلي الدراسي وكانت بمثابة مقدمة للكلمات والثقافة الإنجليزية. كما هو الحال غالبًا، كانت أيرلندا بوابتي لتعلم اللغة الإنجليزية ـ حيث كان جميع الكهنة والراهبات وصبيان المذبح من النساء الأيرلنديات، وكانت تلك هي الطريقة التي تعلمت بها اللغة الإنجليزية لأول مرة. بالإضافة إلى ذلك، كصبي مذبح، تعلمت اللغة اللاتينية من خلال الرد باللاتينية على الكاهن. حتى اليوم، هذا شيء يجعلني ابتسم عندما أفكر فيه مرة أخرى.

أتذكر أنني ساعدت في نقل التابوت من قبره إلى حفرة مفتوحة قبل أن أعود بسرعة إلى صف الحساب خلال ساعة ـ هكذا كانت الحياة آنذاك. ومع ذلك، فإن التأثير القوي للذاكرة والشعر والنثر على عقول الشباب يتجلى عند الرد على الكهنة بعبارات لاتينية مثل: "سأذهب إلى مذبح الله الذي يمنح الفرح لشبابي". لذلك عندما يسأل الناس ماذا تعني الكنيسة بالنسبة لي الآن؟ إجابتي: كانت جذابة للغاية.

تحتوي مذكراتك "جوع الذاكرة" على بيان مثير للاهتمام وجدته ملفتًا للنظر بشكل خاص: كتبت، "من بين جميع المؤسسات المشاركة في حياتهم، الكنيسة الكاثوليكية فقط هي التي بدت على دراية بكون أمي وأبي مفكرين وأن الناس يدركون تجربتهم الخاصة في حياتهم". الأرواح.

نعم. يبدو لي أن قدرة الدين على جعلنا نتأمل في حياتنا تعزز الانطوائية التي يمكن أن نطلق عليها فكرية. كريستا، إنه لأمر مدهش حقًا بالنسبة لي كيف أن الكنيسة الفلاحية لا تزال تقدم مثل هذه العزاء للكثيرين حول العالم ـ حتى أولئك الذين قد لا يؤمنون بالدين أنفسهم! الآن، أقضي معظم وقتي بين أفراد غير متدينين أو مناهضين للدين. أخي لا يعتبر نفسه ملحدًا فحسب، بل مناهضًا للإيمان أيضًا. بالنسبة له، فإن مصطلح "الإلحاد" لا يعبر عن مشاعره تجاه الدين بشكل كامل. ومن ثم، عندما أكتب عن الدين، أشعر بالقلق مما قد يفعله قرائي العلمانيون بكتابتي إذا بدت لهجتي دينية بشكل واضح أو أكثر أو أكثر من اللازم. هل هي مناسبة للجمهور العلماني أم أنها أنيقة للغاية بالنسبة للكتاب الدينيين؟ في رأيي، من المحتمل أن تندرج هذه الكتب ضمن أي من الفئتين؛ في بعض الأحيان قد يكون استخدام السخرية والمفارقة في الكتابة الدينية غير مرئي.

بمجرد وقوع أحداث 11 سبتمبر/أيلول، كانت بمثابة نقطة تحول في ثقافتنا حيث أصبح الإسلام ـ هذا الدين الذي يضم أكثر من مليار من أتباعه ـ مرئياً باعتباره "آخر". لقد قمت بخطوة ثقافية مضادة مثيرة للاهتمام باستكشاف قرابتك مع الإرهابيين من خلال عبادة نفس الإله التوحيدي الذي كانوا يعبدونه، واستكشاف علاقاتك بهؤلاء الرجال من خلال كتابة ردك: "لقد عبدت إله والدي أيضًا لذا لا بد أن يكون هناك بعض الارتباط هناك". لقد شرعت في فهم ما حدث من هذا المنظور.

حسنًا، أول شيء أفهمه هو الغموض. وبعد انتقالي إلى الصحراء في الشرق الأوسط، وجدت أن إله إبراهيم ـ الذي يتقاسمه اليهود والمسيحيون والمسلمون على حد سواء ـ قد كشف عن نفسه هناك. على الرغم من أنها مقدسة، إلا أنها يمكن أيضًا أن تجعل الناس قلقين عندما نعود ونشعر كما لو أن الله وحيد بالنسبة لنا كما يبدو له؛ ويصبح الولاء القبلي ضروريا؛ مما يؤدي إلى تعزية مريحة وكذلك إلى النزاع العنيف الذي نراه الآن.

أثناء اجتيازك للصحراء، من المهم أن تدرك مدى سطوع ضوء الشمس وتسببه في العمى؛ ومع ذلك، كم هو مهدئ الظلام والظل. تعتبر العديد من الديانات الظل والظلام هبة من الله؛ حتى أن محمد نزل عليه الوحي في كهف مضاء بالإضاءة الطبيعية فقط! كما أن اليهودية تضع موسى داخل كهف مغلق حتى لا يعمي سطوعه؛

بل إن القيامة حدثت داخل واحدة أخرى! ننسى أحيانًا أننا نعيش بين أماكن مظلمة ـ ولكن قبول الظلام كجزء من إيماننا يجب أن يساعد في تقويته.

حسنًا، هذا يقودني إلى سؤالي لك. كيف فهمت كيف شكلت تقاليد الصحراء والكهف روحانيتك الكاثوليكية التي تجدها خلاصية؟

كريستوفر هيتشنز، الملحد الأمريكي العظيم والمعلق التلفزيوني، جعل من مهمته إقناعنا بأن الله قد مات. أعيش جزءًا من العام في لندن وأستطيع أن أؤكد لك أن الله بالتأكيد لم يمت هنا: يمكن العثور على المسلمين والهندوس هناك بكثرة. بعد وفاة الأم تريزا، ظهرت عدة رسائل إلى المعترفين والأساقفة، تظهر أن حياتها كانت مظلمة خلال الأربعين سنة الأخيرة من وجودها. أردت أن أسأل لماذا قررت إنهاء كتابك بهذه الطريقة، مع إعلان كريستوفر هيتشنز إيمانه بفلسفة معادية لله طوال حياته حتى وفاته، بينما تظل الأم تيريزا متدينة بشكل يائس في يأسها.

"ذهبت معها ذات مرة إلى سجن سان كوينتين. لقد كان ذلك العصر الأكثر روعة الذي أستطيع أن أتذكره من الناحية الدينية: كان هناك مجموعة من البلطجية المحكوم عليهم بالإعدام كانوا يتصرفون مثل تلاميذ المدارس؛ أخبرتهم بصوتها الخافت أنه لكي يروا الله يجب عليهم أن يروا الله". انظر إلى من بجانبهم ـ السجناء الذين لديهم وشم يغطي رقابهم أو أولئك الذين قتلوا واغتصبوا الآخرين: هذا هو المكان الذي يمكن العثور فيه على وجهه! قبل ذلك كنت أفكر، لكنني لم أدرك: طوال هذا الوقت كنت أنظر إلى الصور المقدسة بدلاً من ذلك؛ تلك اللحظة التي كان من الممكن أن يكون فيها الأمر أكثر منطقية! كان الأب جورج كوين والأخ غي كونسولمانيو معنا بعد ظهر ذلك اليوم في سجن سان كوينتين.

تم تسمية أكثر من ثلاثين جسمًا على القمر بأسماء اليسوعيين؛ ففي نهاية المطاف، ساعد اليسوعيون في رسم خريطة لسطحه. كان أحد اليسوعيين من بين رواد الفيزياء الفلكية الحديثة؛ أربعة في التاريخ وحده ـ إغناطيوس لويولا واحد منهم ـ سُميت كويكبات باسمهم ـ ويتم حاليًا تكريم علماء الفلك في الفاتيكان، الأخ غي كونسولمانيو والأب جورج كوين، بهذه الطريقة.

استمع إلى هذا الحوار بين الأخ غي كونسولمانيو، المؤلف، والأب جورج كوين، المرشد الروحي.

أود أن أسمع كيف أن وجهتي نظركما، اللتين تعتمدان بشكل كبير على العلوم، لها صدى مع اللاهوت الكاثوليكي والتقاليد بشكل عام. كتب جاي في مكان ما أن الإنجاز الفكري الكاثوليكي "يتضمن قابلية الإنسان للخطأ مع ما يصاحبه من ثروات وشفقة في مركزه". من المؤكد أنك لم تكن تتحدث فقط عن اللاهوت الكاثوليكي نفسه، بل عن تأثيره على الأدب والفن والشعر والثقافة ككل؟

الأخ غي: صحيح. عندما كتبتها، أتذكر أنني كنت أفكر: هذا سيعود ويطاردني! ومع ذلك، فإن كتابة هذه الأفكار ساعدني على رؤية ما يمكن أن يؤدي إليه الأمر والتعامل معه فكريًا وعاطفيًا. إحدى مباهج الكاثوليكية هي تقاليدنا الفكرية الطويلة التي تشمل أيضًا الروائح والأجراس والتراتيل التي تعكس الوعي بوجود هذا الإله وأريد أن أفعل شيئًا حياله.

الأب كوين: اسمحوا لي أن أضيف نقطة صغيرة واحدة فقط. من المثير أن نكون جاهلين، وقد يرتبط جهلنا بالعلم بالإيمان ـ والذي يتضمن عدم اليقين المحيط بعلاقات الحب مع الله التي أسميها الإيمان. على سبيل المثال، في أحد الاجتماعات العلمية، ألقيت محاضرة حول أوجه عدم اليقين في طرق تحديد العمر منذ متى كان الكون موجودا؟ توجد طرق مختلفة للتحقق من هذه المشكلة، بدرجات مختلفة من الدقة في كل طريقة. عندما أحضر المؤتمرات العلمية، لا أرتدي عادةً الزي الديني؛ من شأنه أن يخلط الأمور أكثر! لكنني

كنت قد ألقيت للتو محاضرة في كنيسة أو شيء من هذا القبيل، مرتديًا ياقتي الرومانية. وقف رجل أثناء فترة المناقشة، وكان أول ما قاله لي هو "أبي". في البداية شعرت بالتواضع عندما اعترف بي كـ "أبي"، لكنه بعد ذلك عمّق مناقشتنا بقوله شيئًا عميقًا: "يا أبتاه، لا بد أنه من المدهش أنه مع كل الشكوك الموجودة في المساعي العلمية، لا تزال تمتلك الإيمان كمصدر للدعم. أجبته بدوره: "من قال أن إيماني كان موجودًا دائمًا؟"، "كل صباح عندما أستيقظ تراودني الشكوك والشكوك. كل يوم هو جهد للمساعدة في نموه أكثر لأن الإيمان هو المحبة؛ تمامًا كما أن الزواج أو الصداقة أو الحب الأخوي أو الأخوي لا يظل ثابتًا في تقديم الدعم لنا.

ما أعنيه هو أن الجهل بالعلم يخلق إثارة ممارسة العلم، وأي شخص يتعامل معه يعلم أن الاكتشافات لا تؤدي إلا إلى المزيد من الجهل. الأخ جاي: مع اكتشاف المزيد، ندرك أننا مازلنا لا نعرف.

وهل توافق على أن الإيمان له أهمية مماثلة بالنسبة لك؟

الأخ غي: صحيح تماما. صاغت آن لاموت عبارة مناسبة عندما تحدثت عن كون الإيمان نقيضه؛ واليقين هو نقيضه. إذا كان هناك شيء يبدو مؤكدًا بدرجة كافية بالنسبة لك، يصبح الإيمان غير ضروري.

والإيمان يمكن أن يخرج عند وجود الشكوك، سواء كانت علمية أم لا. ألم تذكر الإيمان أيضًا كفعل بدلاً من الاسم؟

الأخ غي: نعم. ما يتحدث عنه جورج بخصوص الجهل هو تقليد قديم يعود إلى سقراط الذي قال: "أنا أحكم من الجميع لأنني أعرف جهلي". كتب نيكولاس الكوزا عن كائنات خارج كوكب الأرض خلال القرن الرابع عشر، وكتب عن هذا الموضوع تحت اسم أو آخر مثل كتاب الجهل أو شيء مشابه كما قد توحي ترجمته.

الأب كوين: لقد أثبت العلم دائمًا هذا المفهوم، ولكن في العقود الأخيرة أدركنا مدى اتساع الكون. لقد اندهشنا من أن توسعها بدا وكأنه على حافة الهاوية بين التوسع إلى الأبد أو الانهيار ـ تمامًا عند عتبة الاحتمالات هذه. في جوهره، وهذا في حد ذاته أمر مدهش. من بين جميع السيناريوهات المحتملة التي يمكن تخيلها في بدايتها ـ التوسع بسرعة كبيرة بحيث لم تتشكل أي مجرات أو نجوم؛ أو ببطء بما يكفي لينهار على نفسه تقريبًا بمجرد أن يبدأ في التوسع ـ كان كوننا على أعتاب بين هذه الاحتمالات المتطرفة، مما أسعدنا وأذهلنا حتى وقت قريب، بفضل الملاحظات الدقيقة للكوازارات البعيدة، نعلم أنه يتوسع بشكل متسارع. لقد كانت الجاذبية منذ فترة طويلة في صميم الفهم البشري منذ نيوتن. لكن هذه الفكرة تتحدى مكانة الجاذبية باعتبارها حجر الزاوية.

لكنني أعتقد أن ما تقترحه هنا هو أن الجهل يمكن أن يكون شيئًا للاستمتاع به.

الأب كوين: المعرفة تولد الجهل.

الأخ غي: ندرك أننا لا نعرف كل الإجابات. إذا كان الأمر كذلك، فسوف تصبح حياتنا بلا معنى؛ سوف تصبح الحياة بلا معنى بالفعل.
عندما كنت في التاسعة من عمري، أتذكر فترة ما بعد الظهر عندما منعني المطر من اللعب في الخارج وأبقاني في الداخل لسبب أو لآخر. في ظهيرة يوم الأحد الممطر عندما أحضرت أمي مجموعة من أوراق اللعب لنتشاركها وكنا نلعب لعبة الرومي معًا ـ غالبًا ما كانت أمي تضربني في البطاقات بسبب عمري؛ لكن هذا لم يكن سبب لعبنا! وبدلا من ذلك، كانت هذه وسيلة لإظهار أنها تحبني دون أن تقول مباشرة "يا بني، أنا

أحبك". يمكن للعلم أن يزودنا بمعرفة حميمة عن الخليقة كعمل محبة آخر من الله نفسه؛ مما يوفر لنا معرفة إحميمة مرحة ولكنها في حد ذاتها فعل حب

الأب كوين: هذه فكرة مثيرة للاهتمام، إما ذلك أو أن الله يلعب معنا. قد يكون كلاهما على حق: لقد خلق عالماً جذاباً. بالنسبة لي، ممارسة العلم يشبه البحث عن الله؛ العلم لا يقدم إجابات نهائية أبدًا لأن طبيعته تساهم في غموضه. لو كنت أعرف كل ما يمكن معرفته عن كل شيء من حولي، لجلوس تحت شجرة نخيل مع إمشروب الجين والمنشط وأشاهد الحياة تمر
الأخ جاي: لن تكون هذه فكرة سيئة في بعض الأحيان. الأب كوين: في بعض الأحيان قد يصبح الأمر رتيبًا للغاية.

درست مارغريت فيرثيم الفيزياء قبل أن تنتقل إلى الكتابة العلمية من أجل نقل متعة البحث العلمي عبر تاريخ البشرية وثقافتها ـ مما يجعل أهميتها شخصية بالنسبة لنا جميعًا. وُلدت مارغريت في أستراليا، وأسست معهد التصوير في لوس أنجلوس مع شقيقتها التوأم والفنانة.

استمع إلى هذا الحوار بين مارغريت فيرتهايم ومارغريت أدكر عندما كنت طفلاً، كنت مفتونًا بشدة بالمظاهر الطبيعية للمفاهيم الرياضية في الطبيعة. في السادسة أو السابعة من عمري، بينما كنت مستلقيًا على قطعة من العشب محدقًا في الشمس بعد أن تلقيت للتو درسًا في المدرسة حول باي (جزء لا يتجزأ من الدوائر)، تحولت أفكاري نحو ما إذا كان هذا الرقم موجودًا بالفعل: هل باي حقيقي أم مجرد يتصور؟ ماذا يعني أن هناك رقمًا غامضًا في قلب شمسنا أو أغطية محورها أو أي جسم دائري تراه؟ وكلما زاد المرء في دراسة الفيزياء، كلما كانت الأمثلة أكثر وضوحًا على أن الرياضيات موجودة في كل مكان في الطبيعة ـ كيف يجب أن نفسر هذه الظاهرة؟ ماذا يعني وجود هذه المعادلات المعقدة للغاية التي تصف ظواهر مثل الليزر؟ ومن خلال فهم هذه المعادلات، هل يمكن أن يقودنا إلى تقنيات مثل الرقائق الدقيقة؟ هذا هو السؤال الفلسفي المركزي الذي أود أن أفهمه بشكل أفضل في الحياة: لماذا تعتبر الرياضيات جزءًا من حياتنا اليومية؟

لذا، أجد أنه من المثير للاهتمام أن العلم يدرك أن الضوء يمكن أن يوجد كجسيم وموجة اعتمادًا على سؤالك عنه. وهذا يوضح شيئًا نختبره جميعًا: وهو أن التفسيرات المتناقضة للواقع قد تكون صحيحة. "إن ازدواجية الموجة والجسيم هي جوهر عالمنا؛ أو بالأحرى، تمثيلها الرياضي." ولكن من الأهمية بمكان أن ندرك أنه بغض النظر عن مدى غموض صورنا، فإن الكون يظل كاملا ولا ينقسم إلى أجزاء مفككة. في الواقع، هذا الكمال المثير يدفع الفيزيائيين إلى الأمام حيث أن الضوء الجذاب الأبدي يومى أقرب فأقرب؛ ولكن دائمًا بعيد المنال." واو، هذا جميل جدًا. هل لديك أي شيء آخر تضيفه على هذه الفكرة؟

نعم. كان للفيزياء، لأكثر من قرن من الزمان، طريقتان لوصف الواقع ـ الموجات كظواهر مستمرة والجسيمات كأحداث منفصلة أو منفصلة ـ وكلاهما استخدمتهما لوصفها. تمثل ميكانيكا الكم هذه النظرة الثنائية للواقع.
تصف النسبية العامة الجسيمات بشكل منفصل بينما تصف ميكانيكا الكم الخصائص المستمرة الموجية. تعمل النسبية العامة على المستوى الكوني بينما تزدهر ميكانيكا الكم ببراعة على المستوى دون الذري، ومع ذلك، من الناحية الرياضية، فإن هذه النظريات لا تتشابك معًا بشكل جيد. على مدار الثمانين عامًا الماضية أو نحو ذلك، كان أحد الأسئلة المحددة في الفيزياء هو "هل يمكننا إيجاد إطار موحد يجمع بين النسبية العامة وميكانيكا الكم في تركيب رياضي واحد؟" ويعتقد البعض أن نظرية الأوتار قد توفر هذا الحل. يكتب علماء

الفيزياء المعاصرون عن عالمنا كما لو كانت هذه مشكلة أساسية؛ لكنه في الحقيقة مجرد إزعاج للبشر؛ كل شيء آخر يسير كما هو متوقع في الطبيعة.

حسنًا، لا أعتقد أن الكون مصاب بالفصام، بل نحن البشر مصابون بالفصام. وهذا لا يشير إلى وجود أي خطأ فيما يفعله الفيزيائيون؛ تم إثبات دقة كل من ميكانيكا الكم والنسبية العامة في حدود 20 منزلة عشرية من التجارب؛ وهذا أمر مثير للإعجاب حقا. ومع ذلك فإن عدم قابليتها للقياس تظهر أن هناك الكثير الذي بقي لنا لنكتشفه عن عالمنا.

لقد ذكرت أن علم الأعصاب لن يزودنا أبدًا بنظرية شاملة لتفسير أنفسنا ـ السعادة والحب والألم ـ أو لماذا نفعل ما نفعله؛ تعتقد أن هناك شيئًا آخر بقي؛ لقد سمعتك تذكر أنك تعتبر نفسك كاثوليكيًا وملحدًا في العديد من تصريحاتك.

لا، أنا لا أعتبر نفسي ملحداً؛ ولكن دعونا نضع الأمر على هذا النحو: رغم أنني قد لا أؤمن بالله بالمعنى التقليدي، إلا أن كتابي المفضل هو الكوميديا الإلهية وقد يلقي ذلك بعض الضوء. يخترق دانتي نسيج الكون ليجد الحب في قلبه؛ أنا أيضًا أؤمن بوجود مثل هذا الجوهر وأنا ممتن لرؤية دانتي لاكتشافه. لذا أعتقد أنه يمكن للمرء أن يقول إنني أؤمن بالله. وهذا جزء مما يصنع مفهوم "هل أنت ملحد أم لا؟" صعب. ما يقلقني هو أن فهمنا للألوهية أصبح تافهًا ومبتذلاً لدرجة أن الإجابة على هذا السؤال دون اللجوء إلى العقيدة أصبحت شبه مستحيلة. علاوة على ذلك، فإن البروز المتزايد للإلحاد المتشدد داخل المجتمع أمر محزن. أجد أن قدرتها التدميرية غير مفيدة ولا أعتقد أنها تقدم العلم على الإطلاق.

وأنا أفهم ما تشير إليه بقولك إن اللغة المحيطة بالله يمكن أن تفقد مصداقيتها من خلال الاستخدام أو النزاع، لذلك على الرغم من أنك تستخدم هذا المصطلح أم لا، فإن انطباعي هو أنه من خلال بحثك التاريخي في تاريخنا البشري العلمي، فإنك لا تتحدث هناك الكثير من "مذهب" الدين، بل يدور حول شيء "أبعد من ذلك"، والذي يمكن أن يوفر نوعًا من الطريق الثالث بين الإنسانية أو المادية العلمية التي تشوه سمعة الكائن المتخيل والواقع نفسه.

حسنًا، أعتقد أن إحدى الطرق التي يمكننا من خلالها فهم مسألة الله فيما يتعلق بالعلم هي: أنه قبل بداية العلم الحديث، كانت المفاهيم المسيحية عن الله تؤدي وظيفتين. لقد كان خالق الكون وفاديًا للبشرية. ولكن مع ظهور العلم الحديث، تم وضع دوره كمخلص جانبًا وبدأت جميع الأسئلة والمناقشات العامة تركز على دوره كمبدع ـ ولهذا السبب أصبح داروين متمردًا على الأيقونات؛ ويبدو أن حججه تقوض هذا المفهوم عن الله باعتباره الخالق.

اليوم في الغرب، يسود الجدل حول الله ووظيفته الخلاقة؛ خارج الدوائر اللاهوتية، لا يبدو أننا قادرين على مناقشة الفداء بشكل فعال خارج الدوائر الدينية. أعتقد أننا بحاجة لمناقشة الخلاص بحرية أكبر. ليس عليك أن تؤمن بمفهوم الخطيئة الأصلية لكي تناقش الفداء؛ كل فرد يرتكب أخطاء مثل أي شخص آخر ـ يرتكب بشكل جماعي أخطاء جسيمة؛ ويبقى السؤال كيف يمكننا تخليص أنفسنا من أجل التكفير؟

يقدم رضا أصلان منظورًا مليئًا بالتحديات ولكنه منعشًا حول الدين في جميع أنحاء العالم ـ وهو منظور يأخذ في الاعتبار التاريخ والإنسانية التي غالبًا ما تهمل دورات الأخبار معالجتها. وُلِد أصلان في طهران لكنه نشأ في منطقة خليج سان فرانسيسكو، ودرس الأديان في جامعة كورنيل واشتهر بتأليف الكتب الأكثر مبيعًا عن الإسلام ويسوع بينما كان يتولى الإشراف على وسائل الإعلام المستقلة والمعلومات من دول الشرق الأوسط.

استمع إلى هذا التبادل بين رضا أصلان ورضا عارف.

في تلك المرحلة، لم آخذ تحذيراته على محمل الجد، واعتقدت أن مغادرة إيران سيكون أمراً حكيماً حتى إتستقر الأمور أكثر قليلاً. كان ذلك قبل 30 عاماً، ولم تهدأ الأمور

"يجب أن يُفهم الدين على أنه أكثر من مجرد الإيمان: إنه تاريخه

حسنًا، لا يمكن إنكار أن جميع الديانات الكبرى تواجه قضايا مماثلة تتعلق بالسياسة والعنف، في حين تسعى جاهدة إلى التصالح مع عالم حديث دائم التطور. يبدو أن هناك اعتقادًا خاطئًا بين معظم أصحاب الإيمان بأن الأنبياء يظهرون من العدم ومعهم رسائل محددة مسبقًا جاهزة للتوصيل، مما يخلق ديانات جديدة تمامًا في لحظة. لكن الأنبياء لا يخترعون الأديان - إنهم ببساطة يخدمون كمصلحين للأديان التي نشأوا فيها. لم يخترع يسوع المسيحية - لقد كان يهوديًا بنفسه وأصلح اليهودية بينما كان بوذا، وهو هندوسي آخر، يصلح الهندوسية.

كمؤرخين دينيين، علينا أن نعترف بأن الأنبياء مرتبطون بشكل وثيق بالبيئات التي خرجوا منها. عند مناقشة أصول ديانات معينة، أعتقد أنه من المهم أن نلاحظ مدى سلاسة الانتقال من عصر ما قبل محمد إلى مرحلة النبوة وما بعدها إلى فترة ما بعد النبوة؛ محمد قدوة ممتازة.

ومع اكتسابي المزيد من الخبرة في التحدث مع المسلمين، لاحظت أن فكرة أن الإسلام يحتاج إلى الإصلاح لا يتردد صداها جيدًا. لا يستطيع المسيحيون أن يقولوا، على سبيل المثال، "إن ما يحتاجه الإسلام والمسلمون حقاً هو الإصلاح مثل إصلاحنا."
ومع ذلك، لاحظت أنك تستخدم هذه اللغة وتقدم اقتراحًا مثيرًا للاهتمام مفاده أن الإصلاح داخل الإسلام قد حدث بالفعل منذ ما يقرب من 100 عام - وأنه موجود بالفعل ونحن نعيشه. هل يمكنك توضيح ما يتضمنه هذا البيان ووصفه بالضبط؟

يصف "الإصلاح" الصراع المتأصل في كل التقاليد الدينية: من الذي يحدد كيفية تعريف الدين: هل هي المؤسسة أم الأفراد؟ وفي حالة المسيحية، كان هذا الانقسام بين المؤسسة والأفراد هو الذي أدى في نهاية المطاف إلى ما نشير إليه اليوم بالإصلاح البروتستانتي مقابل التعنت الكاثوليكي الذي أدى إلى ولادته - وكأن الإصلاح البروتستانتي انتصر على التعنت الكاثوليكي ببعض الوسائل السحرية! لكن في الحقيقة لم تكن هذه هي الطريقة التي سارت بها الأمور.

كان مارتن لوثر شخصًا آخر أراد أن يصبح كاثوليكيًا أفضل.

يمين. وهو الذي كان لا يتسامح مطلقًا مع أي زميل مصلح اختلف معه في تفسيره.

نعم، حسنا، هذا أيضا.

ولكن بمجرد أن نسمح للأفراد بتفسير الدين وفقًا لتصوراتهم الفردية، فإننا نفتح أمامنا مصدرًا لا نهاية له من الديدان. عندما يصبح كل تفسير صالحًا بنفس القدر ويصبح كل تفسير صالحًا بنفس القدر، عندها لا ترتفع الأصوات في وقت واحد فحسب، بل تميل الأصوات الأعلى والأكثر عنفًا إلى الفوز بمرور الوقت. لقد مر الإسلام بتاريخ طويل من الإصلاح من السلطة المؤسسية إلى أيدي الأفراد منذ انتهاء الحكم الاستعماري - وهو اتجاه مستمر.

وبدأت السلطة في التصدع عندما شهدنا وصولاً واسع النطاق إلى مصادر جديدة ومبتكرة للمعلومات وزيادات هائلة في محو الأمية والتعليم في جميع أنحاء الشرق الأوسط والدول ذات الأغلبية المسلمة. بالإضافة إلى ذلك، أدى الاستعمار إلى تكثيف الشعور بالفردية بين الشعوب الأفريقية. وكما هو الحال في كثير من الأحيان في مثل هذه الظروف، يظهر تفسير فردي يعزز السلام والتسامح والنسوية والديمقراطية. التفسيرات الفردية تعزز العنف وكراهية النساء والكراهية والإرهاب. يفتقر الإسلام، الذي يضم أكثر من 1.6 مليار من أتباعه على مستوى العالم، وهو ثاني أكثر الديانات ممارسةً على وجه الأرض، إلى زعيم ديني موثوق يمكنه تحديد من أو ما الذي يشكل المؤمن الحقيقي؛ لا يوجد مثل هذا الكيان لأنه لا توجد هيئة دينية إسلامية مركزية مثل البابا أو الفاتيكان لإصدار هذا الحكم بشأن من ينبغي أو لا ينبغي اعتباره مسلمًا وما هو السلوك الذي يناسب أو لا يناسب السلوك الإسلامي. وما لدينا الآن هو مجرد مباراة صراخ قبيحة بين تفسيرات مختلفة، حيث يعتبر العنف نتيجة غير مباشرة للإصلاح، وليس دليلاً على ضرورة حدوث الإصلاح. في نقطة التحول المذهلة هذه في أديان العالم، نشهد شيئًا تحويليًا حقيقيًا يتكشف أمامنا. لكن يجب أن نضع في اعتبارنا أن الأصولية هي ظاهرة رجعية وليست قوة مستقلة. عندما أرى تصاعد الأصولية، أعلم أن ذلك ببساطة يرجع إلى التقدم الذي يتم إحرازه في المجتمع؛ ولذلك أختار التركيز على نموه بدلاً من الرد عليه.

كانت سيلفيا بورستين واحدة من الباحثين اليهود الشباب من الستينيات والسبعينيات من القرن العشرين الذين ساعدوا في تعميم الفلسفة البوذية في الثقافة الغربية السائدة، ولا تزال ذات حضور روحي مؤثر ومتعدد الاستخدامات حتى اليوم.
مع مرور الوقت، قامت بدمج التعاليم والطقوس اليهودية بمهارة ونجاح مع المعتقدات والممارسات البوذية لتشكيل تآزر جذاب يثري كلتا المجموعتين.

استمع إلى هذا الحوار بين سيلفيا بورستين ومؤلفتها.

فيما يتعلق بتربيتي، كان والداي يعملان وكنت الطفل الوحيد. غادر والدي للعمل، لذا تولت جدتي الكثير من مسؤوليات الأمومة، حيث كانت توفر لي الحمامات والغسيل وتلبسني حسب ما يمليه ذوقي، فضلاً عن تجديل شعري وصنع الطعام الذي يرضي ذوقي. ولم تتحرك للرد عندما يعبر الأطفال مراراً وتكراراً عن استيائهم: كنت أقول: "لكنني لست سعيدة". كانت جدتي تسأل في كثير من الأحيان: أين هو مكتوب أنه يجب علينا جميعا أن نسعى جاهدين لنظل فرحين في جميع الأوقات؟ لم تستخدم اللغة التلمودية قط في هذا السياق. بل هو ببساطة عرقي. "أين كتب أن السعادة يجب أن تسود دائمًا؟" في تلك اللحظة، بدأت ممارستي الروحية من جديد: قبول أن الحياة يمكن أن تكون صعبة وإيجاد طرق للتنقل فيها بذكاء، وليس زيادة الأمور تعقيدًا. وبعد مرور أربعين عامًا، اكتشفت أن البوذية تشترك في هذه النظرة؛ لقد أدركوا أيضًا أن الحياة تمثل تحديًا بلا شك، ولكن كيف يمكننا أن نسير في طريقنا من خلالها دون إضافة عبء أكثر من اللازم؟

وبقدر ما نريدهم أن يكونوا أقوياء في عالم غالبًا ما يكون مرعبًا، نريدهم أيضًا أن يظلوا صامدين.

لا أستطيع تحديد متى حدث ذلك بالضبط، لكنه حدث بالتأكيد لأنه شيء يقوله الناس كثيرًا في مراكز الخلوة: هنا يشعر الجميع بالأمان والهدوء والخروج من المنزل سيجعلني عرضة للخطر للغاية. لأنه يمنحني الفرصة لأقول: بصراحة، لا أعتقد أننا يمكن أن نصبح ضعفاء للغاية. أنا أنتظر اليوم الذي يشعر فيه العالم كله فجأة بعدم الأمان لدرجة أننا جميعًا ننظر حولنا ونقول: توقفوا وشاركوا وتأكدوا من وجود ما يكفي من الطعام في كل مكان. كريستا، يمكننا أن نتشارك طرقنا وآمالنا وأحلامنا، لكن قتل بعضنا البعض لن يجدي نفعاً. بالإضافة إلى ذلك، يجب ألا يحدث تخريب بيئتنا كما يحدث الآن - فهذه نصيحتي لأي شخص يغادر المنتجع

كوالد، أود أن أوضح أنه عندما يكبر الأطفال، يجب عليهم حتماً أن يتفاعلوا مع العالم. ليس لدينا سوى سيطرة محدودة كآباء على مقدار الوقت الذي يشاهده أطفالهم أمام التلفاز أو عدد المرات التي يتعرضون فيها لألمها؛ عندما تبدو الحياة لا تطاق، أجد العزاء في الإعجاب بالناس؛ مرونتهم؛ كيف سيعتني الناس بأولئك الذين لا يعرفون حتى إذا وقع شخص ما أو وقع في مشكلة في الأماكن العامة؛ لدى البشر هذه القدرة المذهلة ولا إيحتاجون إلى دروس في ذلك؛ نحن نميل إلى أن نكون نوعًا ملائمًا

عندما أنظر إلى الناس وأدرك أن الحياة مذهلة حقًا ـ أشرقت الشمس تمامًا حيث ينبغي لها هذا الصباح ـ إنها رائعة حقًا. احتفل بالمواسم وأعياد الميلاد والأيام المقدسة للاحتفال بالمناسبات الخاصة مثل الذكرى السنوية؛ كل ذلك مع ملاحظة ذلك الكون الشاسع الذي نظر إليه أسلافنا أيضًا! أحافظ على هذا الشعور بالإعجاب حيًا في نفسي كوسيلة للنمو والتعلم مدى الحياة.
في بعض الأحيان يمكن أن يكون مذهلا. غالبًا ما يعرب أحفادي عن دهشتهم عندما أريهم شيئًا عاديًا مثل القمر: عندما يكون موسم القمر لمدة ثلاثة أيام، فهو القمر المفضل لدي. إن إظهاره لهم لا يؤدي إلا إلى اعتقادهم أنه أيضًا القمر المفضل لديهم لمدة ثلاثة أيام! هذه توازنات مهمة. تمامًا كما علمنا بوذا عن رؤية المعاناة في عالمنا حتى نتمكن من الاستجابة بلطف، فقد ذكّرنا أيضًا بالاعتزاز بالحياة وحمايتها بأهمية كبيرة.

وقد دفعني هذا إلى التفكير في مدى أهمية أن نظل واعين لما يمكن أن يعلمنا أطفالنا وما يمكن أن ينقلوه إليهم، حيث أن بعض الأشياء التي يفهمونها بالفعل يتم نقلها بشكل أفضل مما يمكن أن نكون عليه في أي وقت مضى. علقت ابنتي مؤخرًا بعد أن شاهدت شيئًا في الأخبار شعرت بمعارضته الشديدة: "هناك الكثير من الأرواح الجميلة في العالم وهذا هو كل ما يركزون عليه!"

إنهم لا يتصدرون العناوين الرئيسية. كما تعلمون، سيكون أمرًا رائعًا ـ على الرغم من أنني لا أعرف ما إذا كان سيكون مستدامًا ماليًا ـ إذا كانت هناك قناة إخبارية مخصصة للأشياء الإيجابية التي تحدث من حولنا.

كصحفي، أجد صعوبة في جعل الأخبار الجيدة جذابة؛ فكرة أخرى أفكر فيها كثيرًا. ربما ينبغي النظر إلى الأخبار الجيدة مثل اللطف: يمكن أن يكون تأثيرها عميقًا ولكن فقط عندما ندرب أنفسنا على البحث عن لحظات التحول هذه. تأتي الحياة الجميلة في هذه اللحظات الصغيرة والمحورية فقط إذا نظرنا إليها.

تم التطرق إلى نقطتين رئيسيتين. الأول هو أننا عندما ننتبه حقًا ـ وهو ما يشمله الوعي الذهني ـ للآخرين فإننا نتواصل معهم حقًا. في كثير من الأحيان بسبب الاندفاع أو غير ذلك، لا نكون حاضرين بشكل كامل حتى لأطفالنا؛ هناك شيء مميز للغاية بشأن الاهتمام الكامل.

لقد علمتني تجربتي أن الأطفال يستوعبون ما يعيشه آباؤهم. ومن الأمثلة على ذلك المحامي جيم فينلي. "لقد تعلمت كيفية الصلاة جالسًا بجانب والدتي في الكنيسة،" وفقًا للمعالجة النفسية المسيحية التأملية جوان ريزنر. وأوضحت: "الأمر الأكثر إثارة للاهتمام بالنسبة لي في إعادة تعليمه لم يكن تعلم الكلمات، بل معرفة المشاعر التي عبرت عنها أثناء جلوسها هناك.

لا تبدو الروحانية مجرد الجلوس والتأمل؛ الروحانية تعني طي المناشف بلطف وإظهار اللطف تجاه أفراد الأسرة حتى بعد قضاء يوم مرهق. ربما تقول لهم شيئًا مثل: "اسمعوا، أعلم أنكم جميعًا بحاجة إلي لتناول العشاء الليلة ولكنكم ترغبون حقًا في طي هذه الأشياء بهدوء إذا كان ذلك سيساعد،" أو أي شيء مناسب في تلك اللحظة. كثيرًا ما يخبرني الناس أنهم ليس لديهم وقت لأي شيء روحاني في يومهم ـ ولكن كونك آباء

حكماء أو روحانيين لا يستغرق وقتًا إضافيًا ـ فهذا يأتي بشكل طبيعي من خلال تصرفات الأبوة والأمومة إمثل هذه

استمع إلى الحوار المتبادل بين شين كليبورن وشين كايبورن

.هل تعتبر نفسك جزءا من حركة ثورية بأي معنى للكلمة؟ ربما تم ذكر هذه الكلمة بالفعل أثناء مناقشتك

.يمكن سماع ترددي بوضوح

.نعم
أحرص على تجنب الارتباط بأي حركة أو ثورة معينة، وتعلمني حياة يسوع أن الثورة لا تحتاج إلى أن تكون شيئًا عظيمًا؛ يمكننا أن نعيشها تدريجياً من خلال العمل داخل المجتمعات الصغيرة.
لقد كان ديتريش بونهوفر معلمًا لا يقدر بثمن بالنسبة لنا في شؤون المجتمع.

.اللاهوتي الألماني الذي توفي في أحد السجون النازية

يؤكد ديتريش بونهوفر: "أي شخص يحب رؤيته للمجتمع سوف يدمرها، لكن أولئك الذين يهتمون بشدة بالناس من حولهم سوف يخلقونها في كل مكان". ما يبقينا معًا ليس الانشغال بأي حركة أو ثورة، بل عيش حياتنا جذرية وبسيطة في نفس الوقت. أعتقد أن عالمنا اليوم يشهد تحولًا مثيرًا في الفكر؛ ويبدي رواد الكنيسة الشباب على وجه الخصوص الكثير من الأمل.

أخبرني المزيد عن بعض الأشخاص في مجتمعك الذين، وفقًا لك، يشكلون الحقائق الحالية أو يساهمون في هذه الرؤية الجديدة التي تتصورها.

هناك الكثير من المجتمعات التي تمنحني الأمل. لقد التقيت مؤخراً بعائلة من الضواحي قالت لي: "إننا نستكشف ما يعنيه أن نحب جارنا كما نحب أنفسنا". أما بالنسبة لنا، فإن هذا يعني أنه مقابل كل طفل بيولوجي نرسله إلى الكلية، نقوم بإنشاء صندوق للمنح الدراسية ونضمن حصوله على دعم مالي. "يمكن للشباب المعرضين للخطر الالتحاق بالجامعة ـ حيث نتعرف على عائلاتهم ونتفاعل معهم، مما يجعل الحلم ممكنًا! "كما تعلمون، نحن نحاول معرفة كيفية العثور على كلكتا من حولنا، تمامًا كما اقترحت الأم تيريزا: كلكتا موجودون في كل مكان لو كانت لدينا أعين لنرى." وذهبوا إلى أبعد من ذلك بقولهم لي "لقد نظرنا حولنا حتى وصلنا إلى منزل هذا القوم المسنين ودخلنا؛ هؤلاء الأطفال هم مشجعون في سن المراهقة. فقالوا لي "لقد دخلنا إلى هناك وطلبنا جميع النساء اللاتي ليس لديهن زوار أو عائلات بحاجة للزيارة؛ ثم ذهبنا لزيارة كل هؤلاء النساء على حدة حتى نتمكن من زيارتهن جميعًا معًا وتقديم كل الهدايا لهن". فرحة زيارة أصدقائهن الشخصيين. فقالوا لي "لقد ذهبنا إلى هناك وسألنا جميع النساء دون زوار أو عائلة، ثم قمنا بزيارة كل هؤلاء النساء بشكل فردي لجلب البهجة والأمل على طول الطريق؛
.وبينما نرسم أظافرهم وأظافر أقدامهم، نخصص وقتًا للاستماع إلى قصصهم

بدأ الناس اليوم في استكشاف الحياة خارج وحدة الأسرة النووية، ويجدون أن هذا يوسع منظورهم ويثريهم على المستوى الشخصي. أخبرني زوجان كنت أقيم عندهما أنهما غير قادرين على إنجاب الأطفال بسبب تناولهما حبوب منع الحمل. "أثناء سيرهم في حينا، واجهوا امرأة حامل بلا مأوى. وبعد تقديم بعض خدمات الدعم المؤقتة لحملها وتوفير السكن عند الضرورة، أعادوها إلى منزلهم حيث قالوا، دعونا نكتشف ذلك بينما

نمضي ـ الأمر الذي تحول إلى شيء أعظم بكثير؛ وسرعان ما أنجبت وعاشت معهم! والمثير للدهشة أنهم استمروا في العيش معًا وتربية الطفل معًا. عدت مؤخرًا لزيارتهم، والآن بعد مرور أكثر من 10 سنوات ما زالوا يقيمون معًا كزوج وزوجته، والمرأة التي كانت بلا مأوى سابقًا تعمل الآن كممرضة، وطفلها قد أصبح مراهقًا تقريبًا، والمدهش أيضًا أن أحد الزوجين السابقين يعاني الآن من مرض التصلب المتعدد ويموت أثناء رعايته من قبل ممرضة في منزلها! هذا النوع من المشاعر لا يمكن أن يأتي إلا من الروابط الحقيقية التي تربط بين هذين الزوجين والتي تجلب السعادة حقًا ـ تلك التعبيرات تأتي في جميع المجالات.

كيف سيكون رد فعلك إذا قال شخص ما أن هذه القصص عن الأشياء الجيدة التي تحدث هي جميلة في هذه المجتمعات، ولكنها قصصية بطبيعتها ولا تشمل سوى أفراد أو مجموعات صغيرة فقط ـ ولن تحدث فرقًا مؤثرًا في المجتمع ككل؟

حسنًا، يُظهر لنا التاريخ خلاف ذلك: فهذه هي الطريقة التي جرت بها الأمور دائمًا. تجتمع مجموعات من الأشخاص معًا وتبدأ في مشاركة خيال وأفكار جديدة تنتشر كالنار في الهشيم.

يحب الجنوبيون أن يقولوا أنك "صورة البصق" لشخص ما. اعتاد جدي أن يشير إليّ في كثير من الأحيان على أنني "صورته المبصقة"، وهي اختصار لـ "الروح والصورة".
ليس فقط جسديًا ولكن أيضًا فيما يتعلق بسمات الشخصية.

أعتقد أن أكثر ما نأمله فيما يتعلق بالمسيحية اليوم هو رؤية المسيحيين الذين يشبهون بشكل متزايد صورة يسوع، ويتصرفون مثله أكثر دون أن يتشتت انتباههم بأولئك الذين يدعون اسمه ولكنهم ينخرطون في أنشطة أخرى مختلفة. لديك أشخاص يطرحون أسئلة حيوية ليس فقط حول ما يخططون للقيام به عندما يكبرون ولكن حول من سيصبحون أيضًا ـ وهو شيء أعتقد أنه أكثر أهمية بكثير.

كريستيان ويمان شاعر وكاتب مقالات، ولدهشته الخاصة، وجد صوتًا للجوع الإيماني وتحدياته في أمريكا اليوم. تميزت تربيته في تكساس بالعنف والمسيحية الجذابة. على الرغم من أنه بعد مغادرة المنزل لم يكن متدينًا بشكل نشط حتى وقت لاحق عندما تزوج من حبيبته وتم تشخيص إصابته بسرطان غير قابل للشفاء ـ ثلاث نقاط تحول محورية أعادت المسيحية إلى دائرة كاملة بالنسبة له.

استمع بينما يناقش كريستيان ويمان هذا الحوار بينه وبين كريستيان ويمان.

كريستيان، لقد سمعت وقرأت العديد من القصص حول كيفية نقل الدين والروحانية إلى الأطفال، لكن قصتك تبرز باعتبارها مألوفة بالنسبة لي بشكل خاص: هل كنت منغمسًا في مجتمع ديني يعني كل شيء؟

ومع انتقالي بعيدًا، فقدت الجوانب الدينية معناها كجزء من الحزمة بأكملها.

نعم. نعم كان بالنسبة لي. في البداية لم أكن أدرك مدى عمق التأثير الذي قد يحدثه ذلك لأنني، مثل الكثيرين، توقفت عن الإيمان تمامًا وأصبحت ملحدًا أو كما تريد أن تسميه. والآن مع أطفالي أجد نفسي أتساءل عن أفضل السبل لتعليم ذريتي فيما يتعلق بالأمور الروحية؛ لأن تربيتهم كانت متأصلة تمامًا في تلك الثقافة.

هل تحضر الكنيسة مرتين أسبوعيًا مساء الأحد والأربعاء؟

نعم، كان ذلك جزءًا من عمل حياتنا أيضًا: حفظ آيات الكتاب المقدس وحفظها للرجوع إليها في المستقبل.

لقد كان غناء الترانيم دائمًا جزءًا من ثقافتي.

لم يكن هناك ثقب في عالمي؛ لم يكن هناك أي شك على الإطلاق. حتى حتى دخولي الجامعة، لم يكن أحد ممن أعرفهم يصدق ذلك، ناهيك عن المشككين أنفسهم. ومع ذلك، في حين أن هذا العالم قد منح حياتي التماسك والكثافة والزخم، إلا أنني وجدت أنه خلق مشاكل أيضًا؛ العديد من الأميركيين ببساطة غير راضين عن بعض جوانب المعتقد الديني الذي يمتلكونه بالفعل ـ ربما لا يتطابق شيء ما مع فهمهم للقدسية أو الروحانية، ـ ومع ذلك لا يمكنك استبعاد كل ما هو موجود من أجل طريقة جديدة للاعتقاد. لقد تحدثت مؤخرًا مع مُنظِّر الأوتار الذي يعمل بشكل مبتكر للغة الرياضية، مستخدمًا الشعر والنثر كقياسات لنقل الحقائق التي لا يمكن نقلها بالحقائق وحدها؛ وبالمثل، قد تكون هناك حقائق فيزيائية لا تستطيع المعادلة وحدها نقلها، ولكنها قد تفعل ذلك مع المزيد من الرياضيات البصرية.

يا إلهي، هذا رائع! يبدو أن الفيزياء تحظى بسحر كبير لدى العديد من الشعراء. يجد الشعراء المعاصرون الفيزياء مثيرة للاهتمام على وجه الخصوص، نظرًا لوجود نوع من الواقع الناشئ الذي لا يمكننا الوصول إليه مباشرة من خلال القنوات التقليدية. المتصوفون مثل مايستر إيكهارت والمتصوفون المعاصرون مثل سيمون ويل هم متصوفون بالنسبة لي لهذا السبب بالذات؛ إن استخدامهم لـ apophasis - بينما يذكرون شيئًا ما حيث يظلون غامضًا أو غير واضح في المعنى ـ له صدى عميق. قال مايستر إيكهارت ذات مرة: "نحن نصلي إلى الله حتى يصبح حراً". "لم يكن ينوي التخلي عن الدين في حد ذاته؛ لم تكن هذه الفكرة لتخطر بباله؛ بل أراد التخلي عن مفهوم وجود الله كشيء منفصل عن وعينا". يمكن للشعر أن يأخذنا إلى مساحات ينزلق فيها الواقع قليلاً، مثل المعادلات في الفيزياء، بحيث يتغير تصورنا فجأة بشكل جذري مقارنة بالسابق. وهذا لا يعني بالضرورة التصوف الخيالي أيضًا ـ أعتقد أن هناك أوجه تشابه مع الفيزياء والعلوم الفيزيائية هنا تسمح للشعر بأخذ هذا الدور.

الإيمان ليس مجرد حالة ذهنية، بل هو سعي نشط نحو التغيير والتقدم في المجتمع.

"كيف قمت بتعريفه هو كما يلي: الإيمان له أشياء ملموسة بينما الإيمان ليس كذلك. يمكن تعريف الإيمان كيفما تريد ـ كتوجه للحياة أو طاقة حياتك أو أي شيء آخر يعني بالنسبة لك ـ ولكن اللاموضوعية يجب أن تكون دائمًا يعتبر سن سمات الإيمان".

يمين. وقد ساعدني ذلك على فهم هذه المصطلحات بشكل أفضل وأن أشرح لنفسي لماذا أحتاج إلى نوع من التنظيم في حياتي؛ لماذا أذهب إلى الكنيسة، ولماذا أطلب عناصر دينية على وجه التحديد، وما إلى ذلك. أجد الراحة في قراءة الكتب، والصلاة، والتأمل والتأمل ـ ولكن إذا لم تؤد هذه الجهود إلى الخارج في النهاية، فقد تصبح يائسة؛ إحدى الطرق التي نعرف بها أن ميولنا الروحية صحيحة هي عندما تأخذنا إلى ما هو أبعد من أنفسنا.

بينما يكافح الجميع لاختيار حياتهم الروحية بمفردهم، أعتقد أن الوضع أصبح محفوفًا بالمخاطر للغاية. يتم إنشاء لغة جديدة، مما يترك الكثير من الحيرة. وفي حين أن اللغة الدينية التقليدية ستلعب بالتأكيد دورًا أساسيًا، إلا أنه سيظهر شيء آخر جديد تمامًا يتضمن أديانًا وممارسات مختلفة تمامًا.

كان ديتريش بونهوفر في السجن قبل وقت قصير من وفاته، ويواجه الحقيقة الصارخة المتمثلة في أن الشر قد اختطف جميع جوانب الدين، ويتحدث عن الشكل الذي قد تبدو عليه "المسيحية غير الدينية". مع الاعتراف بأنه على الرغم من أن بعض اللغات أو الأفكار قد تصبح أقل أهمية مع مرور الوقت، فإن الحقائق الأساسية سوف تستمر وستظهر أشكال جديدة للتعبير عن هذه الحقائق. وأظل أفكر في تجربته.

لقد أذهلني بونهوفر دائمًا، لكن شيئًا واحدًا ذكره في رسالة لفت انتباهي حقًا: انجذابه إلى الإلحاد؛ كان الشعور بأنهم في وطنهم أكثر من شعورهم بين المؤمنين أمرًا حاول أن يفهمه عن نفسه. يظل بونهوفر شخصية ملهمة ليس فقط بسبب عودته إلى الوطن عندما كانت هناك خيارات أخرى مثل أمريكا أو حتى البقاء في مكانه حتى سن التقاعد؛ بل يقف كنموذج حقيقي يحتذى به على الرغم من هذا الوحي الشخصي. عاد إلى الولايات المتحدة وشعر كما لو أنه من دون المشاركة في تدمير ألمانيا، لن يتمكن من الانضمام بشكل موثوق إلى ترميمها. علاوة على ذلك، شعر بأنه مدعو من الله ـ ليس كما يفعل الكثيرون ولكن مثلنا الذين ينتظرون حتى يشعروا بأن شيئًا ما صحيح للقيام به؛ قال له الله ألا ينتظر، بل اتبع حدسك؛ في النهاية سيصل الإيمان. لذلك فقد حياته من أجل ذلك. وفي مرحلة ما قال شيئًا على غرار "نحن نقف مع الله من قبل ومن دونه". كلماته تبدو موحية بشكل رائع.

كثقافة، أعتقد أننا نصل إلى بعض التوازن بين التقشف والوضوح الذي أعتقد أننا كأفراد نسعى جاهدين لتحقيقه، على الرغم من وجود الكثير من المقاومة ضده من كل اتجاه يمكن تخيله (كل هذا الخطاب السياسي). لا تزال هناك هذه الرغبة داخل المجتمع لشيء أقل تافهة يفلت من متناول الجميع بسرعة كبيرة؛ شيئًا ليس غامضًا أو سخيفًا حتى لا يجعلنا نضحك تمامًا؛ ولكنه أيضًا شيء يمكن الوصول إليه بدرجة كافية لإشراك تلك الأجزاء منا التي لا تفهم نواياه بسهولة.
الشك لا ينفصل عن مفهومي للإيمان ولا يمكن فصله. أنا مقتنع بأن نفس الإله الذي يدعوني للترنم به في لحظة ما يقودني أيضًا نحو الإلحاد في لحظة أخرى. في بعض الأحيان عند النظر في كل هذه الطاقة مجتمعة في هذه المناقشات وكل هؤلاء الأشخاص الذين يبحثون عن طرق لتحديد ومشاركة أنظمة معتقداتهم، يبدو من الممكن أن يتم استدعاء البعض بعيدًا عن الإيمان حتى يتمكن من اتخاذ أشكال جديدة.

الفصل السادس ـ إعادة تصور الأمل

الإنسان مخلوق من لحم وعظم. ولكن بالنسبة لبعض الأفراد، فإن هذا الواقع لا يجلب الراحة ولكن يجب بدلاً من ذلك مواجهته بشكل مباشر من أجل البقاء على قيد الحياة على أساس يومي.

يصلي المتصوفون والرهبان نيابة عن غير القادرين. في عصر مليء بالأسئلة المفتوحة المذهلة، يصبح الأمل ضرورة حتمية لأولئك منا الذين يستطيعون الاحتفاظ به، من أجل الإنسانية جمعاء. يختلف الأمل بشكل كبير عن التفاؤل أو المثالية؛ بدلاً من العيش بالتمني، فهو يشير إلى الواقع في كل منعطف ويقدس الحقيقة، بينما يعيش بعيون مفتوحة مع الظلام كجزء من الحياة اليومية التي تبدو أحيانًا ساحقة. يمكن أن يصبح الأمل ذاكرة عضلية روحية من خلال الاختيار الذي يصبح ممارسة تساعد المرء على التنقل في الواقع بدلاً من توقع أن تسير الأمور في طريقنا.

احتفلت حركة لارش بالذكرى السنوية الخمسين لتأسيسها في أغسطس الماضي - 50 عامًا منذ أن دعا جان فانير رافائيل وفيليب من ملجأ في باريس للعيش معهم! لقد كان من دواعي الشرف والسرور حقًا أن نجمع أعضاء من المجتمعات في جميع أنحاء الولايات المتحدة من ذوي الإعاقة، والمساعدين الأصحاء، وجميعهم يرتدون الجمال الذي يجلبه الانتماء.

في البداية، استغرقت عيناي بعض الوقت للتأقلم؛ هذا المشهد الجديد يثير أعصابي ويثير أعصابي بشدة؛ مثل هذا المقطع العرضي غير العادي للبشرية. قاد أزواج من الناس هذه التهمة كجزء من القداس، كان من بين المشاركين المختلفين مساعد ضخم يبلغ طوله ستة أقدام وعمره 20 عامًا وعضو أساسي كان أقصر بعدة أقدام وله لون بشرة مختلف، وكلاهما يشع بالسعادة. عندما وصلنا أخيرًا إلى فترة الاستراحة المخطط لها، تم تقديم الكعكة بالفعل، لذا توجه الجميع مباشرة إلى الطابق السفلي للاحتفال معًا!

سارع تيم ستون من شيكاغو إلى الرد على لارش بأن لارش لم يكن مجرد حل بل علامة، وهو ما أقدره وأعتقد أنه دقيق. الأساسيين المعاقين ـ ولكن يمكن اعتبار هذا الوصف L'Arche "الأمل" كانت إجابته. تيم هو أحد أعضاء محدودًا؛ يحب تيم أصدقاءه وعائلته كثيرًا، ويحب الطبخ بشغف ومعروف بإبداع الفن التجريدي؛ يشع الذكاء كمصدر متواضع للأمل ـ مثلما L'Arche العاطفي مع تبادل كميات هائلة من المعرفة مثل تيم نفسه، تقف مثل تيم L'Arche يمثله تيم أعضاء.

غالبًا ما تتكشف الحكمة الناشئة عن عالمنا بهدوء: من المشاريع والأشخاص الذين لم تتوقعهم، إلى الروابط بين النقاط في المكان والزمان التي تبدو غير مهمة للوهلة الأولى. تدور محادثاتي اليومية حول "إشارات وليست حلول"، وهي عبارة لا نهاية لها تغمر حياتي بأشكالها المتغيرة وألوانها النابضة بالحياة، وتصر على أن آخذها على محمل الجد. هذه العلامات لا تتوافق مع العلامات الرؤيوية وعجائب الدين منذ طفولتي والتي أخذتها على محمل الجد ولكنها كانت دائمًا بعيدة عن الفهم. كان قادة الحقوق المدنية في كثير من الأحيان يبحثون عن ومضات من الرؤية بدلاً من العمل الشاق المطلوب لتخليص حياة الأفراد. أخبرني فنسنت هاردينج عن لقائي بشباب وشابات أمريكيين من أصل أفريقي من إحدى المدن الداخلية والذين أخبروه أنهم يرغبون في "إشارات بشرية حية" يمكن أن تساعدهم على تصور الإمكانيات الجديدة لأنفسهم والإيمان بها.

استمع إلى الحوار المتبادل بين فنسنت هاردينج والمؤلف.

إن أحد أوجه القصور الرئيسية في عمليتنا التعليمية، وخاصة مع ما يسمى بالشباب المهمشين، هو تعليمهم كيفية الهروب بسرعة من الظلام إلى النور.

ما نحتاجه بدلاً من ذلك هو المزيد من الأشخاص المستعدين للوقوف في هذا الظلام، والذين لن يهربوا من المجتمعات المتضررة بشدة ولكن بدلاً من ذلك يمكنهم فتح إمكانيات لا يمكن أن يراها سوى البشر الذين يهتمون.

في يوم من الأيام، كانت الخرائط التي تكشف حواف العالم المعروف وحدوده أدوات للسلطة يستخدمها القليل من الناس ويحتفظون بها عن كثب. نحن نعيش الآن في عالم مترابط تحدده القصة وليس الغزو؛ حيث تخلق الروابط وجودنا كنقاط على الخريطة؛ ما زالت مخيلتنا لم تصل إلى هذه الحدود الجديدة التي يحركها الإنسان بعد، مما يتركنا جميعًا أسرى إلى حد ما للمحكمين التقليديين ذوي الأهمية ـ أو حالة "تحت الرادار"؛ من المؤسف أن معظم كل شيء وكل من يغير كوكبنا يقع الآن تحت هذا "تحت الرادار". لقد كسر الرادار.

هل عشنا دائما في مثل هذه الظروف؟ تذكَّرني جوان تشيتيستر أن صحيفة نيويورك تايمز التي تعادلها في روما في القرن السادس لم تكن تحتوي على عناوين رئيسية تعلن: بنديكت يكتب القاعدة! كان لدى بنديكتوس النورسي خطة هادئة: خلق إيقاع حياة يسهل الوصول إليه ويمكنه استيعاب النساك والناس من الخارج، واستبدال السلطات الدينية المتنافسة في تلك الحقبة بسلطة واحدة موحدة. في البداية، لم تسر مهمة بنديكت بسلاسة. حاول أحد المجتمعات المبكرة التي تعرفت عليه كزعيم له تسميمه؛ أسس في حياته اثني عشر ديرًا وكان في كل منها اثني عشر رجلاً فقط. لكن بنديكت أطلق شيئًا عاد ليحصد مكافأة عظيمة بمرور الوقت: دون أن يدرك ذلك بنفسه أو أي شخص من حوله في ذلك الوقت، ابتكر بنديكت شيئًا أبقى الحضارة الغربية حية على مدى آلاف السنين لاحقًا.

الشجاعة يمكن العثور عليها في هذه القصة. على الرغم من بذل قصارى جهدي كصحفي للتركيز على ما هو مفيد ومغذي، ربما لا أرى كل الأفراد المبدعين الذين يمكنهم إنقاذ العالم في غضون 100 أو 1000 عام من الآن.

ومع ذلك، فأنا مندهش من كل الخير الذي أراه من حولي وآمل أن أكون قد شاركت بعضًا منه في هذه الصفحات ـ حتى لو كانت قطعة صغيرة أو اثنتين منها قد أثرت في حياتي بشكل كبير لدرجة أن ذراعي وقلبي يشعران بالامتنان.

ذهني ينفجر بمعرفة ما الذي يشفينا حتى وأنا أكتب، حتى عندما لا ندرك ذلك أو نطلبه. وأعني بالشفاء خلق فرص لتعميق الحياة معًا: أن نصبح أكثر حكمة وتكاملًا وليس مجرد كبار السن أو أكثر ذكاءً.

لقد أخذتني رحلتي منذ بداية حياتي في أوكلاهوما بعيداً، لدرجة أن البعض قد يتهمني بالمبالغة في فضيلة الأمل أكثر من اللازم. ومع ذلك، فإن عقلي يميل الآن نحوها بقوة أكبر من أي وقت مضى؛ لقد تخليت عن فكرة أن المنظور ذي المصداقية الفكرية يجب أن يأتي دائمًا من الشك: الفكر لا يعمل ضد الغموض؛ التسامح لا يحل محل الحب. ولا السخرية بديل مناسب ـ على عكس العديد من المساعي الجديرة بالاهتمام في الحياة، لا يتم اختبار السخرية أبدًا بالفساد أو الكارثة؛ ولا مولدة. بل هو ببساطة يحكم على الأشياء كما هي دون محاولة تغييرها أو محاولة أبعد من اللازم.

في هذه المرحلة من التاريخ، ألاحظ أن الناس من جميع الأعمار طموحون. وهذا يختلف عن الطموح؛ بدلاً من ذلك، الطموح يعني الانجذاب إلى أن نكون أفضل ما لدينا ومحاولة معرفة كيف قد يبدو ذلك. كما نكتشف، نحن بحاجة لبعضنا البعض من أجل القيام بذلك بنجاح. أجد الإلهام في سماع ما يقوله الشباب حول كيف ومن يريدون أن يصبحوا، بدلاً من التركيز على جانب واحد فقط من هوية أو ماذا يريدون أن يصبحوا. تذكرنا سيلفيا بورستين أن أطفالنا لا ينتبهون دائمًا لما نقوله، لكنهم يراقبوننا دائمًا. يستخدم البعض، مثل شين كليبورن، كلمات مثل وحيد وغير مستدام لوصف ثقافة البلوغ التي تشكلت أمامهم عندما كانوا أطفالًا.

أشعر بالقلق بعد فوات الأوان بشأن ما إذا كانت أفكاري وكتاباتي جادة بما فيه الكفاية. بعد كل شيء، هناك شيء مرح منعش بداخلي، وكذلك في هذا العالم حيث تنمو الحكمة بسرعة ـ فالأمل لا يحمل دائمًا معنى ثقيلًا!

لا تحتاج الحكمة إلى أن تكون هادفة بالكامل حتى يمكن اعتبارها تقدمًا، الأمر الذي من شأنه أن يقوض الروائيين باعتبارهم بعضًا من أفضل علماء النفس السلوكي، وعلماء الأعصاب، وعلماء الكونيات. لم نعد نتجاوز الموقد، حيث شاركنا حكايات مثيرة ومخيفة ساعدتنا في إعدادنا لمواجهة عجائب الحياة الحقيقية وأهوالها بسهولة أكبر. اليوم، تُعرض مواقدنا على الشاشات الكبيرة والصغيرة، بالإضافة إلى القصص التقليدية والمسابقات الشعرية؛ أقرأ الروايات كجزء من عادة القراءة في أوقات الفراغ. تشغل المقالات الفلسفية معظم وقت فراغي، بينما أشاهد التلفاز كثيرًا، وهو ما لا يكون له تأثير إيجابي موضوعي يذكر علي. بينما تبهرني روايات القتل والغموض، فإن اللعب ضروري للوجود الإنساني ـ أحد مؤسسيه، الطبيب ستيوارت براون، دخل هذا المجال لأول مرة من خلال دراسة القتلة الذين غالبًا ما كانت طفولتهم تنطوي على غياب اللعب ـ وهو الأمر الذي اكتشفه ستيوارت من خلال دراسة عقولهم كجزء من اللعبة. دراسة المرح (اللعب الخشن والمتعثر في مرحلة الطفولة يساعد على تنمية التعاطف).

البشر كائنات رائعة ولكنها معقدة، كائنات دائمة التغير وموجودة في الوقت نفسه في كليهما/و. نحن نتاج عصرنا مع ألعابهم التي تسبب الإدمان بشكل متزايد والصور الجذابة للنجاح مقابل الفشل المرعب؛ ومع ذلك، هناك مساحة داخل أنفسنا ـ شيء يكرمه ويحميه ويزرعه المزيد منا ـ لما هو يغذي ويطمح فينا؛ الأمل هو ما توجه يهدف إلى استخلاص الحكمة والفرح من الواقع الذي لا يمكن التنبؤ به والذي يكمن أمامنا جميعا.

كان شغف تيلار دو شاردان الأول هو الجيولوجيا. ولد ونشأ في منطقة جبلية بركانية في فرنسا، وكان مفتونًا بالصخور ـ المادة في أنقى معانيها ـ وقضى الكثير من وقته في التفكير في خصائصها قبل أن يصبح حامل نقالة خلال الحرب العالمية الأولى ويكتب من تلك التجربة، ووصف فيما بعد الإنسانية بأنها "المادة في أكثر مراحلها انفجاراً".

كان تيلار تأمليًا ويسوعيًا في الوقت نفسه. وهكذا قادته وجهات نظره الروحية والعلمية إلى اتخاذ نظرة موسعة للتاريخ. لقد اكتشف الحفريات التي أظهرت التقدم الفسيولوجي للبشرية على مدى آلاف السنين. لقد أصبح يعتقد أن التطور يميل نحو الوعي والروح، مما يوفر له الأمل المرتكز على الملاحظة العلمية. "إن نقطة بدايتي،" أشار بنهج أكثر ملاءمة لعصرنا من عصره، هو "الحقيقة الأولية الأساسية المتمثلة في أن كل فرد متشابك بالضرورة مع جميع جوانب وجوده الجسدي والعضوي والنفسي مع كل ما يحيط به. " كما ناقشنا سابقًا، اعتقد تيلار أن المصنوعات البشرية والاختراعات ستخلق مجال نووسفير، وهو مفهوم خيالي، مستمد من اللغة اليونانية نوس التي تعني العقل. لقد تنبأت نظريته بحكمة كيف أطلق علماء الجيولوجيا في عصرنا على عصرنا اسم الأنثروبوسين ـ وهو اعتراف بأن تأثير البشرية لا يمكن استبعاده من تاريخنا. لقد تركت البشرية بصمة على الكوكب تمتد عبر فترات زمنية جيولوجية. وكما تؤثر سلوكياتنا الفردية علينا بشكل فردي، فقد غيرت الإجراءات الجماعية شكلها بشكل كبير.

توفي تيلار دو شاردان بسلام في يوم عيد الفصح عام 1955 بعد أن منعه رؤساؤه اليسوعيون من نشر أي أعمال غير علم الحفريات خلال حياته. بمجرد أن أصبحت كتبه الروحية (ظاهرة الإنسان، البيئة الإلهية) متاحة أخيرًا في الستينيات، سرعان ما أصبحت من أكثر الكتب مبيعًا؛ تنتشر أفكاره حول العالم الآن بطاقة متجددة.

إن رؤية تيلار تتحدانا في تحقيق التوازن بين النظرة الطويلة للزمن والاستثمار في الوعي البشري المتطور وقدرته على الفعل، لكن قليلين هم الذين يملكون المفردات اللازمة لمثل هذه الدعوة. وبدلاً من ذلك، فإن أغلب المناقشات تشتمل على الذكاء الاصطناعي: حيث تصبح أجهزة الكمبيوتر الواعية مغرية أو شريرة أو تصل إلى السلطة ـ ولم أسمعنا قط نناقش الوعي نفسه: إلى أين يأخذنا، أو ما إذا كان سيذهب إلى أبعد من ذلك أم لا. كيف يمكن أن يبدو التطور الروحي على نطاق واسع؟

وهناك اكتشفت حوارًا مثيرًا للاهتمام يعتمد بشكل مباشر على أفكار وأسئلة تيلار دو شاردان مع تكييفها بطرق مثمرة في الوقت الحالي. لم يكن عالم الأحياء التطوري ديفيد سلون ويلسون قد قرأ كتاب تيلارد دي شاردان قبل حضور مؤتمر عقد في الفاتيكان خلال عام 2009 للاحتفال بالذكرى السنوية الـ 150 لنشره وكذلك الذكرى الـ 200 لميلاد تشارلز داروين.

استمع إلى هذا التبادل بين ديفيد سلون ويلسون والمؤلف، حيث يتبادلان الأفكار حول تفاعلاتهما.

بالطبع كنت على دراية بتيلار، مثل معظم أنصار التطور. لكن هل قرأوه أو اعتبروا أفكاره حديثة؟ بالنسبة لمعظم أنصار التطور، من المرجح أن تكون الإجابة على هذين السؤالين هي لا؛ وما أثار دهشتي هو أنني علمت أن تيلار كان بالفعل متقدمًا على عصره من الناحية العلمية؛ الكثير مما كتبه كان له جدارة من المنظور التطوري اليوم.
كانت رسالته الرئيسية ـ التي عادت مؤخرًا إلى الموضة ـ هي أنه على الرغم من أن البشرية قد تبدو وكأنها مجرد نوع آخر أو رئيسيات، إلا أننا في الواقع عملية تطورية جديدة تمامًا ويمكن اعتبار تطورنا مترتبًا على تطور الحياة نفسها. لقد كان تيلار على حق فيما يتعلق بهذه النقطة، وقد أذهلتني. إن التفكير الرمزي كآلية وراثة وجميع ممارساتنا الثقافية المتنوعة تشكل بالفعل مسارات تطورية جديدة ـ وهي فكرة أذهلتني عندما وجدت أنها مؤكدة.

ديفيد سلون ويلسون ملحد مثل تيلار دي شاردان. ومع ذلك فهو يدرس الأديان من وجهة نظر علم الأحياء التطوري باعتبارها مجموعات تكيفية فعالة للغاية، وغالبًا ما تتحرك في اتجاه التراجع بدلاً من التقدم. كرس ديفيد سلون ويلسون الكثير من أعماله لتطبيق رؤى علم الأحياء التطوري لتحقيق الصالح الاجتماعي. نعمل حاليًا على مشاريع التجديد الحضري في بينغهامتون نيويورك بهذه الروح مع التركيز على تطبيق هذه الدروس نحو التجديد هناك؛ يشتمل كتابه الذي يشرح هذا المشروع بالتفصيل على فصل تكريمي لتيلار دو شاردان بعنوان "نحن الآن ندخل عالم نو".

استمع إلى هذا التبادل بين المؤلف ديفيد سلون ويلسون ونفسه.

كثيرا ما تحدث عن "حبيبات الفكر". بالنسبة له، كان هذا يعني أن البشر في البداية عاشوا في مجموعات صغيرة ذات أنظمة رمزية منفصلة منفصلة عن بعضها البعض. ومع مرور الوقت، بدأت هذه الأفكار تتجمع معًا ـ مع توسع المجتمعات ـ مما أدى إلى ظهور وعي عالمي واحد يسمى "نقطة أوميغا".
التطور كما يُرى من خلال صورته المرآة
يمين. وبينما يتوسع المجتمع على نطاق متزايد باستمرار، من المجتمعات الصغيرة إلى المجتمعات الضخمة اليوم، فإن أي افتراض بأن هذا سيؤدي في النهاية إلى عقل عالمي واحد هو ضمن نطاق الإمكانية ولكن بالتأكيد ليس ضمانًا؛ ويظل الانهيار ممكنا في أي لحظة من الزمن. ربما توجد نقطة أوميغا في مكان ما في إمكان ما إذا عملنا بجد بما يكفي للوصول إليها؛ وإلا فإننا جميعا نخسر

الروحانية يجب أن تقود التطور البشري؛ للقيام بذلك يجب علينا أن نفهم تعريفه وكذلك لماذا تلعب المصطلحات الروحية مثل الروح والنفس هذا الدور المتكامل في الحياة اليومية.
بمجرد أن نفعل ذلك، أعتقد أنه يمكننا التوصل إلى معنى مُرضي لهم لا يعتمد على عوامل خارقة للطبيعة. وهكذا يمكننا أن نتحدث بصراحة عن وجود أرواح ـ فمجموعاتنا لها أرواح، ومدننا لها أرواح، وحتى كوكبنا له أرواح! يمكن أن يكون لهذا في الواقع تفسير يسهل الوصول إليه.

وقد أوضح تيلار أن الروحانية لا ينبغي أن تقتصر على الراحة الشخصية فحسب؛ بل ينبغي أن نحفز لشيء أكبر من أنفسنا لتحقيق خير أكبر. عندما أفكر في ما تفعله في بينجهامتون ويبدو أن هذا التفكير يدعمه.

بالتأكيد هو كذلك. من الناحية التطورية، التطور يرى الفعل فقط؛ ما يدور داخل عقلك أو نظام المعنى الخاص بك يظل غير مرئي حتى يتجلى من خلال السلوك الفعلي. لذلك، إذا كان ما يحدث بداخلك لا يتسبب في اتخاذ الإجراءات المناسبة منك، فهذا يعني أن نظام المعنى الخاص بك قد لا يكون فعالاً في إنتاج السلوك المرغوب فيه لدى الآخرين.

إن المعنى ضروري لتحفيزنا على التصرف والقيام بما هو صواب، وهو ما يجب أن يتضمن في المجتمع الحديث تقديرًا لجميع الحقائق المعنية.
ويجب أن نظل مدركين لقيمنا من أجل استخدام هذه الحقائق لتخطيط الإجراءات في عالم يزداد تعقيدًا ويتطلب الإدارة على نطاق كوكبي.

يبدو أن المثل الأعلى مثل "الإدارة على مستوى الكوكب" بعيد المنال بالنسبة لي؛ يبدو أنه لا يتماشى بشكل سخيف مع النظام العالمي الحالي أو أي شيء يحدث هنا والآن. لذلك، عندما قام الصحفي والمدون البيئي أندرو ريفكين بعقد مقارنة بين الأحداث العالمية الحالية وتلك التي لوحظت في نمو دماغ المراهقين؛ كلاهما يظهر تفاوتًا، حيث تتعايش مناطق التقدم الكبير جنبًا إلى جنب مع مناطق التهور؛ كلاهما يظهر الوعد بالإبداع وكذلك التدمير في وقت واحد.

استمع بينما يقوم أندرو ريفكين بإشراك المؤلف في المحادثة.

لذا، سواء نظرنا إلى أسواق الأسهم أو كيف تكشفت أحداث ميدان التحرير ثم عدلت نفسها من خلال تويتر وفيسبوك، أرى أننا نختبر أسلاكًا جديدة دون فهم واضح لوظيفتها حتى الآن. التدوين يعطيني نظرة ثاقبة في هذا المجال. قد تندلع الأكاذيب الفورية على الفور، ولكن سرعان ما تظهر حقيقتها بشكل متساوٍ ـ إن لم يكن بسرعة أكبر مما كانت عليه عند كشفها في البداية.

وهذا يثير بعض الأسئلة المثيرة للاهتمام. هناك أشخاص مثل كورزويل يرون إمكانية أن يصبح نظامنا أقوى من البشر؛ لكنني أعتقد أن ما هو أقوى بكثير الآن هو قدرة هذا النظام المتزايدة على مساعدتنا في خلق الأشياء بشكل تعاوني، والشعور بالأشياء، وتجربة الأشياء بطرق لم تكن ممكنة من قبل ـ إنها القدرة على مشاركة وتشكيل الأفكار الأكثر إثارة للإعجاب.
محير للعقل. إنها تتجاوز مجرد قوة الحوسبة؛ يجب أن يكون هناك شيء أكثر جوهرية يلعب هنا.

اشتق أندرو ريفكين مصطلح مجال المعرفة من مجال نو تيلار.

إليك فقرة أخرى منك توضح مدى قوة اللغة الروحية التي سيطرت على مجتمعنا: أيًا كان المصطلح الذي يختاره المرء ـ في هذه الحالة "مجال المعرفة" ـ فمن الواضح أن عالمنا يرتبط بسرعة بطرق جديدة لمشاركة الملاحظات والأفكار. تشكيل الأفكار التي لها تأثير على التقدم البشري. هذه هي اللغة الروحية الحقيقية.

حسنًا، بالتأكيد؛ غالبًا ما تظهر قضايا تغير المناخ على أنها علمية. ومع ذلك، عند فحصها عن كثب، فإن عمليات صنع القرار البشري لديهم تنتقل بسرعة من التفكير العلمي إلى اعتبارات القيم والتقييمات. وعندما

ننظر في كل المفاضلات بين التحول عن الوقود الأحفوري وإبطاء ارتفاع مستوى سطح البحر أو مخاطر فشل المحاصيل (وكلها أسئلة غير علمية!)، يصبح من الواضح كيف نزن هذه الفوائد في مقابل بعضها البعض. وتنطوي هذه القرارات على اعتبارات اقتصادية بقدر ما تنطوي على اعتبارات تتعلق بالقيم.

ورغم أننا قد نجد أنه من الأسهل مناقشة الحقائق، إلا أن الأمر يصبح أكثر تعقيدًا عندما نبدأ بمناقشة القيم.

ـ نعم. لقد أصبح هذا العصر معروفًا باسم الأنثروبوسين ـ أو الفترة التي يسيطر فيها البشر على الأرض ـ ولكي يسير هذا العصر بسلاسة، نحتاج إلى ما أشير إليه باسم "الأنثروبوفيليا"، أو قبول اختلافات بعضنا البعض.

يميل الناس من كل مجموعة سكانية إلى تبني آراء مختلفة فيما يتعلق بمجموعة مشتركة من المعرفة بمجرد التواصل مع بعضنا البعض من خلال العلم، يصبح استخدام الإنترنت جزءًا من حياتنا والعلم أفضل له. من خلال كوننا جزءًا من شيء أكبر، عندما نتصل بالإنترنت، لا نبقى معزولين في فقاعتنا الخاصة، سواء كانت خضراء أو تحررية؛ بل نسعى للحصول على آراء الآخرين من خلال إشراكهم والتواصل معهم. هذا جزء من عالم المعرفة. العثور على أشخاص لديهم خيارات مختلفة للطاقة ويشتركون في أهداف مماثلة فيما يتعلق بكفاءة استخدام الطاقة، ومن الممكن أن نعمل معًا على إيجاد حلول معًا ـ ثم ندرك أن هناك مكانًا يمكننا العمل فيه معًا ـ وهذا أيضًا يشكل جزءًا من ذلك أيضًا.

لا تعد أي من المشكلات التي نواجهها على الإنترنت فريدة من نوعها في مجالها؛ إنهم جزء من كونهم بشرًا. عندما تكون في غرفة مليئة بالناس، فإن أصحاب الأصوات الأعلى والأكثر غضبًا يميلون إلى الحصول على أكبر قدر من وقت البث؛ أحد الأشياء التي أحاول القيام بها على مدونتي هو تطوير أدوات للمشاركين الأكثر هدوءًا للحصول على بعض المدخلات أيضًا.

* * * أنا مفتون بالتآزر المتغير الذي يحدث بين الأشخاص الأكثر هدوءًا الذين يجدون أصواتهم، والحقائق القديمة التي يتم اكتشافها، وإنشاء المعرفة الجديدة، وهو أمر عرفه الكثير من البشر منذ فترة طويلة ولكنهم نسوه بعد ذلك.

ومع تغير اقتصاد ديترويت وخسارة الناس لسبل عيشهم، أصبحت تناقضاتها الداخلية واضحة للغاية. أفرغت كتل المدينة بأكملها. وبدأ بعض الذين بقوا يزرعون الطعام في قطع الأراضي الشاغرة ـ في البداية فقط من أجل البقاء ولكن في وقت لاحق كتعبير عن الأمل؛ ألهمت هذه التجارب فيما بعد الحدائق الحضرية في جميع أنحاء أمريكا. التقيت بميرتل طومسون وواين كيرتس اللذين كانت حديقتهما تحتوي على العديد من العجائب ـ من بذور عباد الشمس والأعشاب إلى الخضروات مثل القرع. وعندما سئلوا عما تضمنه محصولهم، أعطوا قائمة مثيرة للإعجاب:

استمع إلى الحوار المتبادل بين ميرتل طومسون، المؤلفة، وواين كيرتس، رئيس التحرير. الكرنب ـ ثلاثة أنواع ـ الكرنب والطماطم والفلفل الحلو والفلفل الحار والباذنجان والقرع والفراولة والتوت والبطيخ وكذلك البصل والبطاطا والأعشاب مثل الكزبرة والريحان والبقدونس تزرع هنا في حديقتنا. في الموسم الماضي قمنا أيضًا بزراعة عباد الشمس وعباد الشمس وبعض الذرة في الموسم الماضي أيضًا. البامية تجذب الناس من كل مكان، بينما الباذنجان لدينا يجلب الناس من الثقافة الهندية الذين يأتون للحصول على وصفات؛ إن مشاهدة الأطفال وهم يستجيبون بينما نتعلم أن شيئًا ما ينمو هو أمر مجزٍ حقًا مثل رؤية الأشياء تتطور، عندما لم نكن نعلم أبدًا أن ذلك سيحدث في وقت أقرب بكثير! إن مشاهدة تفاعلٍ

الأطفال ونحن نتعلم المزيد في كل مرة يظهر فيها شيء جديد يفاجئني أكثر ويفاجئني بنفسي عندما لم نتوقع إظهوره هنا في البداية

يُظهر ميرتل وواين نفس القدر من الحكمة والعلم مثل دان باربر أو مايكل بولان عند مناقشة كثافة المغذيات، بينما يناقشان الوعي معي أيضًا.

استمع إلى حوار بين ميرتل طومسون، المؤلفة، وواين كيرتس، المؤلف.

لا يقل أهمية عن زراعة الغذاء دورنا في تنمية الثقافة والمجتمع والأيديولوجية والجوانب الأخرى لضمان عدم تعرض وجودنا المستمر للخطر. إن تنمية الوعي أمر حيوي لأن هذه الحديقة لا تتعلق بزراعة الغذاء فحسب، بل تتعلق بأن تصبح جزءًا من النظام البيئي الذي يسبق هذه الحديقة والذي نساهم فيه من خلال أن نصبح جزءًا من عملية وجودها منذ بداية الزمن ـ ليس فقط زراعة الغذاء ولكن أيضًا أن نصبح جزء منه بالإضافة إلى ممارسة الممارسة الإنسانية التي لم تعد تعتمد على ديل مونتي في هوياتنا.

إن إعادة اكتشاف ما يمكن تناوله والذي كان موجودًا دائمًا لديه القدرة على تغيير الثقافة، حيث تدرك أنك ربما كنت تقود الأشياء ذات القيمة؛ أو النظر تحت المنصات حيث يقوم شخص ما بتغيير الزيت ورؤية النباتات التي يمكن أن تغذينا، كل ذلك يغير علاقتك مع الأرض وكذلك مع من حولك؛ منذ الآن يجب أن تجد طرقًا لشرح كل شيء لهم.
لقد أمضيت أمسية جذابة وممتعة في لويزفيل مع رئيس البلدية ورئيس الشرطة والمشرف على المدارس وقادة المجتمع الديني في لويزفيل ومنظمي النقابات بالإضافة إلى أعضاء عائلاتها التاريخية. على العشاء، قمنا بزيارة "نادي ريفي" حميمي، والذي يبدو أشبه بمنزل جدة شخص ما المحبوبة: الطابق السفلي المتعفن مع الخزف الصيني الفاخر. وفقًا لشخص ما، كان هذا دائمًا هو المكان الذي تتجمع فيه النخبة. يجري نهر أوهايو خارج نافذتي؛ وتمثل بنوكها انقساما تاريخيا في الطبقة والثروة. لكن الليلة، يمكن العثور على هذا القطاع المتنوع من سكان المدينة يتحدثون ويستمعون معًا. بمجرد انتخابه، أعلن عمدة لويزفيل جريج فيشر أن هدفه لمدينته سيكون التعاطف. أنه ينبغي أن يصبح واحدًا في كل جانب من جوانب حياتهم المدنية معًا. إنهم يأخذون هذه التجربة على محمل الجد. الآن، لقد انتقلوا من الرومانسية الماضية إلى التغيير الاجتماعي؛ زرع مشاريع طويلة الأمد في المدارس قد تستغرق سنوات قبل أن تظهر أي نتائج. أخبرني أحد أبناء أحد البيوت الرائدة أن هذا مجرد طموح؛ ومع ذلك، فإن التطلعات المدنية قوية. فهي تعطي الخيال الأخلاقي شيئًا ملموسًا للعمل من أجله.

ومن بين هذه التطورات الرائعة كان الشعور الرائع بالثقة الذي نشأ في تلك الغرفة؛ وتلاشت المخاوف وانكشفت نقاط الضعف دون خوف. أخبرني قس أمريكي من أصل أفريقي أن ما أحدث فرقًا حقًا هو وجود سياسي على استعداد للجلوس مع آلام الناس دون أن يقترح على الفور سياسة أو إصلاح؛ بدلاً من السماح لها بالوجود كشيء يحزن عليه في الغرفة قبل تقديم العزاء أو الرثاء رداً عليه ـ رثاء كما فعل الأنبياء القدماء على خسائرهم! في حين أن الحزن على خسائرنا ليس منتجًا أو فعالًا أبدًا في حد ذاته ـ فبدون هذا الانفتاح لا يمكننا أبدًا أن نأمل في تحقيق تقدم مستدام أو المضي قدمًا في النمو!
يمكن اعتبار المعرفة بمثابة عمل من أعمال القوة إذا اخترنا إشراكها بشكل جماعي في مثل هذا المسعى. ولكن من المؤسف أن هذه المعرفة تتعارض مع غرائزنا التي طورناها على مدار القرن العشرين للنضال من أجل إيجاد حلول لمشاكلنا عن طريق الحرب ـ وهو الموقف الذي تسلل إلى كل جانب من جوانب حياتنا المهنية، والسياسات الخارجية والداخلية، وأساليب الأبوة والأمومة وتربية الأطفال. تتخذ الحرب من الغضب والطموح وقودًا، وتؤجل الرثاء أو مشاعر الحزن مع التعاطف؛ فحساباتها تقيس الفوز على حساب الخسارة.

بعد أحداث 11 سبتمبر في أمريكا، كان لدينا الكثير من الكلمات للانتقام من الأعداء، ولكن لم تكن هناك كلمات لمساعدتنا على التغلب على الحزن والأسى الناجم عن الخسارة ـ وهو الأمر الذي كان لا بد من الخروج منه. بعد أحداث 11 سبتمبر في أمريكا، استخدمنا مفردات قوية للانتقام أثناء التصرف بناءً عليها دون توقف لأخذ الوقت واستيعاب ما حدث منذ ذلك الحين.
لقد صُدم الأميركيون بإحساس غير مسبوق بالضعف داخل أقوى حصوننا. وقد دفع ذلك الأميركيين إلى إقامة علاقات جديدة مع الغرباء في جميع أنحاء العالم الذين يعيشون حياتهم على نحو مماثل؛ لكن استجابتنا أبعدتنا عن بعضنا البعض.

عندما يبدأ المجتمع في تذكر أن الفشل كان دائمًا جزءًا من التجربة الإنسانية، من الأعمال إلى التعليم وعلم النفس، فإننا ندرك أيضًا دوره في النمو الروحي والحكمة الشخصية. أود أن أتناول هذه الفكرة أبعد من ذلك: الفشل والضعف عنصران أساسيان للتطور الروحي والشخصي. بغض النظر عما يحدث لنا من خطأ ـ ومهما كان ما يُنظر إليه على أنه نقاط ضعف ونقاط قوة لدينا ـ فإن هذه التجارب تساعد في جعل الأمل معقولًا والفضيلة المعيشية ممكنة؛ إنها تشكل جزءًا من مساهمتنا الفريدة للإنسانية. أصبحت برين براون معلمة مطلوبة عبر مختلف البيئات ومستويات القيادة لخبرتها في مشاركة هذه الحقيقة الأساسية القديمة التي سقطت من مفرداتنا المشتركة على مر الأجيال. بدأ هذا العمل في كلية الدراسات العليا للعمل الاجتماعي بجامعة هيوستن حيث تعمل كأستاذ مساعد.

استمع كمؤلف وتبادل بين برين براون.

أنا دائمًا أطرح على الأشخاص سؤالًا بسيطًا لتقييم ما إذا كانوا يعتقدون أنهم أظهروا سلوكًا شجاعًا حقًا، سواء شخصيًا أو من خلال مشاهدة فرد آخر يفعل شيئًا شجاعًا. وباعتباري باحثًا أكاديميًا لديه 11000 قطعة من البيانات للعمل منها، لا أستطيع العثور على مثال للشجاعة الأخلاقية أو الروحية أو القيادية أو العلائقية التي لم تولد من الضعف ـ ومع ذلك فإننا في كثير من الأحيان نصدق الأساطير حول كون الضعف ضعفًا كذريعة لعدم التصرف بجرأة كافية.

لقد تغيرت برين براون بشكل عميق من خلال هذه الاكتشافات في حياتها الخاصة باعتبارها منشدة للكمال في هيوستن حيث انتشرت منذ ذلك الحين TEDx الكلاسيكي. وقررت مشاركتها في محادثة مشاهدة على الإطلاق، على الرغم من عنوانه غير TED يظل "الاستماع إلى العار" أحد أكثر محادثات الجذاب: لقد استمتعت تمامًا بمعرفة أن الدكتور شين عثر على حقائق يتردد صداها بشكل سلبي في الآذان الحديثة أثناء بحثه عن الحياة الصادقة.
استمع بينما تناقش برين براون مع المؤلف.

بدأت بترميز البيانات والبحث عن الأنماط والموضوعات في الكلمات، وسرعان ما ظهرت بسرعة كبيرة. بدأت بتجميع القوائم التي تسلط الضوء على الأشياء التي يميل الرجال والنساء المخلصون إلى التركيز عليها في الاختيار المتعمد، بينما يقومون في الوقت نفسه بإزالة أنشطة معينة من حياتهم بوعي أو بغير قصد. وبمجرد أن نظرت إلى قائمة الأشياء التي لا أفعلها والتي تصفني بالضبط ـ أصبح من الواضح جدًا: أنها لم تكن حتى ملكي! أدركت أن حياتي كلها لم تكن موجودة على الإطلاق، بل إن وجودي بأكمله بدا غريبًا.

فماذا كان فيه؟ حسنًا، دعني أسألك هذا أولاً. هل كنت تتوقع العثور على دليل على أن هؤلاء الأشخاص تلقوا تربية أفضل أو تعرضوا لصدمات أقل، مع توفر أنظمة دعم أقوى لهم؟

في البداية، كان جوابي معبرًا عن صوابي إلى حدٍ ما. لقد افترضت أن أولئك الذين آمنوا بأنفسهم وآمنوا بجدارتهم لا بد وأنهم عاشوا حياة بها عدد أقل من حالات الطلاق أو الإفلاس أو تاريخ من الصدمات أو الإدمان مقارنة بعامة السكان؛ لكن لم يكن الأمر كذلك على الإطلاق؛ لم يكونوا مختلفين من حيث هذه المتغيرات ـ لقد كانوا مثل أي شخص آخر!

ما هو أفضل ما يميزك في قائمتك؟

الكمال، والحكم، والإرهاق كرمز للمكانة، والإنتاجية كقيمة ذاتية، والروعة، وما هو رأي الناس، وأداء الإثبات والبحث عن اليقين، كلها عناصر ترسم مثل هذه الصورة الجذابة.

هل تتميز هذه الحياة الصادقة بالضعف كما تستخدم هذا المصطلح الآن؟

نعم بالتأكيد. هؤلاء هم الأفراد الذين دخلوا حياتي دون الكثير من الوعود أو الضمانات، لذلك عندما جلست على تلك الطاولة بعد يومين واتخذت القرار بأن أقوم بتخزين بياناتهم بعيدًا والعثور على معالج بدلاً من ذلك ـ وقد نجح الأمر، أصبح هذا القرار حقيقة.

أتذكر أنني سألت نفسي هذا السؤال: إذا كان هذا يعني أن قدرتنا على الإخلاص لا يمكن أن تتجاوز أبدًا رغبتنا في تجربة الأذى، فكيف يكون ذلك ممكنًا؟

يعود الأمر إلى نفورنا الثقافي من الضعف ـ ما فعلناه بإحساسنا البدائي بالضعف. على الرغم من أن الأمر قد بدأ كغريزة مثيرة للإعجاب لحماية أنفسنا ومن نهتم بهم، إلا أنه بمرور الوقت أصبح شيئًا مختلفًا تمامًا. نحن نميل إلى تحسين الأمور من خلال السعي إلى الكمال بدلاً من أن نكون صادقين في حماية أنفسنا وأولئك الأقرب إلينا.

أنا موافق. ما دفعني لطلب المساعدة والرغبة في العيش بشكل مختلف هو ما كنت أراه حول الأبوة والأمومة. إن الطريقة التي نتعامل بها مع العالم هي أكثر قدرة على التنبؤ بنجاح أطفالنا من أي معرفة قد نمتلكها حول ممارساته. في الوقت الحاضر، أعتقد أننا في عصر الصحوة اللطيفة، على الرغم من أن بحثي بدأ قبل ستة أشهر فقط من أحداث 11 سبتمبر. على مدار 12 عامًا، لاحظت انتشار الخوف داخل العائلات وشاهدتنا نبذل جهودًا غير عادية لحماية أنفسنا وأطفالنا من حالة عدم اليقين في عالم اليوم ـ سواء من خلال عدسة بحثي كأستاذ جامعي، أو من خلال كوني على حد سواء ولي الأمر والطالب نفسي.

يأتي إلينا الطلاب الذين لم يواجهوا أبدًا محنة حقيقية من قبل، وبالتالي يظهرون وهم يشعرون بالعجز واليأس. أحد الجوانب الأكثر روعة هو مشاهدة هذه المسرحية أمامهم.
لقد علمتني تجربتي في العمل في هذا المجال أن أولئك الذين لديهم أمل حقيقي غالبًا ما يشتركون في خاصية أخرى: يُظهر بحث سي آر سنايدر من جامعة كانساس في لورانس أن الأمل ينشأ من خلال النضال.

لقد أذهلتني كتابتك حقًا ببعض الجمل المذهلة حقًا مثل تلك الجملة.

الأمل ليس عاطفة. بل هي عملية معرفية وسلوكية نطورها عندما نواجه الصعوبات، ونبني علاقات جديرة بالثقة، ونكتسب ثقة الآخرين في قدراتنا على الخروج سالمين من المواقف الصعبة.

وهو ما يختلف عن ميلنا إلى تصديق أطفالنا بشكل أعمى وتجاهل الألم قدر الإمكان. لكن من المؤكد أننا نفهم رغبتنا في خلق عالم وحياة وتجربة مذهلة لأولئك الذين نهتم بهم؟

ولكننا كثيرا ما نغفل عن الجمال. بعض من أغلى ذكرياتي في الحياة تأتي من نوبات النضال التي لم أكن أعتقد أنها ممكنة على الإطلاق؛ اللحظات التي أعتقد فيها أن "الله خلقني هذا الشخص" هي لحظات لم أتوقعها أو أتوقعها.

الأمل منكسر القلب في رحلته نحو أن يكون صادقًا؛ الأمل هو نتيجة النضال. سألت عالم الأحياء التطوري ديفيد سلون ويلسون عما إذا كان هناك شيء غير منطقي من الناحية التطورية حول تقدم البشر أحيانًا من خلال إعادة تعلم الأشياء التي عرفناها سابقًا ولكننا نسيناها، مثل مصادر الغذاء أو المساحات الخضراء في الحياة المشتركة؛ وقد ينطبق شيء مماثل على الاختراع البشري، على سبيل المثال؛ ربما نحتاج أن نتعلم أن النضال جزء من النمو؛ إعادة اكتشاف الطعام الحقيقي أو المساحات الخضراء يمكن أن تضيف حيوية إلى الحياة اليومية أو تجد الراحة عند معرفة بقايا جنسنا البشري. رده؟ وإليكم تفسيره: الأسماك لا تعيش خارج الماء ولن تبقى على قيد الحياة أو تزدهر؛ يمكن للاختراع البشري أن يفعل الشيء نفسه تمامًا من خلال إعادة تعلم الأشياء التي عرفناها ونسيت من قبل. وإليك رده ـ شيء لا تفعله الأسماك بشكل طبيعي: أخرج نفسك من الماء ولم تعد على قيد الحياة أو تزدهر كما يفعل البشر عندما يتعلمون أشياء عرفناها من قبل قبل أن ننسى ما عرفناه من قبل قبل أن ننسى ما عرفناه ونسيناه قبل إخراج أنفسنا من الماء ولم تعد تعيش أو تزدهر تمامًا كما يمكن للأسماك أن تخرج نفسها من الماء ولم تعد تعيش أو تزدهر، تمامًا مثلما طور البشر اختراعًا ذكيًا فعلوا الشيء نفسه تمامًا عن طريق الاختراع، يمكن أن يفعلوا ذلك بطرق ذكية لا حصر لها، لذا فإن إعادة التعلم يلعب النضال دوراً في النمو أو إعادة اكتشاف الطعام الحقيقي أو العثور على الراحة في معرفة زملائنا بشكل جماعي مع الحياة المشتركة مع توفير المساحات الخضراء التي تنشط الحياة المشتركة أو الراحة في معرفة زملائك الذين يتعلمون من جديد القيام بشيء ما عن طريق إخراج أنفسنا من الزمن أو مجرد معرفة شيء كنا نعرفه من قبل يمكن أن نعرفه الآن؛ السمكة لا تستطيع! عندما لا يتمكن المرء من البقاء خارج الماء/عندها لا يتمكن من البقاء على قيد الحياة/عندها سيكون في النهاية قد فعلنا التأثير المماثل لإخراج أنفسنا. وإليك جميع الطرق الذكية لجميع الأنواع. إعادة تعلم ما يفعله صراع دورنا في تعلم أن معرفة بعضنا البعض تحسين أنفسنا بشكل أفضل مثل معرفة بعضنا البعض بشكل أفضل مثل معرفة ذلك أيضًا في الحياة المشتركة دون معرفة بعضنا البعض من خلال معرفة راحتنا في معرفة كل شيء إذا لزم الأمر/معرفة ذلك مرة أخرى/معرفته بسرعة كبيرة بشكل مريح إن معرفة شخص آخر قد يعطيك الراحة عندما تعرفه مسبقًا أو يريحك بمعرفة الآخرين جيدًا جدًا، وهو في الواقع بمثابة إعادة التعلم (أو مجرد المعرفة). في تقصير الماء قد يكون ذلك. على الجيران ـ لا ينبغي النظر إلى هذه التغييرات على أنها انتكاسات بل على أنها صحوة لما نحتاج إليه فيما يتعلق بالتطور والإنسانية روحياً. إن استعادة العناصر الأساسية للبقاء والحيوية هي خطوة في الاتجاه الصحيح؛ طريقة أخرى للحديث عن الحكمة عندما يكشف التطور عن نفسه مرة أخرى.

* * *

ويسعدني أن القدرة على الصمود أصبحت جزءا من لغتنا الحديثة ـ من التخطيط الحضري إلى رعاية الصحة العقلية. توفر المرونة بديلاً لمجرد التقدم والاستدامة مع الاعتراف بأن الأمور قد تنحرف على طول الطريق. جميع حلولنا سوف تنتهي في نهاية المطاف بعد انتهاء فائدتها. سوف نحدث فوضى، وسيأتي الاضطراب الذي لم نسببه أو نتوقعه في طريقنا ـ وهذا ببساطة جزء من الحياة المعيشية! دراما هذه تبقينا على الأرض. إن رعاية الأفراد أو المدن القادرة على الصمود تنطوي على غرس العقلية التي تتوقع الصعوبات، مع فهم الضعف الذي لا مفر منه. إن المرونة كمفهوم واستراتيجية تحترم واقع وجودنا وحياتنا، مما يجعلها

دليلاً تمكينيًا لإنشاء أنظمة ومجتمعات تزدهر. تبتعد المرونة عن التفاؤل المبني على الرغبات إلى الأمل المبني على الواقع. يمكن تعريف المرونة بأنها سعادة ذات معنى ومستدامة ـ لا تعتمد على حالات مؤقتة من الكمال أو الرضا، ولا على استجابة عاطفية للظروف في الوقت الحالي، ولكنها نهج للحياة يشمل جميع المشاعر والتجارب، المضيئة والمظلمة، التي تضيف ما يصل إلى الحياة نفسها. تتطلب المرونة أن تكون استباقيًا وعمليًا مع الحفاظ على التواضع: الاعتراف بأنها تحتاج إلى دعم الآخرين بقدر ما تتغلب على الفشل ـ ودمجها في ما حدث حتى الآن.

أندرو زولي هو من بين المسؤولين عن تعميم هذا المصطلح في لغة ريادة الأعمال. قاد عملية إحياء مجتمع لرواد الأعمال الاجتماعيين لمدة عشر سنوات؛ وهو الآن ينصح بالتحقيق في حالة الإنسان في PopTech أماكن مثل فيسبوك. ومن خلال إصبعه على نبض صحوتنا الجماعية لآثار الفهم العلمي والثقافي الجديد بين القرون، فإن زولي في طليعة الصحوة من الفهم العلمي والثقافي الجديد بين قرن وآخر.
استمع إلى هذا الحوار بين أندرو زولي وأندرو توليس.

الشيء الذي قلته والذي لفت انتباهي حقًا هو دعوتك للأنظمة التي يمكن أن "تفشل بأمان". على سبيل المثال، تعتبر هذه الفكرة وثيقة الصلة بالموضوع عندما ننظر إلى أحداث مثل الانكماش الاقتصادي الذي شهده عام 2008 أو إعصار كاترينا؛ لكننا نادراً ما نفكر بهذه الطريقة فيما يتعلق بمؤسساتنا وكيفية إدارتها وتنظيمها للحياة المشتركة. هذا المفهوم منطقي تمامًا.

حقيقي بشكل كافي. ويكمن جزء من هذا في اعتقادنا الخاطئ بأننا قادرون على هندسة أنفسنا للخروج من الفشل؛ وأنه بطريقة ما، من خلال الهندسة أو التخطيط، يمكن منعه. بدأت رحلتي الشخصية خلال التسعينيات، ومن المثير للاهتمام أن ننظر الآن إلى ما كان يحدث في ذلك الوقت. لقد سقط الاتحاد السوفييتي، ولم نكن في حالة حرب، وكان الإنترنت مزدهرًا، ونشر الناس كتبًا تحمل عناوين مثل نهاية التاريخ. لقد انتهى التاريخ كما عرفناه ـ مثل حضور حفلة متقنة قبل أن يغادر الجميع وأغادر المنزل؛ وهذه ليست المرة الأخيرة التي يحدث فيها هذا في حياتي أيضًا ـ حيث تقتصر المعارك على الاقتصاد والإبداع، وليس على الموارد المادية؛ فلا تندلع حروب حقيقية بين الأمم؛ لقد تجاوزنا هذه النقطة.

كل شيء سيرتفع. لن ينخفض شيء.

هذا صحيح؛ لقد تم تعليق قوانين الفيزياء، وكنا مشغولين بإنفاق مكاسب السلام. ولنقارن هذا بما حدث منذ ذلك الحين ـ والذي يزعم كثيرون أنه بدأ بعمل إرهابي عالمي ناجح إلى حد مبهر، أعقبه شؤون ضخمة ومكلفة ومعقدة ومؤلمة أثارت اهتماماً دولياً واستغرقت سنوات عديدة لحلها من تلقاء نفسها.
من المرجح أن ينظر التاريخ إلى هذا العقد باعتباره واحدًا من أسوأ العقود التي شهدها التاريخ الأمريكي على الإطلاق؛ ليس لأننا جميعا سوف نحبها، بل بسبب السرعة التي تحولت بها الأمور من الهدوء النسبي إلى الاضطراب الحقيقي، وهو الأمر الذي تسرب إلى الثقافة. لذا، عند النظر في الفشل البسيط، يجب أن تكون الفرضية الأولى هي: الفشل جوهري، وصحي، وطبيعي، وضروري في الأنظمة المعقدة.

إن الإفراط في الوصول والفشل أمر لا مفر منه عندما يتعلق الأمر بحل المشكلات والخدمة. لقد عانى المبدعون والناشطون في كل العصور من الإرهاق مثل خبراء الأسلحة النووية الذين عملت معهم خلال العشرينات من عمري. هناك خط رفيع بين المساعدة في إنقاذ العالم وتشكيل الآخرين لتحقيق أهدافنا الخاصة، حتى لو كان ذلك بحسن نية. يمكن لريادة الأعمال، بما في ذلك ريادة الأعمال الاجتماعية، أن تستحضر في بعض الأحيان أفكار الرجل العصامي: ذلك الدافع النبيل ولكن من المحتمل أن يهزم نفسه بمحاولة إنقاذ العالم

من خلال شخص واحد فقط. ومع ذلك، فإن أملي الشخصي يكمن في الشباب بيننا ـ وخاصة الشباب ـ الذين رأيتهم يزدهرون ويتكيفون أثناء التغيير بطرق غير متوقعة ومرنة. وتستعد مجموعة أساسية من بينهم لتكون مثالاً يحتذى به وتتغير بشكل فعال ومستدام. أدركت كورتني مارتن، وهي قائمة فكرية وناشطة غير عادية وجذابة في الثلاثينيات من عمرها، مدى التعقيد والإحباط الذي يمكن أن يكون عليه "إنقاذ العالم" في العشرينات من عمرها ورفضت منطقها المتأصل الذي قسم البشرية إلى "منقذين" مقابل أولئك الذين يحتاجون إلى الإنقاذ، مما يشير إلى قد يتم تقسيم العالم وفقًا لذلك. كتبت كورتني: "إن هدفنا في الحياة ليس إنقاذ العالم، بل أن نعيش فيه، ناقصين، شرسين، محبين ومتواضعين. في كل مكان أتوجه إليه، تتعلم كورتني وأقرانها بشكل تأملي ونشط ـ أن يكونوا في خدمة العالم. كبار السن بقدر ما يجعل الحقائق الجديدة ممكنة.

رأى أينشتاين أن العبقرية الروحية تمثل ثقلًا موازنًا للتقدم التكنولوجي، ووسيلة فعالة لتسخير العلم دون الإضرار بالمجتمع من خلال التطبيق غير المسؤول. يتم دمج حكمة اليوم مع التكنولوجيا؛ مع كون الإنترنت نسختنا من تقسيم الذرة. فهي تحمل صلاحيات هائلة محفوفة بالمخاطر وواعدة في آن واحد في قلب مؤسسات التعليم التقليدية مثل الجامعات. الأنشطة الإنسانية القديمة والبدائية مثل الإبداع والقيادة والانتماء والتعلم. إن مصدر القلق الأكبر الذي يقلقني، والذي يزيد من تعقيد تقييمي لعالمنا المعاصر، هو الكيفية التي تعمل بها شبكة الإنترنت على تشتيت الطاقات والمبادرات التي تجعلها ممكنة. ويدرك سيث جودين هذا الخطر جيدًا أيضًا. ولكن من خلال النظر إلى الحياة من خلال عدسة الإنترنت، يرى أيضًا أننا نمتلك الآن قوة غير مسبوقة للتوسع إلى ما هو أبعد مما كان يمكن للبشر أن يحلموا به سابقًا. الآن نحن نتعرف على أنفسنا ليس فقط من خلال التواصل مع الآخرين خارج نطاق الأقارب والقبيلة. نحن نمتلك الآن الوسائل والحرية لتشكيل قبائلنا الخاصة المرتبطة بالعاطفة والخدمة، بغض النظر عن السلالة أو الجغرافيا. تعمل هذه القبائل الافتراضية بمثابة نظيرات رقمية لمفهوم جون بول ليدراخ حول الخميرة الحرجة؛ يمكنهم تحفيز ما أشارت إليه عالمة الأنثروبولوجيا المشهورة مارغريت ميد بـ "المجموعات التطورية".""

هناك العديد من القبائل الرقمية التي تربط الذكاء بالحكمة عبر الفضاء والفضاء الإلكتروني والزمن. إن فيلم قصة Brain Pickings ناثان شنايدر "قراصنة بنديكت" هو مجرد مثال واحد؛ مدونة ماريا بوبوفا هي أخرى من هذا القبيل.

استمع إلى هذا التبادل الرائع بين ماريا بوبوفا والمؤلفة.

عادة ما تكون أيامي مليئة بأكوام الكتب والرسائل والمذكرات وكتب الفلسفة القديمة من المفكرين القدامى من السنوات الماضية. هناك مصطلح "إعادة الأبوة الروحية" الذي يعود إلى العصر الجديد والذي أجده مفرطًا في الهيبيز بالنسبة لذوقي ـ على الرغم من أن هناك جانبًا أجده جذابًا: رعاية هؤلاء المفكرين القدامى مع نقل حكمتهم إلى العقول الشابة أثناء تقدمي في رحلتي إعادة تربية الأجيال الماضية والحاضرة.

ولدت ماريا بوبوفا في بلغاريا خلال عصر الستار الحديدي عندما تم نفي كل مفاهيم الروح. لكن ماريا وجدت صوتًا لهم بالرغم من ذلك.
لقد نشأت في شقة مليئة بالكتب على يد أجدادها، ولا تزال تدرس الهوامش في كتبه كشكل من أشكال الدعم الروحي. بعد مغادرة أوروبا بعد الحرب العالمية الثانية اختارت أمريكا للدراسة. أثناء عملها في مكتب لدفع تكاليف الكلية، بدأت ماريا في نشر رسالة إخبارية عبر البريد الإلكتروني لزملائها في المكتب لمناقشة الأفكار أسبوعيًا. أعتقد أن جذور ماريا في أوروبا الوسطى تمنحها إيمانًا صريحًا بقوة الأفكار ـ وهو أمر غير شائع هنا في أمريكا! وبطريقة ما تمكنت من استخدام الأدوات التكنولوجية لخدمة الحكمة التقليدية. عندما

على Brain Pickings التقيت بماريا في الثلاثين من عمرها، كانت قد مضت على ذلك 10 سنوات؛ حازت استحسان واسع النطاق وسلطت الضوء على إمكانات التكنولوجيا التعويضية. مثل برين براون، اكتشفت ماريا مفردات واسعة من الأمل بينما كانت تستكشف أسئلة تبدو متباينة.

استمع إلى محادثة صوتية بين ماريا بوبوفا والمؤلفة آنا بيل.

يبدو أن عملك يحظى بجاذبية لدى الناس بسبب جودته الطموحة ـ بدلاً من "التخريبية". لدينا كل هذه الافتراضات حول الشباب بأنه لا يوجد مجال للعمق؛ وأنهم يجب أن يأخذوا الأشياء فقط في قطع صغيرة الحجم؛ ومع ذلك فإنك تكشف للناس هذه الحقيقة: أنهم يريدون أن تمتد أدمغتهم. أجد أن هناك شيئًا مميزًا وكريمًا فيك كإنسان يظهر في عملك، هل يمكن أن يكون هناك أي تفسير لهذه الظاهرة؟

حسنًا، أعتقد أن هناك معتقدات أساسية معينة أعتز بها. يركز أحد هذه المعتقدات على العلاقة بين السخرية والأمل: فالتفكير النقدي من دون أمل يساوي السخرية، في حين أن الأمل من دون تحليل نقدي يؤدي إلى السذاجة. لذلك أحاول تحقيق التوازن بينهما. إن العيش في مكان ما بين هذين النقيضين يسمح لي ببناء حياتي على أرض صلبة بدلاً من الاستسلام للسخرية كتعبير عن الاستسلام؛ آلية الحماية الذاتية في هذه الحالة. لكن في الوقت نفسه، الاعتماد على الأمل وحده يؤدي إلى الاستسلام، إذ ليس لدينا أي حافز لتغيير أي شيء نحو الأفضل. أعتقد أنه لكي نزدهر كأفراد وكحضارة على حد سواء، يجب أن يقترن التحليل النقدي بالأمل.

يحقق التوازن بين التوقيت المناسب والخلود، وهو Brain Pickings غالبًا ما يبدو أن المحتوى الخاص بك لـ الأمر الذي يصمد أمام اختبار الزمن.

تركز الكثير من الثقافة على ما هو ملح الآن بدلاً من التركيز على ما يجب أن يكون له الأولوية في المخطط الكبير للأشياء، مما يخلق نوعًا من التحيز الزمني أو التحيز الحاضري الذي يحدث.

الحاضرية. أنا أحبه.
ويرجع ذلك جزئيًا إلى كيفية تنظيم الإنترنت ـ بدءًا من موجزات تويتر والجداول الزمنية لفيسبوك، إلى مواقع الويب الإخبارية ـ حيث تبدو العناصر الأحدث دائمًا وكأنها تطفو إلى الأعلى في تسلسل زمني عكسي ـ مما يجعلنا نعتقد أن الأحدث أكثر أهمية أو أهمية أقل، مما يقودنا إلى الاعتقاد خطأً بأن كل ما حدث أو كان موجودًا من قبل لم يعد ذا أهمية أو أهمية ـ حتى عندما يكون مهمًا أو موجودًا على الإطلاق. لذلك أدى ذلك إلى اعتقادنا بأن أي شيء غير مرئي على جوجل أو الأخبار غير موجود أو موجود أو غير موجود على الإطلاق ـ كل هذا بسبب هذا التكيف!

يكمن جمال الإنترنت في قدرته على تحسين الذات؛ ولكن طالما ظلت وسيلة تمولها الإعلانات، فإن دافعها الوحيد سيظل تجاريًا ـ إتقان القوائم وعروض الشرائح والنبوءات بدلاً من إثراء مستخدميها بالقيم والأفكار الإنسانية.
ناقشت آن لاموت إميلي ديكنسون عند مناقشة أهمية الأمل. كتبت إميلي ديكنسون أن الأمل يحفز أفعالنا نحو التقدم و"الأمل يلهم الخير للإظهار".
عندما يقول الناس إن الإنترنت كائن يتقن نفسه بنفسه، فإن ما يقصدونه غالبًا هو أنهم يرون التكنولوجيا" كمكان يمكن أن تزدهر فيه الروح الإنسانية وتتعمق ـ نادرًا ما تظهر هذه اللغة عند مناقشة حياتنا مع التكنولوجيا.

ضع ذلك في الاعتبار: إنها لا تزال حديثة العهد، ولم نعِش معها جيلًا واحدًا بعد، ومثل أي حدود نستكشفها بحماس ريادي، من المحتمل أن تكون هناك نتائج جيدة وأخرى شريرة. ولسوء الحظ، لن نعرف إلا بعد وقت طويل كيف سارت الأمور؛ ولكن ما يهم في هذه الأثناء هو القرارات اليومية التي نتخذها وآثارها المتتابعة؛ آمل أن يتمرد الناس في النهاية على الأشياء التي لم تعد تخدم احتياجاتهم الروحية أو الفكرية أو الإبداعية.

ونحن نشهد ذلك على مستوى ما. تبدو الأجيال الشابة ـ ليس بالضرورة من حيث العمر ولكن من حيث الأشخاص الذين دخلوا مشهد الإنترنت مؤخرًا ـ أكثر استعدادًا من الأجيال الأكبر سناً للدفع مقابل إصدارات منشورات خالية من الإعلانات أو للحد من ما يتعاملون معه والاعتراف بأهمية إنشاء منشورات عالية الجودة يستغرق وقتًا وفكرًا وجهدًا وموارد والتزامًا من جميع المعنيين؛ علاوة على ذلك، فإن اتخاذ القرارات بناءً على ما يجعلك تشعر به ومساهمته الشاملة في السجل الجماعي للبشرية أصبح أكثر بروزًا بين هذه الفئة العمرية.

عندما استمعت إلى مقابلة مع جيمي ويلز، مؤسس ويكيبيديا، سمعته يؤكد أن الناس يساهمون مجانًا لأنهم يريدون القيام بشيء مفيد بوقتهم. وأنا أتفق مع هذا الأمر وأعتقد منذ فترة طويلة أن هذا صحيح ـ فالناس في مجتمع اليوم يتوقون إلى شيء نبيل بوقتهم ـ وهو شيء يصعب قياسه بالقيم النفعية مثل المنفعة. اعتقادي الأساسي هو أن معظمنا يريد فعل الخير، وأن الناس يرغبون في الفضيلة أكثر من المنفعة أكثر من أي مقياس موضوعي آخر. أعتقد اعتقادًا راسخًا أن الناس يفضلون الخير على أي هدف آخر، وأنا واثق من أن هذه الظاهرة موجودة بيننا جميعًا.

ومع ذلك، فإننا جميعًا نطمح إلى أن نصبح أفضل، وأن نتقدم بأنفسنا، وأن ننمو روحيًا ـ فهذه الوسيلة توفر الأمل في هذا الصدد.

لا أحد يرى العالم كما هو تمامًا؛ وذلك لأن كل واحد منا يساهم بشيء فريد فيه. قال ويليام جيمس: "تجربتي هي ما أوافق على الاهتمام به، وفقط تلك الأشياء التي لفتت انتباهي هي التي تشكلت في ذهني". من خلال اختيار كيف نحن في العالم واختيار كيفية مساهمتنا، فإن تجربتنا ومساهمتنا في هذا العالم كلها تحدد من قبلنا ـ لا نشكل العالم الداخلي فحسب، بل الخارجي أيضًا، بل في النهاية أنفسنا أيضًا. وهذا بالنسبة لي هو جوهر الرحلة الروحية ـ وهي ليست فكرة مرهقة ولكنها مشجعة، وهي فكرة استغرقت مني سنوات من التطوير الشخصي!

* * * ملاحظة ما: الأمل ضروري في تشجيع ظهور الخير. إنه يأخذ الخير كعنصر من عناصر الحياة نفسها: ملاحظة ما هو جيد. دخلت هذه العبارة إلى وعيي لأول مرة من خلال مقالة مسلية في صحيفة نيويورك تايمز نُشرت في عيد الشكر منذ عدة سنوات. وقد أوضح البحث العلمي المزايا الصحية لممارسة الامتنان؛ ببساطة قم بإحصاء كل الأشياء الجيدة في كل يوم، بما في ذلك تلك التي تجدها تحاول. لقد أسفرت عن نتائج ملحوظة وقابلة للقياس: نوم أكثر صحة، وراحة بال أكبر، وانخفاض مستويات القلق والاكتئاب، وسلوك أكثر لطفًا، ورضا أكبر عن الحياة بشكل عام. أظهرت دراسة جديدة هذا التأثير من خلال إظهار كيف أن الشعور بالامتنان يجعل الناس أقل عرضة للتحول إلى العدوانية عند الاستفزاز؛ وهو ما قد يساعد في تفسير سبب نجاة العديد من الأخوة من عيد الشكر دون التعرض لإصابة خطيرة".

مثل الأمل والخير، قد يبدو الامتنان بريئًا وخاليًا من الوزن. مثل السعادة، غالبًا ما يتم تحريفها على أنها حالة ثابتة يولد بها المرء أو لا يولد بها؛ مبارك لي أم لا. بالنسبة لي شخصيًا، فإن التحدث بالكلمة قد يبدو أحيانًا غير فعال، لكن عندما نكرمها كحكمة، يصبح الأمر أكثر ثراءً ـ عادة الابتهاج والسرور. الحمد هو شكل آخر من أشكال الامتنان الموجود في التقاليد الروحية مثل مزامير المسيحية التي تعطي صوتًا لتجاربنا من الإذلال إلى المجد ـ حتى عندما نواجه المعاناة. يمكن أن يعمل التسبيح بشكل مشابه لأنه يعمل بشكل مشابه أيضًا في

مزامير الكتاب المقدس العبرية التي تعطي صوتًا للتجارب البشرية مثل تلك المرتبطة بالمعاناة من خلال مزامير التسبيح التي تعطي صوتًا لكل تجربة إنسانية لدينا من الذل إلى الرضا بسعادة.

ومع ذلك، يصر صاحب المزمور على أن اليوم هو بالفعل يوم الله، مشجعًا قراءه على أن يفرحوا ويبتهجوا به

ذكريات طفولتي لا تحمل لي الكثير من الأفكار المريحة؛ ومع ذلك، لا أزال أتذكر أنني كنت أتواصل، بشيء من الفرح والارتياح، مع مقاطع معينة من الكتاب المقدس أثناء فترة الاكتئاب الشديد ولكن غير المعترف بها في عائلتي عندما كنت أكبر. حفظت بعض الأبيات الشعرية الجميلة التي كتبها القديس بولس للكنيسة الفتية في فيلبي: "أخيرًا أيها الأحباء، كل ما هو حق ومكرَّم وعادل وطاهر ومسر، يكون محمودًا ومستحقًا للمدح، مهما كان هذا فاحسبوه بعناية".   "افعل ما قلته لك وأريتك إياه، ورب السلام يكون معك". لقد تم الآن وضع هذه الوصفة للمرونة العقلية والروحية من خلال ألفي عام من الدراسة العلمية ـ مع ظهور التكنولوجيا الروحية من هذه الاختبارات كتكنولوجيا روحية علمانية.

ومع ذلك، فإن كل هذا يترك المرء يتساءل لماذا شيء طبيعي ومنعش مثل الاستمتاع بالخير أينما ومتى نراه يتطلب أي جهد إضافي على الإطلاق ـ لماذا يحتاج إلى كل هذه الكلمات. الانحراف الإيجابي هو مصطلح علمي اجتماعي مناسب لوصف الأشخاص الذين يتعارضون مع التوقعات التي خلقتها وجهة النظر التطورية "البقاء للأصلح" لتطور البشرية. إن مسيرتي المهنية، التي أقدرها بشدة، غالبًا ما تسيء فهم ما هو حقيقي ومشرف وعادل ونقي وممتع وممتاز وجدير بالثناء باعتباره انحرافًا إيجابيًا؛ وهذا يمثل الخيال الأخلاقي العكسي في العمل. كل شخص ذكرته في هذا الكتاب يمكن اعتباره منحرفًا إيجابيًا، ويمكن بسهولة شطبه من كمثال لما Brain Pickings قبل المتشائمين باعتباره استثناءً للقاعدة البشرية. والآن أسمع انتقادات لاختيار يجعل الإنترنت ممكناً عندما تصبح وفرة المواد الإباحية والعنف والتفاهة في الفضاء الإلكتروني واضحة للغاية.

الواقع هو على حد سواء / و. وبشكل أكثر تحديدا، كما لاحظت ماريا بوبوفا، فإن الإنترنت لا تزال في مهدها وتمثل طريقة جديدة لرؤية حالتنا الإنسانية وكل تناقضاتها ـ مثل الخلاص والخطيئة ـ بالسرعة الرقمية والتكاثر الفيروسي. علاوة على ذلك، فهو بمثابة عدسة مكبرة لكل نزعة بشرية يمكن تخيلها ـ سواء كانت جميلة أو فظيعة، تافهة أو وضيعة أو كريمة وفضولية.

لاحظ كيف يعيدنا هذا الإدراك إلى السيطرة على كيفية تأثير التكنولوجيا علينا، مما يعيد القوة إلى أيدينا ويبين كيف أن حتى أكثر مظاهر الشر تطرفًا لديها القدرة على إحداث التحول والتفكير الشخصي. لاحظ كيف أن إدراك كيف ذلك يعيد لنا القوة؛ يمكننا أن نقرر المسار الذي ستتخذه التكنولوجيا في تشكيلنا ونرى كيف يمكن حتى لأشد مظاهر الإنترنت لقدراتها التدميرية أن تكون في كثير من الأحيان مصدرًا للراحة والشفاء. يجبرنا الفضاء الإلكتروني على مواجهة التنمر، وهو أمر كان موجودًا منذ فترة طويلة داخل المساحات المادية التي ينشأ فيها أطفالنا. لعدة قرون، تسامحت أعلى مستويات الحضارة الغربية بشكل إيجابي أو سلبي مع هذا الأمر باعتباره جزءًا لا مفر منه من نشأة قلة من التعساء؛ لكن رؤية آثاره تتكشف على قماش الإنترنت جعلت التنمر أمراً لا يطاق، مما أدى إلى تغيير الوعي بشأنه لمرة واحدة؛ تعليم الأطفال كيفية إلغاء حوادث التنمر مع إطلاق حملات لإنهاء التنمر إلى الأبد ـ مما يمثل لحظة فاصلة أخلاقية في التاريخ.

خلال الأشهر الماضية، بينما أكملت هذه الكتابة، وصلت شحنة ثمينة: وجوه وحياة برزت بشكل واضح بفضل قدرة التكنولوجيا على الكشف عن جانبنا المظلم بتفاصيل فورية ودقيقة. ومن بين هذه الأسماء كايلا مولر، وضياء شادي بركات، ويسر محمد أبو صالحة، ورزان محمد أبو صالحة، وكليمنتا بينكني، الذين تظهر حياتهم ما يمكننا جميعا أن نصبح من خلال تغيير المنظور والتصميم. أتذكرهم هنا لأن حياتهم تمثل قصص تعويضية أكبر حول ما يمكن أن نصبح عليه مع كل خطوة إلى الأمام.

واحتجز مقاتلو داعش كايلا كرهينة عند مغادرتها عيادة أطباء بلا حدود في سوريا، وتوفيت بعد 18 شهرًا.
كان ضياء ويسر متزوجين من طلاب طب الأسنان في جامعة نورث كارولينا بينما كانت رزان، أخت زوج يسر، مخرجة أفلام طموحة مسجلة في ولاية نورث كارولاينا. كان جميع الشباب الأميركيين الأربعة المعنيين أشخاصًا عاديين قد يجد أي واحد منا نفسه يعيش بالقرب منهم ـ جيران قد نعرفهم وأفراد من جيل غالبًا ما نعتبرهم منغمسين في الانغماس في الذات.

رد فعلي الطبيعي هو تجنب القصص الإخبارية عن المعاناة، والشعور بالعجز عن مساعدتها أو التخفيف منها. لكنني انبهرت بتأمل رائع عن ضياء ويسر ورزان بقلم صديقي وزميلي الاستثنائي أوميد صافي ـ عالم إسلامي ومعلم ديني. ضياء ويسر عادتا إلى الحياة بالنسبة لي من خلال صور مثل يسر بفستان زفافها قبل لحظات من وفاتها؛ وصف لكيفية استخدام ضياء ويسور لطب الأسنان كشكل من أشكال المساعدة للاجئين في تركيا وكذلك للجيران هنا في ولاية كارولينا الشمالية؛ ثم ننتقل إلى فيديو رزان المؤلم والملهم للغاية والذي يظهر العشرات من الشباب الأمريكيين المسلمين في جامعة نورث كارولاينا بابتسامات وشجاعة وأمل تم تحقيقه بشق الأنفس ـ بما في ذلك وجوه رزان نفسه!

واليوم ما زلنا نرى العديد ممن يحملون عبارات قوية في كل موقف يتخذونه: إنهم يمثلون جميع أصواتنا التي يتردد صداها عبر الزمان والمكان:

"سيكون من الخداع أن يقول أي شخص أن جيلي منعزل وغير مبال."

"في المستقبل، آمل أن أصبح جزءًا من مجتمع شامل قمت ببنائه بنفسي."

كانت رسائل كايلا مولر إلى الوطن بمثابة شهادات على الحكمة والنعمة التي تجاوزت سنواتها بكثير، كما يتضح من مدونتها: "هذا هو حقًا عمل حياتي: أن أذهب إلى حيث توجد معاناة". تمامًا مثلنا جميعًا، أتعلم كيفية التعامل مع معاناة العالم بداخلي ـ لإدارة آلامي مع الحفاظ على دور نشط كجزء من المجتمع. واستجابةً لدعوتها Big Brothers/Big Sisters، بدأت العمل التطوعي مع منظمات مثل منظمة العفو الدولية و في منطقتها المحلية في مسقط رأسها. بالإضافة إلى ذلك، خدمت Big Brothers/Big Sisters بالإضافة إلى في أماكن من الهند إلى غواتيمالا قبل أن ينتهي بها الأمر في سوريا؛ أثناء الأسر كتبت لوالديها رسالة ذكّرتني بقراءتي للصوفيين مثل جوليان نورويتش أو الأم تريزا: ذكّرتني رسالتها بأن أقوم بمهمتها دون تأخير!

"لقد وصلت إلى مكان في تجربتي حيث، بكل معنى الكلمة، سلمت نفسي تمامًا لخالقنا ولم يكن هناك أي شيء آخر يمكنني القيام به... ومن خلال الله وصلواتك لقد شعرت بالارتياح حتى أثناء السقوط.

"لقد أظهرت لي النور في الظلام + لقد تعلمت أنه حتى داخل جدران السجن يمكن للمرء أن يجد الحرية. ولهذا أنا ممتن حقًا."

لكي نكون واضحين، لم تكن رسائل كايلا لتجد طريقها إلى صحف مثل الغارديان والواشنطن بوست لو لم تكن قد ماتت أثناء الأسر؛ ولم نكن لنشاهد مقاطع فيديو على اليوتيوب تظهر يسر ورزان وضياء من ولاية كارولينا الشمالية لو لم يتم قتلهم هناك؛ ولم تكن لتتاح لي الفرصة لتطوير مثل هذه الروابط الحميمة بدون التكنولوجيا التي غالبًا ما تكون بمثابة إلهاء في حياتي اليومية.

لذلك أسأل نفسي كيف يمكنني أن أتجاوز التذكر؟ كيف يمكنني أن أعتبر هذه الأرواح بمثابة هدايا، وأقدم احترامي في المقابل؟

كيف تتحدث تجربتي عن الحياة التي أنا محظوظ بما فيه الكفاية للاستمرار فيها؟ كيف يمكننا ـ وأنا أستخدم "نحن" بشكل فضفاض ـ أن نكون حاضرين وداعمين لكل الحياة الجميلة التي لا تزال مستمرة بقوة كوسيلة لتذكر أولئك الذين فقدناهم بينما نكرم أيضًا أولئك الذين ما زالوا بيننا؟

توفيت كليمنتا بينكني وسط عام من الأحداث المأساوية للرجال (والنساء) السود في جميع أنحاء أمريكا، غالبًا على أيدي الشرطة. وربما يذكره التاريخ كواحد من المسؤولين عن سحب العلم الكونفدرالي أخيرًا من عاصمة الولاية في كارولينا الجنوبية وألاباما، بعد 150 عامًا من انتهاء نشره خلال الحرب الأهلية الأمريكية. إذا نظرنا إلى الوراء، يبدو أن كليمنتا بينكني عاش حياته بسرعة؛ من رسامته في سن 18 عامًا إلى أن أصبح أحد أعضاء مجلس النواب في ولاية كارولينا الجنوبية في سن 23 عامًا، مما جعله أصغر شخص يتم انتخابه على الإطلاق كعضو في مجلس الشيوخ عن الولاية ـ وهما معلمان لا يمكن إنكارهما كما يتضح من إنجازاته المهنية. لقد كان موظفًا حكوميًا بارزًا كوزير متفرغ في كنيسة إيمانويل آمي في تشارلستون، القلب الروحي لمدينتها. بشكل مأساوي، في هذه الكنيسة بالذات، قُتل هو وثمانية من أعضاء رعيته المتألقين على يد شاب أبيض رحبوا به لدراسة الكتاب المقدس في ليالي الأربعاء.

"لدينا فرصة رائعة لإضافة الضوء والبصيرة إلى هذه العملية، مما يمنح أنفسنا عيونًا جديدة للرؤية" عالمنا مليء بالجمال الهادئ والشجاعة للحياة اليومية التي نعيشها بلطف. في كل دقيقة هناك الملايين من الأفراد الصغار والكبار يقدمون التضحيات في خدمة الآخرين ويخاطرون بالأمل في الأفضل ـ وهذا الخير مهم؛ دعها تخبر واقعنا أكثر مما تفعله عناوين العنف؛ احتضن نورها في الظلام كما فعلت رزان وديه ويسور كايلا كليمنتا وأرواحهم المشابهة. إن البحث عن الخير أينما ومتى ظهر يفتح نوافذ جديدة على الحياة نفسها.
* * *
لقد تمت دعوتي إلى يونجستاون، أوهايو، لمشاركة ما تعلمته حول إنشاء مساحات حوار وعلاقات جديدة وسط التحديات التي نحتاج إلى معالجتها بطرق إبداعية، وتلك التي ما زلنا لا نستطيع ذكرها بعد. بدأت يونجستاون كقوة صناعية ولكنها مرت بأوقات عصيبة منذ فترة طويلة. لقد فقدت أجيال من سبل العيش واحترام الذات بسبب الفقر حيث يعيش الآن أكثر من نصف أطفال يونجستاون تحته. إن حديثي في الكنيسة الأسقفية في ليلة جمعة رطبة وعاصفة من شهر يونيو قد اجتذب جمهورًا كاملاً. بعد التحدث، أستمع باهتمام بينما يتشارك الأشخاص القصص والأسئلة والأجوبة والحكم ـ في تلك الليلة وفي الليلة التالية. قطعة تلو الأخرى، يجسدون ما شعرت به في تلك الغرفة قبل أن يقوم شخص ما بالاتصال: هذا المجتمع يموت ويولد من جديد في نفس الوقت.

قصتهم هي قصتنا. تلك الخاصة بكل مجتمع من الأسرة والمكان والقرابة التي نشكلها عبر الزمان والمكان. في كثير من الأحيان نكافح من أجل الثقة في أن الولادة الجديدة ستأتي بعد الخسارة، لكن التاريخ يعلمنا خلاف ذلك. في بعض الأحيان، عندما نواجه خيارات بشأن ما سيأتي بعد ذلك، قد نشعر بالعجز أو الإرهاق لمعرفة من أين نبدأ. ومع ذلك، فعندما نسمح لأسئلتنا العميقة ومشاعرنا الأكثر حساسية بالظهور في وسطنا، فإننا نصبح قادرين على العيش من خلالها معًا بدلاً من الابتعاد. تقف البشرية، الضعيفة والقوية في آن واحد، شاهدة على وجود جنسنا المراهق. تظهر الحكمة على وجه التحديد عندما يتعين علينا جمع الحقائق التي تبدو متعارضة معًا واحتجازها في توتر إبداعي: القوة والهشاشة، الولادة والموت، الألم والأمل، الجمال والانكسار، الغموض والقناعة، الهدوء والطفو... كل ذلك يساهم في خلق الحكمة.
إن حياتي المليئة بالحوار، مثل الشعر، هي بمثابة تكريم لقدرة الإنسانية المذهلة على التعبير عن الحقيقة بما يتجاوز ما يمكن أن تعبر عنه الكلمات. في ختامها، تتركني هذه الكتابة خائفًا ومرتجفًا من كل شيء لم أقله أو لم أعبر عنه بكلماتي ـ معترفًا بتواضعها الضروري.

التواضع هو فضيلة أخرى تستحق الاحتفال هنا، والتي يمكن العثور عليها في حياة تتميز بالحكمة والمرونة. على الرغم من أن معناه قد تراجع عن الموضة مع مرور الوقت، إلا أن المحادثات حول التواضع ساعدتني على إعادة اكتشاف أهميته. مثل الفكاهة والجمال، التواضع يليننا للضيافة والتساؤل بالإضافة إلى جميع الفضائل الأخرى المذكورة حتى الآن.

التواضع الروحي لا يعني الانكماش إلى اللياقة أو الحط من الذات أو التقليل من قيمتها، بل هو الاقتراب من كل شيء وكل شخص بشوق لرؤية الخير والانبهار. أشاد يسوع بهذا لأنه أظهر تواضعًا طفوليًا بينما أظهرت الشخصيات العلمية والصوفية سمات مماثلة من تبجيل الآخرين بخطوات خفيفة، دون ثقل القلب.

الخفة هي اختباري الأساسي للتعرف على الحكمة عندما أراها أو أشعر بها في العالم أو في نفسي. الأسئلة التي يمكن أن تقودنا موجودة بالفعل في انتظار استكشافها وجعلها حقيقة ـ إنه لمن دواعي سروري وامتياز أن نطرحها، ونغرسها في حواسنا، وأجسادنا، والأماكن التي نسكنها، ونساعد على الشفاء من خلالها، وتحمل مسؤولية شفاءها. كمغامرة أو نداء، ندعي حبنا لبعضنا البعض كمغامرة أو نداء، نتعجب من الواقع المتأصل داخل أنفسنا بينما نستمتع باتساعه ـ أخيرًا التمسك بشيء قوي ولكنه مرن يسمى الأمل لديه القدرة على تغيير كل شيء إلى الأبد!

فن وغموض الحياة واسعان. لكنها في متناول اليد: ما عليك سوى البدء بهدوء في البحث عن كل النعمة والجمال والشفاء والاهتمام المتاح في هذه اللحظة وفي اللحظة التالية.

النهاية